被 消 失 的

MH370

一 份 追 尋 M H 3 7 0 的 詳 細 調 查 報 告

MH370最後出現在雷達

吉隆坡Kuala Lumpur

給在二零一四年三月八日登上MH370班機的
二百三十九名乘客的家人和朋友；

給所有，不論來自哪一個洲，
在我調查過程中曾給予幫助的人，
無論是給我證詞又或是向我解釋；

給那些堅持信念、鍥而不捨進行研究的人，
讓我們有一天終會得知MH370事件的真相；

給那些知道更多內情，並義不容辭揭露真相的人，
以便讓受害者的摯愛，其錐心之痛得以告終；

給我的家人和朋友。

前言

　　我是在一輛從意大利維羅納機場租回來的意大利品牌菲亞特汽車內，收聽意大利 24 小時新聞頻道 RAI news 得知馬來西亞航空客機失蹤一事，我當時正在短暫探訪我孩提時居住過的故居，那一天是 2014 年 3 月 8 日星期六的早上。我把車輛停在路旁，以便可以細心聆聽這則新聞。

　　在十年前，我曾經在吉隆坡住上數年，對馬來西亞這國家我仍然十分鍾愛。這個國家不為很多人熟悉，直到最近，西方傳媒都鮮有報導這國家發生的事。時日繼續流逝。RAI news 持續報導馬航那架體積巨大的飛機仍然未找到，即使包括海空在內、規模龐大的搜索行動已在積極進行當中。從遠方看馬航客機失蹤一事，整件事顯得不尋常，我真的希望能夠親身到現場採訪。

　　一星期後，馬來西亞總理納吉布將事件稱為「蓄意的行為」，將事情提升到更奇怪的層面，意味著我們已不再是討論一宗*簡單的*墜機意外，那究竟我們是在討論甚麼？

　　當我剛返回香港這個我過去七年都在這裡工作的家，法國報章《世界報》(*Le Monde*) 就要求我前往吉隆坡，當時飛機失蹤一事已成為了「民航史上最大的謎團」。

　　從遠觀之，整件事顯得怪異，但如近看，整件事就瀰漫著卡夫卡風格：超現實及神秘怪誕。在 2014 年的今時今日，實在沒有可能一架載著 239 名乘客的波音 777 客機會完全消失。在當晚其實並沒有「神秘的事」發生，客機失去蹤影一定是有原因的，不管這原因是人為上、技術上或政治上，公眾只是仍未得知真相，我如此對自己說。

　　對我而言，聲稱 MH370 有可能憑空消失，是對人類智慧的侮辱。一定有人或電腦知道一些內情，雷達系統及衛星也會看到發生甚麼事。不管事情是甚麼性質，都一定會留下痕跡，即使只是很微量。現在需要做的就是找出痕跡，分析當中脈絡，記下前後不一致的地方，辨別轉移視線的煙幕，並讓目擊者說出他們所知。而最重要的，是拒絕讓「謎團」這想法與事件聯繫上。

目錄

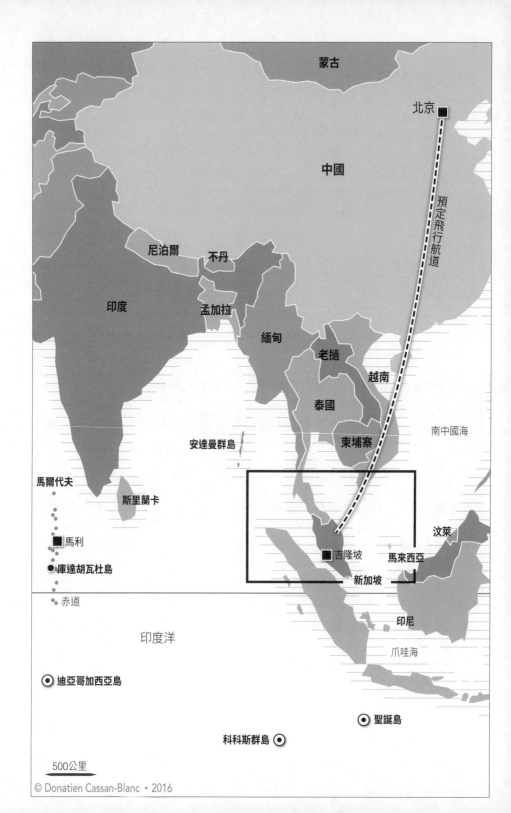

蒙古

北京

中國

預定飛行航道

尼泊爾

不丹

印度

孟加拉

緬甸

老撾

越南

泰國

安達曼群島

柬埔寨

南中國海

馬爾代夫

斯里蘭卡

汶萊

馬利

庫達胡瓦杜島

吉隆坡

馬來西亞

新加坡

赤道

印尼

印度洋

爪哇海

迪亞哥加西亞島

聖誕島

科科斯群島

500公里

© Donatien Cassan-Blanc・2016

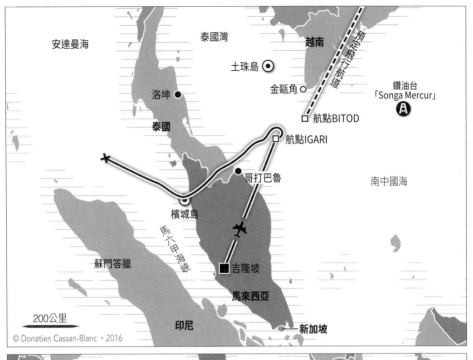

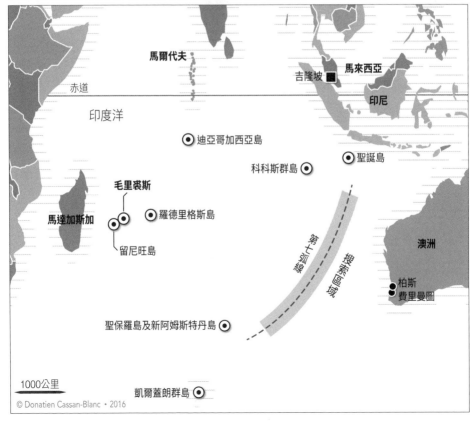

第 一 章

MH370客機　飛往那未知處

2014 年 3 月 7 日星期五，將近午夜。吉隆坡國際機場（KLIA）已進入夜間模式。幾乎所有商店、餐廳及售賣馬來西亞錫器紀念品的店舖都已拉上捲閘，也關掉櫥窗的燈光。當天最後一批乘客所有的，僅有通往候機室的闊大而空蕩蕩的走廊，以及走廊上幾張鋼長椅。

在 C1 至 C3 閘口前，約 30 名乘客不時抬頭查看前面的資訊顯示屏幕，等待即將飛往北京的 MH370 班機。在吉隆坡國際機場，乘客及手提行李的安檢是在登機前才進行的。飛行常客都很熟知程序：將隨身物品放在輸送帶上，將電腦從保護套取出，脫下腰帶，把口袋中的硬幣、鑰匙、眼鏡、手機放在塑膠盆內，有時候甚至得脫下鞋子及襪子。但吉隆坡機場的安檢一點也不積極，透過 2014 年 3 月 8 日乘客登上 MH370 客機前拍得的監控片段，可以看到現場鬆散的態度。

當乘客在遠處三道電子檢測門前聚集時，六個穿上黑白色制服的保安人員正在談話。職員安靜而輕鬆地等待指示開始安檢工作。這時候機組人員已經穿過檢測門，登上飛機，為該航班起飛作準備。首先通過安檢的是六名空中服務員，十分鐘後，輪到正機長和副機長通過。二人將機長帽及行李放上掃描器。二人均未有把任何物品，包括飛行用的 iPad 從袋中取出，也沒有脫下外套。保安人員為他們迅速地搜身。他們並沒有任何對話。就在兩星期前的 2 月 22 日，機長札哈里（Zaharie Ahmad Shah）才駕駛過 MH370 及其回程航班 MH371。餘下的空姐隨後到達，一位在 23 時 33 分到達，另外兩位在 23 時 38 分到達。23 時 46 分，乘客開始登機，距離起飛時間不到一小時。

其中一個最先通過的乘客是一名打扮時尚的中國籍女子，頭戴折邊帽，穿上合襯的粉紅和白色外衣，通過時並沒有把帽子脫下。隨後是一

對年輕夫婦，手推摺疊式嬰兒車，一個小女孩繞著他們轉。雖然乘客來自 14 個不同國家，但似乎大部分都是華人，來自中國內地、馬來西亞、加拿大、澳洲、美國或台灣。

在這夜深時分，人們的動作也笨拙起來，臉上露出疲倦和憔悴的神態。這是定時每天一次的航班，有時被稱為「紅眼航班」，因為從起飛到降落，機程少於六個小時[1]，未能給予乘客足夠時間好好睡一覺。在平日，MH370 所載的多為商人。但這週五晚到週六早上的班機卻不大一樣。它的乘客或回家、或前往北京度週末。因為將要離開赤道的炎熱，大部分乘客都放棄薄衣物，換上禦寒衣服，為將要到達的中國北部的寒冷天氣作準備。

家屬一直爭取要觀看這段影片，但並不成功。然而我成功透過非官方渠道看到這一段片段。片段內，可以認出一些曾被報章報導過的乘客，例如那一頭高雅白髮的著名書法家。那 20 個受僱於美國電子公司飛思卡爾（Freescale Semiconductor）的工程師和研究人員——全都是馬來西亞人或中國人——較難辨認出來。你也能發現一班由尼泊爾歸來的旅客，和約 30 個中上階層的中國籍人士，後者被某地產商邀請到馬來西亞作物業投資。還有一位事業有成的 32 歲特技替身演員。一個月前，他移居吉隆坡參演網飛（Netflix）的劇集《馬可波羅》（Marco Polo），正準備飛回北京跟妻子和兩個小女兒度週末。有兩對澳洲退休夫婦在眾人中顯得格外突出，他們有西方人的外貌，身形較其他乘客高大，其中一個手執阿克巴拉（Akubra）帽子[2]。另外四名來自法國的乘客，在以亞洲人居多的人群中亦見顯眼；四人分別是一位母親及三個跟隨其後的年輕人：她的女兒、兩個兒子的其中一名及兒子的中法女友。他們在馬來西亞度假一週後，準備回到居住的北京去。同一時刻，這家庭的父親正在巴黎，預備

1　預定飛行時數為五小時三十四分。引自馬來西亞於 2015 年 3 月 8 日針對 MH370 公佈的《真實訊息》(Factual Information)。

2　Akubra 是著名的澳洲草帽品牌。

幾小時後登上從巴黎到北京的航班；此時的他只知道妻子和孩子正在歸途中。其餘的高加索乘客為兩個年輕伊朗人、一個俄羅斯人和兩個烏克蘭人。一年後，某位美籍傳媒人提出一項假設，認為那兩名烏克蘭人可能與客機失蹤有關，並懷疑是他們將飛機挾持至哈薩克斯坦。[3] 這兩名烏克蘭人於登機最後數分鐘同時到達，他們看起來遠比其他乘客更有力氣。他們有美國海軍般的身形，身穿緊身黑色 T 恤，手持大件隨身行李，把行李甩上輸送帶時顯得從容熟練。如果要在所有乘客中指定兩名挾持者，那兩名烏克蘭人不論在年齡、身形、外貌和身體語言上均最為可疑。事實上，所有國籍的乘客來自的國家均澄清他們跟恐怖組織並無關連，除了俄羅斯及烏克蘭毫不理會馬來西亞警方的要求。

有些乘客在經過檢測門時仍身穿大衣、腰帶或連帽上衣。他們顯出漠不關心的模樣，幾個人堆在一起走過去，然後退回來，再一個接一個重新走過檢測門。有人的手錶觸發了警號。在鏡頭下，這些小小的混亂來了又去。一名乘客把保溫瓶打開倒轉，證明內裡沒有任何東西。但接著另一位正在等待同行夥伴的乘客從已被掃描的袋中取出大支裝可樂，在眾人面前光明正大地喝起來。

一位身穿藍綠色地勤人員外套的馬來西亞航空 (MAS) 職員，手持透明塑膠袋在檢測門中間走過，內裡似乎是數卷傳真紙。紅燈閃動，但沒有人有反應。他繼續走過去，沒有人上前搜查他。過了一會，有個錢包在通過掃描器後卡進了金屬滾輪中；接著有一位女乘客在脫下大衣時頭卡在大衣內，無意中上演了一場短暫的喜劇。總括而言，整個登機過程混亂而散漫，某方面而言正是吉隆坡機場的典型場面。換作其他情況，馬來西亞人著名的樂天處事方式的確能叫人會心微笑。大家都知道，航

3　在 2015 年 2 月，傑夫・懷斯 (Jeff Wise) 出版了《飛機並不在那裡》(*The Plane That Wasn't There*) 一書，詳見網頁 www.jeffwise.net

空管制法例雖然是國際通行的，但每個機場的辦事手法都不一樣。然而在吉隆坡，卻彷彿連那些規矩都不存在。在機場的網站[4]，機場離境登記指引的標題下，有關保安檢查的小節記載著兩行文字：「手提行李管制條例」及「手提行李指引」。然後，就沒有提供更多的資訊了。對於每年為 40 多個國家及 3,000 萬旅客提供服務的機場來說，這簡直令人難以置信。

正當似乎所有人都已通過安檢時，一名身穿白色緊身西裝、梳著貓王式鬢髮的中國籍青年離開候機室，大步流星地從反方向穿過安檢拱門，往航廈方向走，似乎是忘了甚麼東西。在影片的末段，0 時 10 分，保安人員已結束安檢管制站的工作，但那名年輕人仍然未回來。他是否因為錯過上機而撿回一命？還是他準時衝回來登機？

30 分鐘後，那架製造商編號 28420[5]、馬來西亞航空公司註冊編號 9M-MRO 的波音 777-200 客機，像平時一樣，於同一時間 0 時 40 分起飛。一至兩分鐘後，飛機開始了為時 25 分鐘的爬升，一切看來沒有問題。

1 時 01 分，飛機爬升至 35,000 尺，機狀態良好，可說是近乎理想。飛機開始提供餐飲服務，但通常在這班機，乘客都不太在意餐飲，因為他們想爭取更多睡眠時間。1 時 07 分，飛機第一次發出 ACARS（Aircraft Communications Addressing and Reporting System，飛機通信尋址與報告系統）訊號。訊號會提供即時數據，顯示飛機的技術表現水平。理論上，那些數據會自動傳送給地面的波音公司及馬來西亞航空。這系統每隔一段時間便會啟動，間隔長短則取決於航空公司的設定。馬來西亞航空設定的間隔為 30 分鐘。在某些航空公司，設定的間隔會根據航線而有所不同。

4　http://www.klia.com.my

5　這航機的其他波音編號：批次號 WB-175，生產線號 404。這些識別號碼在調查中有提及。

　　一切正常。馬來西亞航空一直享有安全與優質服務的最佳名聲。它的飛機團隊現代化，飛機平均只有四年機齡，不過 MH370 所用的波音客機卻已有 12 年機齡。飛機在 2002 年投入服務，已飛行達 53,465 小時，服務過 7,525 班航班。在 2014 年 2 月 23 日，即事發前 12 天，飛機曾在馬來西亞航空的停機坪進行維修。在客機失蹤後首個發表聲明中，航空公司表示「航機的狀況並無問題」。飛機下一個定期檢查原定於 6 月 19 日進行。

　　飛機飛行了 40 分鐘後，正準備離開馬來西亞領空，進入越南領空。距離客機在北京降落餘下不足五個小時，預計降落時間為早上 6 時 30 分。1 時 19 分，隨著年輕副機長對空中管制塔拋下一句慣例訊息：「晚安，MH370！」該架波音客機離開馬來西亞空中管制範圍。副機長的聲線聽起來輕鬆，聽不出任何可疑痕跡。根據正常程序，接下來飛機應立刻對越南有關當局發出訊息：「胡志明控制塔，MH370，35,000 尺，早安。」但 MH370 未有發出訊息。在接下來的數分鐘，情況戲劇性地轉變，變得不尋常、無人知曉、聞所未聞。

　　1 時 20 分，當飛機飛過 IGARI 這個屬於新加坡的航點[6] 五秒後，也是離上一次無線電通訊 90 秒後，飛機的應答器（transponder）——飛機與航空交通管制溝通的主要工具——被人關掉，又或者因其他原因停止運作。應答器的按扭就在兩名機師的座位之間，要開關按扭，就如同控制汽車的無線電開關般容易，機師只要向左或向右 30 度轉身就可以。但在兩個空中管制範圍之間把應答器關掉，是很不尋常的做法，也極度可疑。根據馬來西亞當局一週後提供的資料，飛機先往右飛行數秒，然後開始往左作 180 度轉向，往西南偏西方向飛去。然後，ACARS（會自動操控技術性資料的傳送）也停止運作了。機師從來未接受過關掉 ACARS 程序的訓練，因為根本沒有任何合理的情況需要他們這麼做。雖然在往

6　航機航程一般飛越多個航點 (waypoints)，航點以五位英文字母代表。

後的日子，這程序常常被人以「繁複」來形容，但事實上那並不是特別複雜的事，只需要在觸控板的溝通頁面上按三下，就可以解除那三個傳送模式。自出事的那一晚後，數千名不同年齡及國籍的波音 777 機長，都嘗試並成功找出關掉 ACARS 的方法。但既然這項程序在任何飛行情況下都不合情理，為何這程序可以被啟動？針對這個讓人困惑的問題，我請教了多位機長、軍事人員及其他專家，當中最合理的解釋是：飛機不可能「被設計成對抗機長」。這確實是一個非常好的論點。機長是飛機的主管，也掌管航機上所有東西。這兩個動作——關掉通訊器，然後關掉 ACARS——率先排除了幾個最常遇到的情景：機件故障、機長自殺及飛機爆炸。這暗示了有人以航空史上從未出現過的方式掌控了飛機的可能性。

失去了 ACARS，飛機便不會傳達技術資料；這些資料經由衛星轉播時，能用來找出飛機的位置。如此，1 時 37 分時沒有 ACARS 報告傳送出來，到了 2 時 07 分時也沒有。這事有立刻引起波音公司、勞斯萊斯及馬來西亞航空的擔憂嗎？在飛機失蹤後，所有被問及的專家都立刻假定有，「那是必然的」。但事件發生後，兩間全球航空工業的權威公司——美國飛機製造商和英國飛機引擎製造商，都未有發表過任何意見、解釋或技術上的見解。2009 年，當 AF447 號班機在里約熱內盧往巴黎途中墜毀，根據最後的 ACARS 報告，成功找到肇事地點，因為報告顯示了飛機墜毀前五分鐘內的資料。

所以，這是一件毫無破綻的完美劫機事件嗎？事實上，這次事件還差一點點才是完美。就算飛機沒有再發出任何訊號，飛機也會自動接收一種無聲的電磁訊號，稱為「ping」。只有「ping」的迴響才能顯示究竟飛機有沒有接收過訊號。在這件前所未聞的事發生前，這訊號從未被用於尋找飛機的位置。必須以最高層次的數學外推法解讀最後的訊號，才能推斷出飛機的最終軌道。

在那則「晚安，MH370 ！」的訊息發出之後，我們不知道 MH370 其後在空中發生過甚麼事。然而，在地面上，那則訊息是隨後無數小時的悲劇性錯誤之始，那架波音客機則在這段期間消失於無形。

這則被錄入吉隆坡與胡志明市管制塔記錄中的訊息，帶出了連串的過失。越南空中管制中心知道，MH370 應該在 1 時 20 分後到達其領空。他們卻等了 19 分鐘才警告吉隆坡，這架由吉隆坡往北京的航班不尋常地沉寂。專家表示，這階段的反應時間理應最多不超過三至四分鐘。而當時，吉隆坡管制塔亦未收到任何消息——MH370 沒有轉回當地的頻道。

大約 1 時 30 分，一架飛往東京的航機理論上會與 MH370 接近，該航機機長根據越南空中管制的指示，成功以緊急頻道（121.5 MHz）聯絡 MH370，並詢問飛機有否轉移至越南空中管制範圍。

「那時候有（原文如此）很多干擾……靜電干擾……但我聽到另一端有喃喃的說話聲。」機長說，「那是我最後從他們處聽到的聲音，然後我們便失去聯絡。如果飛機遇上麻煩，我們應該會聽到機長發出 Mayday 遇難訊號[7]。但我很肯定，現場其他人都跟我一樣，沒有聽到這個訊號。」該機長翌日對馬來西亞報章《海峽時報星期刊》（*The New Sunday Times*）如是說。

這段通話中斷了——這是常有的事。那名機長要繼續按照航道前往日本，沒有再嘗試接觸該客機。幾個調查人員嘗試找出在最後時刻最接近 MH370 的班機，根據他們的調查，那可能是 JAL750 或 MH77 航班的機長。有關當局並沒有公佈對話內容。儘管如此，根據那位匿名作供的機長所言，所有在附近的飛機或船隻，在那個時刻都應該聽得到。然而，

7　國際通用的無線電通話遇難求救訊號。

臨時報告指出，在大約 1 時 54 分，胡志明市曾要求正從上海飛往吉隆坡的 MH386 航班機長嘗試聯絡 MH370，但沒有提供更多相關資料。

1 時 46 分，胡志明市告知吉隆坡，飛機在飛過 BITOD 航點後從雷達顯示中消失。2 時 03 分，兩個鄰近地區的空中管制員經過數次徒勞的交流後，馬來西亞管制塔通知其越南夥伴，馬來西亞航空控制中心已找到客機位置……地點在柬埔寨。這的確是則好消息，卻很奇怪。為甚麼 MH370 會在沒有警告當地航空管制員的情況下飛離航道？它在柬埔寨做甚麼？胡志明要求馬來西亞提供更多資料。半小時後，剛好 2 時 37 分，馬航控制中心發訊予越南，告知客機的最新位置在柬埔寨領空，越南對此半信半疑。在 2 時 39 分，他們試圖以衛星電話聯絡客機，但並未成功。再一次令人疑惑：他們為甚麼要等那麼久？大約一小時後，馬航控制中心更正他們早前發出的訊息：飛機在柬埔寨的定位是「推測」出來的，而非飛機的確實位置。也就是說，沒有人——包括航空公司、空中管制員或任何人——知道 MH370 飛到哪裡去。

換言之，客機已消失了兩小時十分鐘，消失於兩個既猶疑又困惑的控制塔之間的某處，並被航空公司本身的控制中心提供的錯誤訊息混淆。之後，越南方面嘗試聯絡香港及中國海南島，試圖找出失蹤客機是否曾飛過當地。

再之後，根據泰國提供的一幅雷達圖，發現飛機在 2 時 22 分在印尼蘇門答臘的東北面出現。顯然，它改變了路線，放棄原本的目的地。原因是甚麼？它要飛往哪裡？

直到 5 時 30 分，官方才正式發出警告。

在北京機場，接機大堂的主屏幕顯示 MH370 的狀態為「延遲」。在吉隆坡和北京兩地，家屬開始顯得不耐煩，因為他們仍然未收到慣例的「抵達北京」訊息，或任何從手機打來的電話。到了預定時間，仍然沒有人從抵達區出來，人們開始擔憂了。7 時 24 分，在原定降落北京的時間一小時後，馬來西亞航空發出一則用詞含糊的新聞稿，宣告於今天（3 月 8 日）早上 2 時 40 分，梳邦（Subang）空中管制中心與 MH370 失去聯絡，即時引起正在等待的家屬及朋友們恐慌。對 239 名機上乘客的家人而言，一場沒完沒了的苦難正要開始。他們失去的原來不只是家人朋友的聯絡，而是一整架客機。

隨後的很多個月，完全找不到出任何關於客機——從馬來西亞空中管制中心與其作最後接觸，到泰國軍方雷達上的最後顯示——之後的實際路線。在往後的日子，各種資料經過反覆試驗、重組，並像拼圖般逐片收集在一起。這些資料都是零星地發放的，而且大部分都在一片錯誤或不準確的數據汪洋中變得模糊。第一份臨時報告在 2014 年 5 月 1 日發佈，所提供的資料十分少。一名中國籍女乘客的弟弟語帶反感地對我說：「錢包被偷所收到的報告，都比這個更長！」澳洲運輸安全局（ATSB）[8] 的多項研究，以及在 2015 年 3 月 8 日發出的第二份調查報告，將所有有關該客機的資料串連起來。然而，幾位與我有定期聯絡、對該事件著迷的專家，進行了多次獨立調查，並指出官方針對客機最後數小時的報告，可能有錯誤、不正確的資料。

8　澳洲運輸安全局（Australian Transport Safety Bureau），縮寫 ATSB。

飛機在哪裡？轉移視線、混亂與謊言

從 2014 年 3 月 8 日到 17 日，吉隆坡

「機場旁的泛太平洋酒店 (Sama-Sama Hotel) 是住宿的最佳選擇。那兒根本是新聞工作者的總部，每天下午 5 時 30 分都有新聞發佈會。但現在調查沒了方向，在我看來，這就像一件陷入僵局的任務。」在我到達吉隆坡前，我的朋友兼同事嘉莉 (Carrie Nooten) 就對我這樣說過。她是法國國際廣播電台 (RFI) 駐新加坡特派員，早在 3 月 8 日已抵達當地。全球有超過 160 個傳媒團隊來這裡採訪，差不多所有人都湧到泛太平洋酒店。走廊上散亂地堆放著相機支架與一袋袋各式各樣的器材。這間奢華酒店偌大而死氣沉沉、庸俗不已的大堂一片忙碌。一些團隊甚至在臨時組合的桌子和沙發上築起橫額，其他人則佔據柱子，並在附近紮營。這班渴求新聞的人猶如螞蟻兵團，蜂擁著剛從樹上掉下來的水果。

若不是當地的機構處事草率，狀況又棘手緊張，這個擠滿傳媒的小島看起來就像處於國際性高峰會或主要體壇盛事當中。但有一點是不同的。在那通往新聞發佈會會堂的走廊上，發佈會的房間與家屬聚集的房間相鄰。當那房間的門半開時，偶爾會聽到裡面傳出絕望的嗚咽或陣陣怒吼，提醒你這引人入勝的謎團背後的人間悲劇。尤其那些華人家屬已經到了忍無可忍的地步。有些家屬聚集在北京麗都維景酒店 (Lido Hotel)，但很多都來到吉隆坡，希望能即時獲得最新消息。每當有一點誤會，又或遇上有記者提出尷尬的問題，就會觸發一陣狂怒。每次與有關當局接觸，往往會演變成大聲叫嚷爭吵、遽然離開、向發言人投擲水瓶等情況。這群男男女女失去至愛所承受的痛苦，無法言喻。他們的焦慮隨著每分每秒在升高。中國特派大使黃惠康到達馬來西亞接見家屬，也許是出於詞窮，說出了一番讓家屬陷入困擾的話：「這是很複雜的問

題，你們不會明白的。」*他們怎麼可以一方面說他們甚麼也不知道，一方面又說這很複雜？*

　　全球主要新聞網絡的著名新聞主播亦有到場。儘管有俄羅斯吞併克里米亞、普京對餘下烏克蘭的企圖等新聞，MH370 的失蹤仍然被認為是當時最有報導價值的事。這題材正正適合電視直播、爆炸性新聞、每天 24 小時鋪天蓋地報導的需求。在飛機消失後的頭幾天，報導包括一連串的聲明、矛盾、否認、傳言、確認、撤回及更正，漩渦般的資訊，引發出星雲般混亂龐大的假說。

飛機在南中國海墜毀：搜索行動、目擊證人報告和衛星圖像

　　在數小時內，中國、泰國、印尼、新加坡、越南、澳洲、菲律賓及美國都派出搜索隊前往馬來西亞支援。法國的航空事故調查局（BEA）亦派遣了代表團到場協助，因為 2009 年 6 月 1 日，AF447 客機從里約熱內盧飛往巴黎途中，在巴西沿岸的大西洋墜落，該局因而擁有相關經驗。根據人稱芝加哥公約的國際民航公約附錄第十三條，迅速成立了聯合調查小組。小組的領導人為前馬來西亞民航局局長，成員則是來自各國專門機構的專家；除了法國的 BEA 外，還有：美國國家運輸安全委員會（NTSB）[1]、英國航空事故調查局（AAIB）[2]、中國飛機意外調查部門（AAID）[3]、澳洲運輸安全局，以及從新加坡及印尼派來的委任代表。波音、勞斯萊斯和國際海事衛星組織（Inmarsat）也被邀請參與其中。根據芝加哥公約，國防及運輸部部長希山慕丁（Hussein Hishammuddin）發表聲明：「國際調查小組的最主要目的是分析、調查、決定意外的主

1　美國國家運輸安全委員會 (National Transport Safety Board, United States)，縮寫 NTSB。

2　英國航空事故調查局 (Air Accident Investigation Bureau, United Kingdom)，縮寫 AAIB。

3　中國飛機意外調查部門 (Aircraft Accident Investigation Department, China)，縮寫 AAID。

因，以防未來再發生同類意外。政府需要儘快成立有能力、具透明度並且可信的獨立調查小組。」一個和調查有密切關係的人告訴我：「來自 NTSB 及美國聯邦航空管理局（FAA）[4] 的美國人員已即時抵達現場。英國也派了兩名調查員到場。他們與馬航的人員會晤，並要求取得所有數據。」

邏輯上，調查的起始點應該是最後與客機接觸的地點，也就是位處南中國海，在馬來西亞東北面到越南南端之間的位置。起初，這是所有人都知道的：與飛機失聯的位置在泰國灣（Gulf of Thailand）上空，位於馬來西亞與越南的領空交界，亦即在客機剛飛過 BITOD 航點後的位置。馬來西亞當局卻沒有明確表示他們知道飛機曾向左作 180 度轉向；反之，他們下令在這單一地方進行搜索。

在搜索的第一天，一架新加坡飛機被派往飛越該區。隨後，我們被告知有 9 架飛機和 24 艘船隻被派往搜索，但從未見過任何詳細資料，也沒有被告知搜索範圍的確實位置。一天接一天，數目持續上升，令人難以跟上。當搜索地點擴大到馬來西亞的另一邊，面積已達十萬平方公里，動員了 42 艘船隻及 39 架飛機。在救援行動的高峰期，共有 26 個國家一同參與。

在客機失蹤當天深夜，有數人曾目擊泰國灣上空有客機不尋常地出現。目擊者的描述提及異樣的聲響、白光、一架低飛的客機，甚至飛機著火的情形。這些描述與所有「正常」由吉隆坡飛往東京、首爾、香港、台北或北京的長途客機完全不符，因為這些噴射客機的飛行高度較高，一般難於被看見。

---

4 美國聯邦航空管理局 (Federal Aviation Authority, United States)，縮寫 FAA。

在東北沿岸，一群馬江地區（Pantai Seberang Marang）的村民聲稱聽到度假小島棉花島 Pulau（Kapas）的方向傳來巨大聲響。3月12日的《自由今日大馬》（*Free Malaysia Today*）以「村民聽到爆炸聲」為標題，確認了登嘉樓洲（Terengganu）警方錄得數位村民的口供，報稱他們於3月7日晚上到3月8日時分聽到巨大爆炸聲。各村民在沒有交換過意見的情況下，分別作出以下獨立證供：大約早上1時20分，36歲的里阿里亞（Alias Salleh）[5] 與朋友坐在離海邊數百米外的地方時，聽到一聲巨響，「就像噴射機引擎風扇的聲音。」另一位34歲的村民尤斯里（Mohd Yusri Mohd Yusof）說，當他聽到那陣奇怪的噪音時，還以為是海嘯要來了。該區其他居民也聲稱見到海面上出現不尋常的光芒。在吉蘭丹洲（Kelantan State），66歲漁民亞茲德（Azid Ibrahim）於大約早上1時30分發現一架「在雲層之下」[6] 低飛的客機。客機在可見範圍出現達五分鐘。他的漁船在距離瓜拉比沙爾（Kuala Besar）十海里的位置，根本不可能看不到飛機。「它的燈光大得像椰子。」可惜，船上的人幾乎全都熟睡了。差不多同一時間，在距離哥打巴魯（Kota Bharu）[7] 大約30公里外，29歲的年輕商人阿利夫（Alif Fathi）也看到了耀眼的白光。他堅稱有向馬來西亞海事執法局（MMEA）[8] 報告他的所見，因為那飛機「飛行方向與平時相反」。在同一地區，越南東南面遠離海岸的位置，一個來自新西蘭的油井工人堅稱，他在深夜外出抽煙時，看到飛機在高空著火：「我相信我見到的就是馬航墜毀，時間正好吻合。」麥基（Mike McKay）的消息被馬來西亞及越南官員漠視後，他在給其僱主的電郵中如此寫道。

同一時間，越南傳媒亦刊出一些有趣的資料，但在頭幾天的一片混亂中幾乎沒有人注意到。早於2014年3月8日早上，《青年日報》（*Tuoi Tre News*）引述越南海軍發表的聲明，宣稱「客機在土珠島（Tho Chu

---

5　資料來源：馬來西亞官方通訊社馬新社（Bernama）。

6　資料來源：馬來西亞親政府英文日報《新海峽時報》（*New Straits Times*）。

7　哥打巴魯為吉蘭丹洲首都。

8　馬來西亞海事執法局（Malaysian Maritime Enforcement Agency，縮寫 MMEA）為主要政府機構，負責維持馬來西亞海洋地區及公海的治安及搜索救援行動。

Island) 的 153 海里（300 公里）外墜落」。3 月 9 日星期日，在越南南面約 150 公里的地方，從空中發現一大片面積達 80 公里的油污。「這是第一個、也是當時來說唯一一個可能與失縱客機有關的蹤影。」搜索機駕駛員黃文峰（Hoang Van Phong）中校如是說。

另一則讓人震驚的消息來自《中國時報》，這是一個立場親中的台灣新聞網，以及中國新聞網站「中華網」（China.com）。報導稱「美軍在泰國烏塔堡（U-Tapao）的基地接收到 MH370 客機的緊急訊號。機長在訊息中聲稱飛機即將解體，必須進行緊急降落。」[9] 這則資料如屬真確，在我看來是格外重要又令人震撼，但在當時，我們得不到更多消息。

張福明（Peter Chong）是失蹤機長的朋友。3 月 10 日星期一晚上，他搭乘馬航商務客機從曼谷回程時，請空中小姐代他向機長傳達他的哀悼。他對我解釋：「我只是想在這艱難時刻表達我的支持。」讓他驚訝的是，數分鐘以後，一張寫有字句的餐巾紙送到他手上。那張已被他保管起來的餐巾紙，寫著正機長對他的感謝，以及「殘骸在你的左邊。」當時飛機正飛過泰國灣的南部。張福明凝望窗外，見到海面上有一片照明充足的地方，那裡可以看到密集的搜索行動。他認為這可以證明：「……在那個階段，馬航相信客機就在那兒墜落，並通知他們的隊員。」

此外，在最後與失蹤客機聯絡的翌日，中國衛星圖像偵測到有三件大型物品浮在海面，並相信這表示該區「懷疑是 MH370 出事海面」。這些碎片的位置為東經 105.63 度、北緯 6.7 度，與最後聯繫上客機的位置吻合。圖像由中國國家國防科技工業局（Sastind）[10] 提供，顯示時間為 3 月 9 日上午 11 時。圖像顯示灰色的海面上有數個白點，那三塊碎片的面

9　中文網站 http://www.chinatimes.com/realtimenews/20140308003502-260401

10　中國國家國防科技工業局 (State Administration for Science, Technology and Industry for National Defence)，簡稱 Sastind。

積為 18 x 13 米、19 x 14 米及最大的 24 x 22 米。在海上找到面積可媲美
波音 777 客機（64 米長，翼展 61 米）的漂浮物，可不是常有的事，而且
是一次發現三塊！這明顯是搜索行動開始以來第一條重要線索。有幾個
新聞頻道爭相發佈找到了飛機的消息，但中國官方媒體新華社在發現漂
浮物後整整三日，即 3 月 12 日星期三，才公佈這些圖片。更為震驚的是，
隨後部長希山慕丁眼也不眨地指出，這些圖片只是「錯誤地」被公開。
如果事實如此，這無疑是中華人民共和國首次錯誤地公開衛星圖像。部
長更指出該處曾有一架馬來西亞偵察機巡邏，但未有發現。

　　該區的搜索任務主要由兩艘備有直升機的美國軍艦及一架新加坡
P-3 獵戶座海上巡邏機負責，另外亦有多艘船隻駐守該海域。這片被四
面環繞、分隔的海域，北面為泰國灣和中國沿海，東北面為菲律賓群島，
南面為婆羅洲（Borneo）的最大島嶼、爪哇和蘇門答臘，西面則為馬來西
亞及泰國。一架噴射客機，就算毀成碎片，殘骸應該遲早會被發現吧？

　　事實是，中國的衛星圖像被發佈時，剛好碰上飛機據稱曾 180 度轉
向飛往西面的消息曝光，本該備受矚目的圖像，就變得沒太多人留意。
從那時開始，縱使線索愈來愈多，但所有人的目光已被轉離南中國海。

　　目擊者的報告、越南海軍的報告及中國衛星圖像，即使相當有力，
也迅速被人淡忘，被丟棄到那堆愈來愈龐大的「至今未能解釋的短暫線
索」裡，就像一塊塊拼圖被放在桌子角落，等待在整幅圖畫裡找到自己
的位置。

如果飛機不是在南中國海墜毀

自 3 月 31 日星期二起，一個有別於飛機在南中國海失事的設想開始成形。在明顯輕率、突如其來的透明度下，馬來西亞空軍司令達烏德 (Rodzali Daud) 告訴當地報章《每日新聞》(Berita Harian)，在該星期六早上 2 時 40 分，即與客機最後取得無線電聯絡及雷達探測的一小時二十分鐘後，北海 (Butterworth) 空軍基地曾偵測到客機，位置靠近霹靂島 (Pulau Perak)。這小島位於馬六甲海峽 (Strait of Malacca)[11] 北面盡頭，位處馬來西亞的西面，剛好在搜索範圍的反方向。空軍偵察到飛機是事實，至少稍後被確定為事實。但在那時候，這僅僅只是「失言」。那可憐的傢伙太快說漏嘴，然後花上好幾天嘗試推翻自己的宣言。他發出聲明，表示北海其實是在早上 2 時 15 分收到不明訊號。第二天，他又把時間推遲到早上 2 時 30 分。很快，就沒有人清楚到底空軍看到過甚麼、在哪裡看到，又或在甚麼時間看到。

這件事未有阻止馬來西亞秘密地派遣兩艘船和一架軍機到國家的西岸沿岸搜索，即使明明東北岸才是被劃為搜索範圍的地方。《紐約時報》(The New York Times)[12] 引述美國熟知調查的官員報導，該失蹤客機曾爬升至飛機的最高飛行限制 45,000 尺，然後在接近檳城時，下降至比正常巡航高度低的 23,000 尺。該份享負盛名的美國報章其後報導，有手機訊號塔曾於差不多時間收到來自副機長手提電話的微弱訊號。這些元素在之後從未被證實……也沒有被明確地否定。

根據第一份中期調查報告 (2014 年 5 月)，軍方專家曾觀看 3 月 8 日早上 8 時 30 分雷達錄得的飛機動向，那是客機消失後的第七個小時。數據在早上 10 時 30 分傳送給國防及運輸部部長，他再將消息傳達給總理。

---

11 馬六甲海峽為印尼蘇門答臘及馬來西亞半島的海道。

12 2014 年 3 月 15 日，《紐約時報》發表題為《雷達暗示客機可能曾不止一次轉向》(Radar Suggests Jet Shifted Path More Than Once) 的報導。

馬來西亞從未解釋，他們在那天早上是如何得知客機改為飛往西面的；雖然如此，他們仍然在東面的南中國海進行大規模搜索，並向中國、越南和泰國請求協助。這任務在一星期後才正式被取消。一位名叫亨特（Ethan Hunt）的澳洲人，他曾於 2014 年 6 月參與成立家屬組織，以籌備資金進行私人調查，他在報告發表後對我說：「如果他們要轉移視線，來獲取足夠的時間去做他們要對飛機做的事，他們可真找到了一個好辦法！」

同一時間，一隊由義工自發組成的調查隊在網站 Tomnod 提供服務，仔細檢查數百萬個搜索範圍的衛星圖像。Tomnod 是一個由加州大學（University of California, 2010）開發的群眾外包（crowdsourcing）計劃，目的是組織義工團隊去研究衛星圖像、偵查森林大火或難民殖民地、製作颱風破壞圖等等。在 MH370 的搜索進行前，Tomnod 只有數千個自願者。在 MH370 搜索開始後，Tomnod 因為每分鐘有達十萬人次的高流量，而要在 3 月 11 日及 12 日關閉，其後引入一個較強的運算法才得以重開。到目前為止，有超過 800 萬人檢查過 Tomnod 的圖像達 9,800 萬次，找出 65 萬個有關物件。連美國著名搖滾音樂家洛芙（Courtney Love）也將一張從 Tomnod 得來的衛星圖像貼在她的 Facebook 內，並留言：「我不是專家，但細看一下，這的確像一架飛機和一團油污。」

飛機的搜索行動繼續落在錯誤的地方，分散注意力、轉移視線的技倆則佔據主要位置。由多國組成的調查隊伍繼續在南中國海做無用工，對於要在哪裡、如何地搜索飛機毫無頭緒。家屬及傳媒留守泛太平洋酒店的危機處理中心，忐忑又焦躁，每天絞盡腦汁想要理解發佈會那些不連貫甚至有時前後矛盾的資訊。

假的伊朗恐怖組織成員與真的失竊護照

在公佈乘客名單這事上，官方報告盡是模稜兩可。馬來西亞航空接連發表過四份有關登機乘客國籍數目的聲明。第一份報告說有 13 個國籍，第二份說是 14 個，第三份增加到 15 個，第四份又回到 14 個。顯然，台灣人被歸入中國籍人士，而名單上那兩名意大利和奧地利人，事實上是兩名伊朗人用偷來的護照過境。此外，有段時間曾報稱一共有四本失竊護照，但其中一個記者會又透露「事實上*只有兩本*」。對於搜索那架波音客機和 239 位乘客的人來說，這些資訊毫不相干，但它們充斥在大氣電波中，而且在製造混亂上非常有效。

當乘客名單在 9 月 8 日星期六晚上首次公佈時，航空公司發言人宣稱：「這是所有登機人士的名單，我們已通知所有家屬。」但緊接著，有兩名*生還者*出現了。馬拉爾迪 (Luigi Maraldi) 是一名意大利人，當時在亞洲度假的他，從失蹤者名單上找到自己的名字。他馬上向家人報平安，而幸運地他的家人*還未*被告知他「失蹤」的消息。馬拉爾迪的護照在六個月前被盜。而奧地利人科澤 (Christian Kozel) 在 MH370 失蹤時正在家中。他的護照同樣在兩年前於泰國被盜。

兩本被盜的護照最後由兩名伊朗年輕青年持有，二人為 19 歲的普里亞 (Pouria Nour Mohammad Mehrdad)，及 29 歲的德拉瓦 (Delavar Seyed Mohammad Reza)。他們是在泰國購入護照的。伊朗？大家引頸期盼的完美恐怖活動線索，似乎終於到手了。這兩名男子以自己的伊朗護照進入馬來西亞，然後在亞洲逗留期間改變了身分。馬來西亞航空「基於保安理由」，拒絕解釋為何持有假護照的人能成功買到機票。一連串前後矛盾的消息接踵而來。民航局先聲稱不確定這兩名可疑乘客有否被機場的監控攝影機拍下。接著，馬來西亞內政大臣宣稱「他們有亞洲人的特

徵」。但之後，民航局局長卻說「他們看起來不像亞洲人」。當一名記者要求局長描述兩名伊朗人的外表時，他答道：「你知道意大利足球員巴洛迪利（Balotelli）嗎？」那一晚，在擠滿傳媒的會議室，充斥著對這一風波的笑聲，並更正局長他讀錯了這位父母均為加納人的著名意大利前鋒的名字。他是想嘗試告訴大家一個*看起來不似*意大利人的人也可以*是*意大利人嗎？還是他意指那兩名伊朗人有非洲人的特徵？簡單來說，他們到底是亞洲人還是非洲人？是足球員還是恐怖分子？究竟可以相信誰呢？事實又是甚麼呢？

國際刑警組織隨後宣佈這兩名男子與恐怖組織沒有關連。他們似乎只是想到歐洲與家人團聚，試圖透過由北京入境來隱瞞出身。事實上，在這片混亂之中，國際刑警組織負責人表示他不認為 MH370 的失蹤是恐怖襲擊事件。國際刑警組織秘書長諾布爾（Ronald Noble）於 3 月 11 日星期二表示：「我們掌握的資訊愈多，便愈傾向相信這並非恐襲事件。」

然而，隨著兩名男子的照片從登機過程的監控錄像中被抽取、刊登後，事情再次峰迴路轉。影片中的兩人根本沒有「非洲人」特徵，看起來完全就是伊朗人。但照片顯示二人的下半身完全一樣；他們的軀幹和臉孔不同，但穿著一模一樣的牛仔褲和運動鞋，這觸發新一輪的疑惑。照片被篡改過嗎？不，從官方的道歉內容看來，這顯然「只是影印時出錯」。

這條*伊朗恐襲*線索落空了。三日之後，已經再沒有人相信。話雖如此，它曾有至少 48 個小時成為新聞焦點。彭博（Bloomberg）與其他新聞媒體報稱據馬來西亞民航局局長阿札魯丁（Azharuddin Abdul Rahman）所說：「在飛機起飛前，航空公司將五名已辦理登機手續、但未有登機乘客的行李卸下。」他沒有詳加解釋，只引述道：「五名沒有登機的乘

客方面存在一些問題。」然而，在 3 月 11 日，馬來西亞航空否認了有五名乘客辦理登機手續後並未登上飛機的報導。不過，航空公司倒確認了有四名訂了機票的人未有辦過登機手續。他們的身分未有被披露，而由於這四人從未現身，這件事只能在未解之謎清單上再添一筆。這就像另一件懸而未決的事件一樣：一名座位編號為 18D 的乘客 Zhao Qiwei（音譯趙奇偉）。中國當局指該名字跟提供的護照編號並不相符。

粗心大意的副機長法利克與南非美女

時間一分一秒過去，搜索行動仍未找到任何線索，傳媒卻即將捕獲最新獵物。澳洲第九頻道的電視節目《當前時事》(*A Current Affair*) 播出了與一位名叫羅絲 (Jonti Roos) 的可愛南非年輕女子所作的訪問。這位女子拿出一些有力的照片，並講述 MH370 副機長法利克 (Fariq Abdul Hamid) 曾在兩年前，在一架由布吉飛往吉隆坡的飛機上，邀請她和她的女性友人進入駕駛艙內。她解釋，當日正機長（她沒有透露名字）與當時 25 歲的年輕副機長在她們排隊等待登機時經過並注意到她們。布吉島是泰國的旅遊之都，以沙灘及*色情酒吧*聞名。他們登上飛機時，邀請了這兩名女子進入駕駛艙內。最後她們從飛機起飛到降落整整一個小時的航程期間，一直留在駕駛艙裡。羅絲在電視訪問中形容兩名機師不住抽煙，也不時轉身面向坐在機組人員座位 (jump seats) 的她們。由於在調查關於 MH370 失蹤期間，副機長的背景無疑會受到嚴格審視，為免使副機長名聲受損，羅絲強調她在航程中從未感覺到有危險。她展示出數張甚有調情味道的照片，相中人看起來全都十分享受這場短暫的相遇，無論是兩位機長，還是兩位頭戴機師帽的可愛美女。羅絲小姐與後來已經訂婚的副機長在 Facebook 仍然是朋友。

　　法利克在 2014 年 3 月 7 日晚上到 3 月 8 日登機時 27 歲，飛行時數為 2,763 小時，這是他首次在沒有監管的情況下駕駛波音 777 客機。馬航規定了副機長在接受新機種的駕駛訓練時，首五次飛行必須在監察員的陪同下進行。副機長有一位 26 歲的未婚妻拉姆莉 (Nadira Ramli)，是他在蘭卡威 (Langkawi) 的飛行學校認識的另一位飛行員。跟法利克一樣，拉姆莉生於「良好家庭」，她受僱於馬航的廉航競爭對手亞洲航空 (Air Asia)。法利克身邊的人在當地傳媒採訪時，一致給予他好評。他們形容法利克是一個有責任心、品格高尚的年輕人，閒時會為一支五人青年足球隊作教練。他最近還給隊上的孩子送贈 T 恤。鄰居說副機長的父親在雪蘭莪州 (Selangor State) 任職政府高官，他對兒子感到很驕傲。他的祖母形容他為「好孩子」、「很聽話」及「很虔誠」。鄰近清真寺的人也有相同的評語，說法利克是「一位虔誠的伊斯蘭教徒，既謙卑又安靜」。之前在 2 月 19 日，法利克曾為美國有線新聞網 (CNN) 的節目《商務旅遊》(*Business Travel*) 作嘉賓，表現良好。雖然在從布吉到吉隆坡航班正機長所要遵守的飛行安全守則方面，他肯定有吹噓的成分，但他生活上的其他方面，看起來都很令人放心。

　　事實上，那起由布吉到吉隆坡航班的不合宜小插曲，反而令副機長看起來只是一位意氣風發、享受生活的年輕人，跟某些人預想中的恐怖分子、犯罪者或有自殺傾向的人不盡相同。但是某些傳媒抓住他這一次過錯，譴責他「態度魯莽」、「也許是機組人員在事件中的過失的第一道線索」、「機艙內展現耐人尋味的品格」。全世界都在為事件搜求解釋，或者一個可以怪責的對象。

　　3 月 11 日星期二，馬來西亞航空對此作出回應，表示各方對其員工的指責及對公司誠信的質疑，使公司「感到震驚」。如果要說這件事反映了甚麼，大概就是航空公司的散漫態度。

正機長又是怎樣的人？

當矛頭指向副機長後，大家的目光轉移到 53 歲的正機長札哈里身上，機長因此成為了誹謗中傷的主要目標。有消息來源說他已離婚，另一個消息來源則說他的妻兒在客機起飛前一天剛搬離住所，亦有其他人描述他為*政治狂熱者*。傳媒引述某個與調查相熟的消息來源指，馬來西亞反對派人民公正黨聯盟（Parti Keadilan Rakyat，簡稱 PKR）領袖安華（Anwar Ibrahim）被判處五年有期徒刑後，據說札哈里顯得心煩意亂。該項判決在 2014 年 3 月 7 日客機起飛數小時前發生。有消息來源指札哈里曾聯同其他安華支持者在布城（Putrajaya）[13] 上訴庭抗議。亦有人傳言說機長的日記自 3 月 8 日起便是一片空白。甚至有人發現他有「遠親在巴基斯坦」，彷彿光這件事就足以使他應受責備似的。與副機長一樣，札哈里的家也被搜查，並被發現藏有一台飛行模擬器。3 月 19 日的傳媒發佈會透露，札哈里的個人飛行模擬器有些數據在最近曾被刪除，恢復被刪除的數據的任務則交由美國聯邦調查局（FBI）負責。據馬來西亞日報《每日新聞》報導，調查人員最感興趣的是在機長的飛行模擬器中發現的五條跑道資料，全部皆為最少三公里長——這是一架波音 777 客機要降落時所需的最短長度。其中一條跑道位於馬爾代夫的首都馬利，馬來西亞航空有定期航班前往該處；另一條是迪亞哥加西亞島（Diego Garcia）的跑道，該處是美軍基地，一般而言民航客機是不會在該處降落的；其餘三條跑道則位於印度及斯里蘭卡。然而，兩星期後，美國調查人員聲稱從模擬器的數據中「找不到任何可以入罪的東西」。

沒多久，當地報章《世界報》（Kosmo!）率先在頭版刊登出機長的照片。在照片中，機長與一個年輕貌美的馬來西亞婦人及兩名孩子同坐於沙發上。照片的標題用字含糊，並暗示機長有另外一個家庭。在馬來西

13　布城為馬來西亞行政首都，位於吉隆坡南面 30 公里。2015 年 2 月，馬來西亞聯邦法院宣判安華因犯雞姦罪，判處五年有期徒刑。

亞，回教男人只要有足夠的經濟能力，並遵守特定規條，便可擁有最多四個妻子。同一張照片相繼在數份英國小報刊登，這些小報熱切地尋找任何能加罪於失蹤客機機長的新聞。其中譴責得最厲害的聲明來自新西蘭。陳林肯（Lincoln Tan）是在新加坡出生的新加坡籍華人，為《新西蘭先驅報》（*New Zealand Herald*）的特派員。他經常歌頌馬來西亞菜式——椰漿飯、亞參魚、印度煎餅——這讓他結交到調查小組其中一位成員，並透過這個渠道獲得消息。透過這個消息來源，他得悉調查人員正把火力集中到兩名機長身上。這條小道消息刊登在 3 月 17 日的《先驅報》上。十日後，在奧克蘭，這名傳媒人引用了機長某個*朋友*所作的證言，試圖給機長一記致命的攻擊。在 2014 年 3 月 26 日，《先驅報》刊登了一篇文章，內容引述這位不具名的「認識機長已久的熟人」聲稱：「機長札哈里的世界已經崩潰。他面對嚴重的家庭問題，與妻子分居，與另一名過從甚密的女子的關係也出現問題。」這位匿名情報提供者告訴新西蘭記者，妻子的離去使機長感到「非常失落」。他深信札哈里很有可能計劃「將飛機飛往他從未到過的地方」，以此來結束一切。這篇文章繼續指出：「機長的同事質疑機長當時的心理質素，他懷疑正機長札哈里可能把這次飛行視為『最後的兜風』——把以往他只能在飛行模擬器中做到的事、在飛機上實現的機會。」

三個月後，倫敦《星期日泰晤士報》（*Sunday Times*）[14] 報導，馬來西亞警方已完成他們的調查，並除去飛機上所有人的嫌疑。每一個人，就除了機長。

但這些懷疑卻與其他人對機長的描述不符，大家形容他像個常常微笑的祖父，是眾人的典範，熱愛下廚、手藝靈巧、愛開玩笑，深受他的飛行學生歡迎。沒錯，他樂於談論政治，家中也有一台精密的飛行模擬

---

14 刊於 2014 年 6 月 22 日。

器,但即使是《新西蘭先驅報》所引述的「認識機長已久的熟人」,也形容札哈里為「三F」而活:Family(家庭)、Food(吃喝)和Flying(飛行)。飛機失蹤後一年,中期報告只收集到有關他的一般資料:已婚、有三個孩子、2007年第二腰椎骨骨折、善於面對家庭及工作壓力。「沒有對事物失去興趣、焦慮或易怒的紀錄。」報告也指出他的「生活模式沒有太大改變,也沒有人際衝突或家庭壓力。」事實上,根據中期報告,「正機長、副機長和所有機組人員都沒有社交孤立、習慣或興趣改變、自我忽視、濫用藥物或酒精的行為徵兆。」

再一次,我們究竟應該相信誰?有甚麼是可信的?大家都知道機長就是飛機上的主管,他自然要為這次失誤負上主要責任,而這亦令他成為主要嫌疑人物。在我看來,我必須要對這號關鍵人物作出判斷,而我發現這並不是一件容易的事。最初,機長的家人迴避我的查詢。當我在2015年2月,即事件發生一年後回到馬來西亞作跟進調查時,我再次透過一些熟人聯絡機長的家人。他們在會議前最後一分鐘才決定不出席。明顯地,馬來西亞航空指使他們不要跟傳媒說任何話,更不用說外國傳媒了。直至2015年年底,我才有機會跟數位機長身邊的重要人物對話。

從一開始,媒體就被拖往錯誤的方向,進入死胡同。好幾支參與搜索的船隊開始質疑這次行動的協調及管理方法。某位在最初幾個星期已能進入事件管理中心的外國特使向我描述,情況「混亂得令人難以置信」、「中國及韓國的官員站在一旁,手叉著腰或抓著頭,不知道自己應該要做甚麼,或是不應該做甚麼。」3月12日星期三,惱怒的越南政府決定減少在南中國海沿岸海域的搜索工作,並批評「馬來西亞沒有提供足夠的資料」。在同一天,中國外交部長也提出相近的意見:「目前有太多的不確定因素,我們很難判斷所得到的資料當中,到底有哪些是準確的。」這番評論出自中國外交人員口中,實屬罕見,也證明了當時

的紛擾與混亂有多嚴重。事實上,在搜索開始的頭幾天,這件事所帶來的災難已超越任何軍事行動,當中的協調性及資訊分享程序之差勁,也招來了各方嚴厲的對待。

國際海事衛星組織的 ping 主導了官方說法

3 月 12 日星期三是事情的轉捩點。這場行動的陣容有新成員加入,是之前還未有人認識的新角色——國際海事衛星組織 (Inmarsat)。Inmarsat 是英國的衛星公司,早於 2005 年已在倫敦交易市場上市。

其衛星通訊競爭對手亞洲衛星 (AsiaSat) 的行政人員對我說:「Inmarsat 的名聲非常好,他們的技術在同業中享負盛名。」不過他也指出,Inmarsat 的任務是處理商業飛機與地面間的數據傳遞,不是把飛機定位,更不是追蹤飛行路線。

雖然有這樣的提醒,在客機失去訊號後,Inmarsat 仍然成為了飛機飛行路線最終官方版本的資料來源,因為即使 ACARS 在被關掉後就不會再傳送技術數據給馬來西亞航空,但飛機仍然會繼續被動地接收我們稱為「ping」或「握手」(handshake) 的無聲訊號。當地面基地過了 60 分鐘仍然沒有收到飛機的訊號,便會對飛機發出「ping」。「Ping」會去「尋找」飛機並問它:「你還在嗎?」飛機要麼會回應:「還在。」要麼就是沒有反應。所以當 MH370 從雷達顯示上消失後,「ping」就成為了與飛機聯繫的最後手段。但要從這些訊號中判斷客機的位置,是相當繁重的工作。「Ping」本來就不是為這種用途而設計,也從來沒有試過這樣應用。

Inmarsat 的工程師艾倫（Alan Schuster-Bruce）是劍橋大學皇后學院（Queens College）的畢業生，在 AF447 一案上貢獻良多。他根據那場意外，成功使進一步量度「ping」變得可能，尤其在持續時間及頻率上。在唯一講述 Inmarsat 在這件案件中的重要性的紀錄片中[15]，艾倫如此解釋道：「我當時想，也許有一天我們會用得著⋯⋯可能會，也可能不會。」所以在 2014 年 3 月 8 日星期六上午 11 時，當他從英國廣播公司（BBC）新聞報導聽到有關客機失蹤的事時，他立刻意識到 Inmarsat 也許能夠提供對調查有幫助的數據。Inmarsat 展開了一場與時間的競賽。雖然「握手」、「ping」只是一種微弱的電磁訊號，科學小組仍然認為值得進行分析。初步而言，只要知道「ping」被反射回來所需要的時間，便能判斷出飛機與衛星之間的距離。

我嘗試把「ping」想像為細小到看不見的點，在 3 月 7 日到 3 月 8 日的晚上，它從澳洲西南面的柏斯（Perth）地面基地傳送到位於赤道上空 36,000 公里的地球同步衛星 3F-1，由衛星自動轉達給波音 777 客機 MH370，再回彈到太空中，由衛星把數據傳送回伯斯，如此來回了七次；整個過程以光速進行，實在太不可思議了。也就是這小小的「ping」，在那七次往返後的最後一次，決定了 MH370 的命運將會如何公諸於世。

第一項令人惶惶不安的發現，就是飛機在失聯後仍然飛行了很長的時間。艾倫回想：「到了這個階段很明顯，就是飛機繼續飛行了那麼多個小時，肯定事有蹺蹊。」

當中牽涉的計算複雜到難以形容，尤其 3F-1 衛星雖說是「與地球同步旋轉」，但實際上仍然會在赤道上空南北向地不斷移動。換句話說，每一個發出的「ping」都會在天空上畫出一個圓形，而當中從飛機到衛

15　BBC Horizon documentary, "Where Is Flight MH370?" aired on 17 June 2014. https://www.youtube.com/watch?v=Jj142I9Ck3c

星之間的距離是不變的。當飛機飛行時，必定會穿過這些不同的圓形，從第一個到第七個，每一個圓形對應著那個「ping」發出的確切時間。第八個、也是最後一個「ping」是於早上 8 時 19 分發出的，它跟其他的「ping」完全不一樣。它不單比預計的時間更早到達——只比 8 時 11 分發出的倒數第二個「ping」晚了數分鐘——它還包含一個重新啟動的指令。Inmarsat 的工程人員推測，當飛機引擎耗盡燃油而停止運作時，通訊系統會自動嘗試重新啟動。自那個「ping」後，便再沒有任何訊號。總括來說，飛機在失聯後仍然繼續飛了七個小時，這是 Inmarsat 第一個重大發現。

因此，在倫敦有一小撮科學家得知飛機在 8 時 19 分前都在天空中。但它飛往哪個方向？「我們突然想到，只要知道飛機的最初位置，以及飛機大概的飛行速度，就有可能推斷出飛機的路線。」Inmarsat 的衛星通訊專家如此憶述。於是，位於倫敦的 Inmarsat 跟位於吉隆坡的馬來西亞航空進行電話會議。根據艾倫的說法，Inmarsat 企圖說服這間「非常不情願」的航空公司，交出這些額外數據對調查是何等重要。

馬來西亞當局的「不情願」有其理由：要解答 Inmarsat 的問題，等同於承認航空公司早已發現飛機曾轉往西面，以及曾在蘇門答臘的北面（馬來西亞西岸）出現；而同時卻有一整隊總數達 43 艘船的船隊及 58 架飛機奉命在南中國海（馬來西亞東岸）尋找失蹤客機。不管如何，Inmarsat 最終成功拿到當時仍然是機密的數據，去進行更多深入分析。這任務很複雜，複雜到艾倫如此說：「我們其中一項顧慮是，這一切可能只是某些人跟 Inmarsat 開的玩笑……即飛機實際上是墜落了，卻同時有人偽裝出那架飛機。」他承認自己也曾經心裡存疑。

　　Inmarsat 最後想出了一個跟「ping」的情況吻合的情景，就是「兩個弧形理論」。客機肯定是曾以弧形飛往北面（由泰國到哈薩克斯坦及土庫曼的邊境）或飛往南面（從印尼到印度洋中心）飛去。這是 Inmarsat 第二個大發現。

　　在 3 月 12 日星期三，Inmarsat 將這兩個推論與馬來西亞分享，吉隆坡方面卻沒有任何回應。艾倫說：「顯然他們從各方收到各種各樣的訊息。他們也許已經從其他人處收到飛機在太平洋的消息。」3 月 13 日星期四，《華爾街日報》（*The Wall Street Journal*）公佈了飛機在失去無線電聯絡後，據稱曾繼續飛行了數小時的消息。其後兩天，國防及運輸部部長希山慕丁極力否認這些新消息。在整件事中他的態度一貫如此，甚至因此被冠上「不先生」的綽號。3 月 14 日星期五，一則新消息從意想不到的來源發出：白宮發言人宣佈有「新消息」及「新搜索地區」，後者指的正是南印度洋。華盛頓這一著迫使吉隆坡打破沉默，卻又把相關細節留給馬來西亞方面來揭露。

3 月 15 日星期六：在 MH370 上的蓄意行動

　　3 月 15 日星期六，自從這起事件以前所未有的方式把馬來西亞推到國際舞台的聚光燈下，總理納吉布（Najib Razak）首度公開發表聲明。他重申目前的情況「史無前例」，又承認飛機曾改變路線──過去五天以來大家廣為討論，卻一直被否定的說法。他亦確認了那架波音 777 客機的數據傳送系統（ACARS 及應答器）被「關掉」，並提出「是機上有人蓄意為之」的理論。最後，總理證實了 Inmarsat 提出的理論，即客機在早上 8 時 19 分前仍然在飛行，並往北或往南飛去。他認為，不管是誰控制了客機，那人肯定是具備豐富飛行經驗的人。納吉布先生對傳媒發

第二章：飛機在哪裡？轉移視線、混亂與謊言 | 4
3

表了他第一次及唯一一次的聲明後，沒有接受傳媒提問。MH370連同其239位乘客及機組人員的失蹤事件進入了新階段。整件事都是經過計劃的，而且似乎計劃得相當巧妙。那麼是一起劫機事件嗎？但動機是甚麼？

馬來西亞官方讓鄰國、同盟及夥伴在錯誤的地方搜索了一星期，才證實這麼重要的一項消息及給予適當反應，有些人認為這顯示出馬來西亞方面的徹底無能，其他人則懷疑這是馬來西亞方面玩弄的技倆，為的是隱瞞令人尷尬的真相。Inmarsat的「ping」雖然如此重要，卻無法提供解開謎底最關鍵的線索，反倒使搜索範圍擴大了十倍。

在沒有任何新消息出現的情況下，第二個星期就跟第一個星期一樣。當局在新聞發佈會全力否定所有流傳的消息，不管是錯的還是對的：不，飛機沒有在馬爾代夫被看見；不，在副機長發出那句已經變得惡名昭彰的通信結束句「晚安，MH370！」前12分鐘，飛機未有作180度轉向；不，我們目前未有向家屬道歉的打算；不，我們不會公開從鄰國得來的雷達數據；不，我們不知道機長的飛行模擬器內載有甚麼；不，我們仍然不知道飛機的飛行路線。

每天傍晚5時30分，國防及運輸部部長「不先生」、馬來西亞航空執行長、全國警察總長及民航局局長都會站成一列，垂下雙手，在新聞發佈會的會堂內接受各種指責。他們的神情一天比一天侷促不安。每一個傍晚，現場直播的攝影機、閃光燈以及日益惱怒的記者把房間擠得水洩不通，團團包圍著這四人。一名高大威猛的錫克教徒充當著司儀，決定哪個在場的記者能作出提問。

3月19日，一名BBC記者要求民航局局長證實波音客機是否曾飛過某某航點，答案是：「我們仍在調查中。」仍在調查中？所有人都深

信這條消息應該已經「清楚確認」了才對啊！局長指出，要找出飛機飛往「哪個方向」已不再重要，因為目前的焦點已完全集中在飛機的最後位置。客機已經失蹤了 11 天，所得到的回應是大家困惑的歎息聲。在另一晚的發佈會，有記者向「不」部長指出，在前一天提及「在北面弧形的搜索任務中心」的哈薩克斯坦，似乎並不知道自己在此行動中的角色。換言之，據該記者所言，這個重要的中亞共和國並沒有收過吉隆坡發出的協助請求。

馬來西亞當局不時出現這些如此露骨的例子，表現出當局的無條理和無能。初次接觸馬來西亞的記者都驚呆了。究竟自己來到一個如何荒誕的國家？

新聞發佈會已接近尾聲。高大的錫克教徒護送官員從後門出去。他們匆匆離開發佈會室，留下無數高舉的手及無數未解答的問題。

第 三 章

馬來西亞做得到！馬來西亞的脈絡

　　在 2014 年 3 月 18 日我來到吉隆坡，當我步出機艙時，立即感受到悶熱的高溫，放眼所見盡是有關 MH370 客機十日前失蹤的事件。在機場有寫上「為 MH370 祈禱」的巨型海報；在地鐵以及大街小巷也有臨時的神龕，內裡放有一束束鮮花、無數燃點起的燭光，以及寫上「請回來」、「你在哪兒？我們等待著你」的訊息。自從 3 月 9 日星期日以來，馬來西亞報章的頭版都不停將焦點放在客機失蹤上，日復日的為失蹤事件加添新消息，不管這些新消息之前是否曾經披露過。

　　馬來西亞舉國仍然是十分震驚，馬來西亞人通常都是很隨和開朗的，此刻看上去卻很悲傷和擔憂。馬來西亞在這數十年來的口號是「馬來西亞做得到！」(Malaysia Boleh!)，跟奧巴馬參選美國總統時的口號「是的，我們可以！」(Yes we can!) 有異曲同工之妙。只是「馬來西亞做得到！」這口號較「是的，我們可以！」早大約 30 年前出現。無可否認，在過去數年馬來西亞人仍然有高喊這些口號，但當中似乎蘊含著諷刺意味。在 MH370 客機失蹤事件上，不單是災難的規模——奪去了 239 條性命，當中更包括數名小孩——更甚的是事件的不可思議令人無法接受。事實上，事件不單可怕，同時亦令人難以理解。

　　現在人們從總理納吉布三日前的講話中得悉有「蓄意的行為」(deliberate act)，他們唯一的希望就是乘客是被挾持成為人質了。最樂觀的觀察者認為，或許秘密談判正在進行當中，這亦可以解釋一連串混亂及前後矛盾的聲明。他們認為，一個正面的結果仍然是有可能的：沒有跡象顯示是墜機，因此飛機一定是在某處降落了。

　　每個傍晚，我都會乘坐高速火車由吉隆坡到機場，出席位於機場旁

的泛太平洋酒店舉行的記者會，途中會經過數千公頃的棕櫚種植園，但我住的酒店卻是位於市中心。法國《世界報》的編採人員曾告訴我，他們不想我報導記者會：「我們有法新社（AFP）報導了。」我獲派的工作其實是提供當地的社會情況，解釋事件的來龍去脈，以及記下這個國家的動靜。人們都在談論甚麼？馬來西亞人是怎樣看這件無法解釋的事件？有甚麼可行的調查方法？類似這樣的事件，誰會是*嫌疑犯*？假如事件的原因是*蓄意的行為*，這又是關乎誰的利益——客觀上來說——令一架載著這麼多乘客的波音 777 客機消失？哪一件貨物又或是機上哪些乘客是如此特別、珍貴又或是危險，令他們不能安全抵達目的地？

馬來西亞對事實概念的含糊

我在 2000 年代早期曾經在馬來西亞居住了數年，這時期讓我認識到，「事實真相」在這裡有時是一個頗為含糊的概念。有一次我要再次致電給一個人，因為他告訴我的跟我所調查的並不一致，當他得悉我再次致電給他的原因時，我的受訪者（在吉隆坡城中城[1]一家頂級酒店任職經理，不是來自砂勞越深山的雞農）竟然天真地說：「噢，但我那樣說，是因為我以為這是你想我告訴你的！」我簡直不能相信我的耳朵。這令我想起列寧所說的：「告訴他們想聽到的！」[2]但在這情況下，這位酒店經理所說的，只顯示出馬來西亞人為取悅別人可以做到甚麼地步。

當一個人是如此為你設想，你又怎能不喜歡他？不過，事情不是永遠都是如此。少量馬來西亞國內的自由傳媒，它們擔負起提供高質素本地新聞的使命，承受著極大的風險。政府不時會對它們進行審查[3]。而不

1　吉隆坡城中城 (Kuala Lumpur City Centre，簡稱 KLCC) 是以吉隆坡國油雙峰塔為主的市中心區。

2　引述自由法國作家弗拉基米爾・沃爾科夫 (Vladimir Volkoff) 所寫的《造謠簡史》(*Petite Histoire de la Désinformation*)，由 Editions du Rocher 於 1999 年出版。

3　以倫敦為基地的爆料網站「砂勞越報告」(*Sarawak Report*)，於 2015 年 7 月被馬來西亞當局封鎖。

能將業務搬到海外繼續營運的網站及報章,就要冒著其牌照被吊銷的風險。[4]

　　經過一年累人的手續,我終於獲發記者證,當我前去取我的記者證時,我跟馬來西亞國家新聞社(Bernama)的官員的對話,以他一句善意的提醒終結:「無論如何,陳翡小姐,你無需要報導與政治有關的新聞。」當我對他的說話表現出驚訝,並堅定不移的表示我「當然」會報導政治時,阿茲蘭(Azlan)先生長長地嘆氣,攤坐在椅子上,難過的點著頭,說:「陳翡小姐,請你明白,如果你報導政治,我就會有麻煩;若我有麻煩,你就會有麻煩。」

　　這還不清楚嗎?縱使語氣親切有禮,但警告相當清楚明顯,特別是在一個經常利用內安法令(ISA)[5]——所謂緊急法例的國家。在內安法令下,執法者可以在未經控告或審訊的情況下,將人扣押長達兩年,之後更可以將扣押無限期延長。阿茲蘭先生的確有向我發出有效期為兩星期的記者證。我們同意了一個安排:他會將我的記者證妥為保管在抽屜內,當有一天我真的需要時,就會向我奉上,之後我便跟他道別離開了。在馬來西亞有一條黃金定律:真相是一個相對的概念,有時甚至被認為是危險的。

從未被懷疑的馬來西亞航空?

　　現在讓我們聚焦於飛機及航空公司上。馬來西亞政府的主權財富基金——國庫控股(Khazanah Nasional Bhd.)擁有馬航七成的股份。這家航

4　經濟雜誌《The Edge》的牌照就在2015年7月被吊銷。

5　馬來西亞的國內安全法令(Internal Security Act,簡稱ISA)分別在2012年及2015年,被一連串更為專制的法例所取代。

空公司的機艙服務員，穿上華麗的青藍色和粉紅色的紗籠，足可以跟新加坡航空公司舉止優雅的機艙服務員媲美，後者在亞洲地區可是業界的參考指標。在服務及安全上，馬航享有極佳信譽，商務客位的旅客可以在機艙內，享用令他們垂涎欲滴的炭燒春雞及烤牛肉串伴沙爹醬。馬航的首班商業航班於 1947 年開出，亦令公司成為亞洲航空業的先驅之一。直至 2014 年 3 月 8 日前，這家航空公司上一次發生嚴重事故已經是在1977 年。那時的馬來西亞航空是世界七大航空公司之一，曾獲得英國的航空公司評級顧問機構 Skytrax 評為五星級。在馬航 151 架飛機的機隊中，平均機齡為四年，這令馬航成為全球最現代化的航空公司之一。無可否認，MH370 航班所使用的型號波音 777-200ER 購於 2002 年，是其中一款最舊的飛機，但這並不是一個大問題。在 2013 年，馬航加入了全球第三大的航空聯盟——寰宇一家（Oneworld）。直到那時為止，馬航仍是安心可靠的。

然而，馬航的商業成績卻不是太好，這家航空公司由 2007 年至2010 年有盈利，但在 2011 年卻出現虧損：在 31 億歐元（136 億馬來西亞令吉）的銷售額中，錄得 5 億 8,100 萬歐元的淨虧損。在 2014 年，馬航每天虧蝕超過 100 萬歐元。到底發生甚麼事？其實，馬航在 2013 年曾大肆購入噴射客機，令公司整體規模擴大了約兩成；不過馬航的收益，其中包括了貨運業務，卻只有百分之二的增長。這家航空公司實在有太多僱員及*支取高薪*的人了。[6]

總括來說，馬航是嚴重虧蝕，當市場競爭愈來愈劇烈時，為何仍然購買這麼多飛機？「為甚麼？你是在說笑吧！每一個人都知道飛機訂單是用來做甚麼。」一個相關熟人這樣告訴我，說話時還聳一聳肩；他懷

6　在 2015 年，馬航在約二萬名僱員中裁減了六千人。

疑是採購部「嚴重地貪污」。馬航面對著來自多家航空公司的競爭。首先，它面對著來自歐洲及中東航空公司飛到亞洲的長途線競爭，同時亦面對著亞洲區內數家低成本航空公司的競爭，當中包括亞洲航空和韓亞航空。根據消息人士的資料，馬航的管理並不完善，這家航空公司購買最昂貴的噴射客機（*箇中理由*之前已提過），跟著便不得不在其他地方進行節流。馬航並沒有像百分之七十五的波音 777 營運者一樣，應用波音飛機健康管理系統，這系統會在飛機飛行時收集飛行數據，以便即時追蹤可能出現的問題，以及優化維修程式。當我向法國航空事故調查局前局長特羅阿代克（Jean-Paul Troadec）問及此問題時，他小心翼翼地回答：「我不知道在多大程度上不參與這系統，會導致懷疑維修出現問題，但你也可以認為這並不是一個好現象。」

至於在運作方面，馬航的事故紀錄很平常，根據網站 aeroinside.com，馬航在 2014 及 2015 年一共發生約 15 宗事故，網站亦同時提供每宗事故的細節：飛機起飛時輪胎爆裂、引擎故障、雙發電機失靈、機艙失火、被閃電擊中、降壓，等等。驟眼看來，這清單令人憂慮，不過這並不足以引起歐洲航空安全局（EASA）或美國聯邦航空管理局的關注，這兩個機構都沒有將馬航列入黑名單。

然而，在 2014 年 3 月 26 日下午 4 時，馬航的航空電子設備工場發生了一場小火，引起一陣騷動。馬航在這個工場維修其所有飛機的電子零件，換句話說，這個工場是十分重要的。這個工場位於梳邦，是吉隆坡前國際機場的所在地，工場在二號飛機庫的二樓。馬航是在前國會議員及航天專家黃朱強（Wee Choo Keong）在其博客內提及這次失火，才在失火兩天後上報這次事故，但沒有解釋為何會引致火災。這是 30 年來從未發生過的。究竟這場火是怎樣發生的？有甚麼儀器及文件在火警中被毀？為何防火系統沒有運作？這一切都是未能解開的謎團。

　　四個月後，馬航發生第二次事故，其波音 777 客機在烏克蘭上空被擊落，這次機上有 298 名乘客。根據調查報告，飛機是被俄國製的導彈擊落。事故發生後，馬航的股價下跌了百分之十八。這間公司在五年內失去了百分之八十五的市值，究竟是否仍能生存，頓成疑問。在 2015 年 7 月，兩個月前就職並帶領公司進行重組的馬航新任德國籍行政總裁穆勒（Christoph Mueller）表示，技術上而言，公司已經破產，故現在的策略是「在 2015 年止血，明年趨於穩定，到 2017 年尋求業務有所增長。」2015 年 9 月 1 日開始，馬航重生了，並有了一個新的法定身分。該公司並沒有更改名稱或標誌，甚至機艙服務員所穿著的粉紅及青藍色紗籠亦完全相同，但是馬航的英文名稱 Malaysia Airlines System（MAS）已不存在，一如其債務一樣，取而代之是 Malaysia Airlines Berhad（MAB）。2015 年 12 月，馬航公佈與阿聯酋航空共享約 90 條國際航線的代碼，馬航只保留飛往倫敦的唯一一條長途線，之後就可以聚焦於亞洲。2016 年 2 月是馬航經過長時間後，首次錄得收支平衡。不過，在 2016 年 4 月，馬航新任總裁在接受美聯社訪問時，將這間公司形容為「有許多破洞的船」。不足兩星期後，馬航宣佈穆勒由於「個人狀況的改變」，將會離開馬航。簡單而言，這就是空難發生時馬航本身正處於的狀況。

在馬來西亞，一切都是政治

　　因為在馬來西亞一切都是政治，於是我便去了國會一趟。馬來西亞國會是一座七十年代風格的巨大白色建築，有幾層可以眺望到植物花園，而周邊是一大片茂密的叢林。整座建築物被來自四方八面的天橋樞紐包圍著。我坐在我朋友黃基全（Wong Chen）的車子裡經過檢查站，黃基全是一名前律師，他現時是反對黨人民公正黨的國會議員。跟保安寒暄數句，打個眼色，閘門便打開了。

　　穿著傳統服飾的伊姆蘭（Imran）是馬來西亞其中一名政客，從政多年已變得不太積極主動。他是馬來西亞皇家海軍的前海軍上將，多年前已屆軍方退休年齡，但仍然緊守其國會議員的崗位。他說他只是代表自己說話：「我觀察了雷達螢幕數十年，我可以告訴你一架飛機，或甚至是船，從雷達螢幕失去蹤影的唯一可能性，就是真的消失了！飛行中發生爆炸，又或是墜機！我準備要求國會，在飛機從雷達螢幕上消失的地方恢復搜索行動。」其實他並不知道，飛機並不是真的從雷達螢幕消失。到了第二天，馬來西亞財經雜誌《The Edge》聲稱馬來西亞皇家空軍將準備展開調查，找出為何 MH370 在掉頭後，可以從東至西跨越馬來西亞領空而沒有被國內精密的英國製及法國製雷達偵測到。顯然地，無線電監察人員是在螢幕前睡著了，但沒有人會對此感到意外，畢竟當時已是凌晨一時了。「事件中有許多錯誤和失策，令你不知道還可以信甚麼。」這名前海軍上將說。他補充，在護照被盜事件中，馬來西亞的海關也有過失，在這一點上，有必要找出誰要負責。最後，他為事隔數天當局才承認 MH370 完全放棄了預定的飛行航道，感到憤怒不已，接著又說他們追蹤到 MH370，但其實只是新加坡航空 SQ61 正飛往巴塞隆拿的航班。他顯然並不為他們的皇家空軍感到驕傲。

　　當天反對黨的國會議員十分惱怒，因為前一天政府舉行了一個 MH370 的秘密簡報會，只邀請了執政黨聯盟國民陣線（Barisan Nasional）的國會議員出席。甚至當我訪問主要政黨的國會議員時，也不見得可以問出一點頭緒出來，我所聽到的只是一連串緩慢的發音，當中規律地夾雜著馬來西亞式英語（Manglish）獨有的「啦」（lah），例如他們表達「好傷心啦」，並對「政府作出了重大努力啦」去處理「這次史無前例的危機啦」而致敬。「我們只是一個發展中國家，今次危機對我們來說是太

大了。」國民陣線的國會議員拿督威拉[7]阿邁德韓沙（Ahmad Hamzah）說。明顯地，要協調一個規模這麼大的搜索行動並不是一件易事，這個觀點也被反覆強調：「你要理解，這類災難之前從未發生過，這在航天史上是從未出現過的情況。」馬來西亞在整個事件中都以此作為藉口，自稱是這次重大事件中倒楣的受害者。事實上，更加正確一點來說，之前從來沒有航空公司丟失一架波音777客機，這型號被評為全球最安全的飛機之一，飛行路線既輕鬆又是預定的常規飛行航線，再加上天氣情況又這麼良好。這位議員以這句說話來為我們的訪問作結：他告訴我在他的村落（kampong），「每一個人都盡一切所能祈禱。」看來我只好相信馬來西亞執政階層的決心和承擔了。

馬來西亞和中國：兩國之間有沒有爭執？

我們再次回到這架客機上。客機是飛向北京的，這並不是隨便哪個目的地，這是全球第二超級強國的政治首都，機上大部分乘客都是來自中國大陸的中國人，還有許多是馬來西亞華人。中國與馬來西亞的關係如何？兩國之間有沒有爭執？吉隆坡暨雪蘭莪中華總商會的秘書長蔡文洲，一如這個總商會的其他成員一樣，很熟識MH370以及從北京飛回吉隆坡的回程航班MH371。他告訴我馬來西亞與中國的關係，可以追溯到五個世紀前。他們起源自馬來西亞的中國社區，直到今天，馬來西亞華人的角色仍然十分重要。每一個人都知道只佔四分之一人口的馬來西亞華人，是國家的命脈。的確，在為期三日慶祝中國新年的活動期間，馬來西亞商舖會停止營業，其重要性較諸為期30日的伊斯蘭教齋戒月更甚，但伊斯蘭教是馬來西亞的官方宗教，國內有六成人口是伊斯蘭教徒。

7　拿督威拉 (Datuk Wira) 在馬來西亞是一種頭銜，類似英國的爵士 (sir)。馬來西亞仍然沿用著榮譽稱號，例如拿督 (Datuk 或 Dato)、拿汀 (Datin)、丹斯里 (Tan Sri)。

不過，這並不代表華人與伊斯蘭教徒的關係從不緊張：華人在經濟及社會上所佔據的地位，有時會受到馬來西亞土著（Bumiputras，直譯為土地的孩子）的挑戰。1969 年發生的排華暴行就導致數百人死亡。但是自從現任總理的父親阿都拉薩（Tun Abdul Razak）於 40 年前訪問中國，兩國關係開始逐步改善，雙方簽署了策略性的政府對政府（G-to-G）計劃以促進貿易，到 2017 年貿易額將會高達 1,600 億美元，而已有五成的關丹港口是屬於中國的投資者。在 MH370 的乘客中，有一部分是中國的投資者，他們藉著由地產商支付旅費之便，來到馬來西亞。

2014 年 3 月 8 日後馬來西亞與美國的關係有甚麼變化？

一個比較多疑的假設在以華人佔多數的商人圈中流傳，他們的假設是這樣的：如果美國有份參與這次的客機失蹤事件，他們的動機會是破壞中國與馬來西亞的關係。人們告訴我馬來西亞希望與所有人交朋友，「但如果你與所有人交朋友，你就沒有真正的朋友。」馬來西亞被認為是在國際舞台上走鋼索，特別是與中國及美國的關係。「印尼很明顯是受到美國的影響，而馬來西亞對於中國勢力的崛起則保持著極度中立，甚至是南海的領土議題。」蔡文洲指出。

事實上，在客機於 2014 年 3 月 8 日失蹤後的往後數個月，馬來西亞與美國的關係有顯著改善。首先，奧巴馬於 2014 年官式到訪馬來西亞，這是自美國前總統約翰遜於 1966 年訪問過馬來西亞後，首次再有美國總

統到訪該國。訪問期間，奧巴馬表示：「美國認為馬來西亞在地區穩定、海上安全及航空自由方面都扮演重要角色。」在奧巴馬這次歷史性訪問的六個月後，美國第一家庭到夏威夷歡度聖誕節，納吉布亦應邀到當地與奧巴馬打高爾夫球。究竟納吉布做了甚麼，令他得以享受到如此尊貴的待遇？如果這兩名男士有甚麼機密事情想跟對方說，這無疑是一個極佳的環境。不足一年後，奧巴馬在出席完亞太經合會議（APEC）後，再一次到馬來西亞出席美國東盟峰會[8]。奧巴馬與納吉布似乎已經變得形影不離。而在兩個訪問之間，美國國務卿克里於 2015 年 8 月到訪馬來西亞，為簽署跨太平洋戰略經濟夥伴關係協議（TPPA）鋪路。

雖然美國明顯是有意制衡中國在區內、特別是在南海的野心，但是令人難以理解的是，華府與吉隆坡的關係為何忽然變得這麼友好，特別是總理納吉布的聲名日漸狼藉。由納吉布於 2009 年一手創辦及贊助的一馬發展有限公司（1MDB），在五年間累積了超過 110 億美元的債務，這樣大規模的失敗，足可以寫入令馬來西亞人自豪的《馬來西亞紀錄大全》（*Malaysian Book of Records*）[9] 內。再者，在 2015 年，總理納吉布被發現有 26 億令吉，即大約七億美元[10]，存入了他的個人戶口。納吉布辯稱這是來自波斯灣某位支持者的捐款，「用來支持他反以色列的立場」。不過，其後被發現他所聲稱這名慷慨的沙特皇室成員捐款人根本不存在。[11] 然而到了 2016 年 1 月，剛被委任的檢察總長阿班迪（Mohamed Apandi Ali）表示，總理在事件中不涉及貪污及其他犯罪行為。在戶口被揭發有一筆數額如此巨大的款項存入後，世界其他地方的國家元首，是否仍然能夠在其位？「馬來西亞做得到！」（*Malaysia Boleh!*）

8　美國東盟峰會 (US-ASEAN Summit) 在 2015 年 11 月 21 至 22 日在吉隆坡舉行。
9　馬來西亞人似乎對不同形式的紀錄都十分著迷，並且於 1995 年發行他們自己的《紀錄大全》。
10　2015 年 7 月 2 日的《華爾街日報》。
11　2015 年 10 月 6 日在 http://www.sarawakreport.org 的文章。

法國與馬來西亞之間隱藏著的秘密

　　在一馬發展有限公司醜聞成為核心風暴之前，另一宗事件亦困擾著馬來西亞的政圈，特別是其總理，而法國在是次事件中扮演著十分重要的角色。馬來西亞與法國簽訂的首份軍事合約，是在 1980 年代中期購買飛魚反艦導彈，但直至在 2002 年落實訂購鮋魚級潛艇，才標誌著兩國關係開始深化。自此之後，納吉布開始加深對法國的認識，而法國亦增進了對納吉布的了解。當時就是身為國防部長的納吉布負責簽訂這份合約，合約涉及運送三艘潛艇（兩艘鮋魚級潛艇及一艘二手的奧古斯塔級潛艇）以及訓練艦艇人員，合約涉及的金額超過十億歐元。而馬航可說從中直接得益，因為根據軍事合約條款，法國答應增加馬航從吉隆坡到巴黎的來回班次，這決定令法國航空（Air France）感到詫異不已。

　　不過，購買潛艇一事並沒有在 2002 年完結，事實上，甚至到了 2015 年 10 月，當艦艇人員的訓練完成後，事情仍未告終。在兩國簽訂購買艦艇的合約後，開始有人懷疑，有人從中收取佣金。在 2005 年，來自蒙古、迷人又年輕的傳譯員阿爾丹杜雅（Altantuya Shaariibuu）與她的情人阿都拉薩（Abdul Razak Baginda）前往巴黎。阿都拉薩是一名政治分析家，同時是納吉布的好朋友，他在購買潛艇一事上擔當著中介人的角色。阿爾丹杜雅則是一個很聰明的人，而且聽過、了解過不少事情。但這位年輕女子似乎太堅持要在事件中收取她應得的報酬，結果於 2006 年被槍殺，她的遺體被綁在鄰近吉隆坡一處叢林的樹幹上，再遭到 C-4 炸藥炸毀。[12] 在 2008 年底，中介人阿都拉薩被控以教唆他人謀殺其情人罪成，但在入獄兩年後無罪釋放。他在出獄後離開了馬來西亞前往英國定居，並入讀牛津大學。

---

12 謀殺的細節由法國記者阿赫諾德 (Arnaud Dubus) 於 2009 年 3 月 5 日在法國《自由報》(Libération) 披露。

　　這宗醜聞在 2009 年在法國再一次受到關注，當時代表馬來西亞非政府組織人民之聲（Suaram）的律師布爾東（William Bourdon），對「不知名的個人或多人侵吞企業資金，以及主動或被動受賄」採取法律行動。巴黎檢察官在 2010 年重啟調查，但是納吉布拒絕到法院協助審理案件。理論上，根據法國的法律，這會使納吉布成為逃犯，但最後當然得到妥善解決。到了 2014 年底，醜聞再一次成為馬來西亞的報章頭條，因為其中一名被判在阿爾丹杜雅謀殺案中罪成的警員（他其後被判以絞刑），被發現在澳洲出現，他威脅會說出到底是說下命令要殺害這名翻譯。到了 2015 年底，事件繼續在巴黎發酵，事情發展就像巴生河 [13] 一樣緩慢又黏糊糊。在 2016 年 1 月底，法新社引述一個來自法庭的資料來源聲稱，泰雷茲集團的前主席、72 歲的貝奧科（Bernard Baiocco），在 12 月 15 日被控以「主動行賄外國官員」，其中包括時任國防部長的納吉布，以及他其中一名顧問阿都拉薩。

　　究竟法國鮋魚級潛艇及馬航 MH370 失蹤有沒有關係？當然沒有！除了一個事實，就是兩件事都是由同一個人負責：時任國防部長、現任總理及財政部長。而事件也說出一個事實，就是這個國家在管治方面是毫無透明度可言。在這次危機中一直站在前線的國防部長希山慕丁，別稱「不先生」，原來是總理納吉布的表親。此外，除了擔任國防部長外，原來他同時也是交通部長 [14]，這兩個職位由同一個人擔任，在馬來西亞史上也是第一次。這麼一來，這名總理的表親就同時掌管了軍隊及民航事宜，假如有人有意完全控制資訊渠道，實在想不出有比這更好的方法了。

---

13 巴生河（Klang River）流經吉隆坡，並流入馬六甲海峽。

14 交通部長傳統上是由執政聯盟國民陣線的馬來西亞華人公會（MCA）會長擔任，但是在最近一次選舉中大敗後，馬來西亞華人公會會長短暫放棄出任此職位。

但是法國與馬來西亞的商業交易並不止於此，在 2005 年馬來西亞向法國訂購了四架 A400M 運輸機，同時在 2008 年訂購了 12 架歐直 725 直昇機 [15]。在 2011 年底，專注海上防衛的法國國有船舶製造企業 (DCNS) 贏得了一張價值超過 20 億歐元的合約，向馬來西亞提供六艘追風級海上巡邏艦 (SGPV-LCS)。法國與馬來西亞的關係變得如此友好，從 2014 年開始，「戰略防衛委員會」會議提升到部長級層面，兩國的國防部長每年會見面一至兩次，儼如已成為了好朋友一樣。在 2015 年 9 月底，法國國防部長德里安 (Jean-Yves Le Drian) 前往馬來西亞，向馬來西亞國防部長希山慕丁游說購買 18 架陣風戰鬥機。在那次訪問中，法國防部長要否認另一個持續不斷的謠言：「吉隆坡對法國拒絕售賣給俄羅斯的西北風級兩棲突擊艦並不感興趣。」雙方會面進行得十分順利。事實上，希山慕丁覆述了法國國防部長曾說過的話：「不要西北風級兩棲突擊艦，要陣風戰鬥機！」馬來西亞對軍事設備的渴求，令她成為了法國的「十分十分重要的顧客 [16]」(VVIP)。[17] 這會否解釋了法國在由馬來西亞主導、拙劣不堪的調查 MH370 失蹤事件上，即使在受害者當中有四位是法國國民，仍表現出善意及慎重？在 2015 年 9 月 4 日，即 MH370 失蹤 18 個月後，法國總統奧朗德向獲邀到愛麗舍宮的法國家庭宣佈，他打算在 2016 年訪問馬來西亞，這將會是法國總統有史以來首次到訪該國，但最終沒有成事。

當我在 2014 年 3 月逗留在吉隆坡時，我曾經在法國駐馬來西亞大使杜勒斯 (Martine Dorance) 其俯瞰公園高聳樹木的辦公室內，跟她短暫會面。她多次強調情況的「異常」，「之前沒有人經歷過」，口徑幾乎跟馬來西亞如出一轍。「總理對情況一無所知，他對此感到極度苦惱。」她肯定地跟我說。在訪問當中，我曾經寫下以下句子：「剛開始的時候，

---

15 這份合約由於預算限制被凍結了，但是在 2011 年再重新簽署。

16 馬來西亞是法國防衛設備的第六大顧客，僅次於美國，並位居英國之前。

17 VVIP（十分十分重要人物）是馬來西亞常用的一種表達方式。

我們的確曾懷疑他們是不是有所隱瞞。」但這是這位法國外交人員唯一一句模稜兩可的發言。她所說的本質上是表達她對事件的同情及慰問，卻完全是外交人員的口吻。

我在很久之前已經發現，一些「隱藏著的秘密」的分量，對兩國之間的關係所造成的影響。在 1997 年，當新西蘭總理博爾格（Jim Bolger）出訪法國之前，我訪問了他，他近乎明確的告訴我，要「多謝」彩虹戰士號事件[18]，因為事件拉近了法國與新西蘭的關係。如果將相同原理套用在馬來西亞向法國購買艦艇一事上，這就變得很明顯，為何兩國的關係會較一般人想像來得更親密。而在這個情況下，有時真的很難去區分到底哪一方是被另一方牽制著。

納吉布，此刻的強人

在我於 2000 年至 2003 年在吉隆坡居住期間，跟一些與簽訂購買艦艇合約有關的人會面後，我對總理納吉布以及其妻子羅斯瑪（Rosmah Mansor）逐漸建立了一個較負面的感覺。馬來西亞第一夫人羅斯瑪是一個爭議性的人物，酷愛奢華，有一次一名觀察家曾向我形容她為「庫伊拉（Cruella de Vil）及菲律賓前總統夫人伊美黛（Imelda Marcos）的缺點混合體。」庫伊拉是電影《101 隻斑點狗》的主人翁，為人尖酸刻薄。羅斯瑪有一系列昂貴的愛馬仕手袋，而她對其中一款鱷魚皮手袋更是情有獨鍾。我從來沒有遇上一個喜歡她的馬來西亞人，每當提到她的名字時，每個人的臉上都會流露出驚恐或厭惡的神情。但即使如此，這對夫婦仍然緊緊抓住權力，他們知道怎樣令構成威脅的人噤聲。在答應廢除容許

---

18 綠色和平的彩虹戰士號在 1985 年 7 月準備駛往一個法屬南太平洋島嶼，抗議法國在該島進行核試，但艦艇其後在新西蘭港口奧克蘭被法國特工炸毀，事件導致一人死亡。

未經審訊或起訴而將人拘禁長達兩年、之後更可以無限期延長的內安法令（ISA）後，總理更進一步通過了可以在國家緊急情況時頒布的更專制法例。當我在 2015 年 11 月返回馬來西亞後，我其中一場會面被取消了，因為我打算要會見的人在一個星期前被拘捕。他是律師鄭文傑（Matthias Chang），他可能要在案件未經法庭審訊的情況下，長久地被關在獄中。[19]總理納吉布也分別為政府以及他個人，聘請了全球知名的公關及策略研究公司 Apco，為政府及自己打造更美好的形象，以色列政府同時也聘請了這家公司為其改善形象。在 2015 年 9 月初，當副檢察司安東尼凱文（Anthony Kevin Morais）對一馬發展有限公司醜聞提出一些疑問後不久，他失蹤了，十日後他的屍體被發現在一個裝滿混凝土的水桶內，並棄置在巴生河附近的沼澤。

當發生這些事時，有些人就會懷疑在 2015 年發生的直昇機墜機是否是一場意外。馬來西亞當局從來沒有解釋發生這次墜機的原因。這次墜機導致總理的個人秘書以及他其中一名最親密的策略顧問，被朋友稱為「Tan Sri JJ」的賈瑪魯丁查吉（Jamaluddin Jarjis）[20] 死亡。這架直昇機是在總理女兒的婚禮後，被租用來接載重要賓客回家，機上六名乘客，包括機師（他是擁有這間直昇機公司的人），無一生還。有關這次墜機意外，我聽到兩種不同的觀點，第一個觀點是馬來西亞有著「政治性直昇機墜機意外的傳統」，而第二個則是猜測「Tan Sri JJ」的年輕情人發怒，堅持不管天氣狀況很差都要立即飛回家，而直昇機據報是撞到了隱藏在濃霧中的高壓電纜，但墜機的調查報告從來沒有公開。

有一點可以肯定的是，如果在馬來西亞有一個人，是比誰都清楚MH370 失蹤及其他事情的，一定是總理納吉布無疑。馬來西亞不單與

19 鄭文傑在 2015 年 11 月 18 日獲准保釋。
20 賈瑪魯丁查吉由 2009 年至 2012 年擔任馬來西亞駐華盛頓大使。

中國有著長久的良好關係，最近又向美國靠攏，跟法國有長久的商業及軍事關係，又跟新加坡和解，同時馬來西亞亦給予澳洲一些甜頭，例如批准澳洲萊納斯企業（Lynas Corporation）在納吉布的家鄉彭亨興建稀土廠。反對這項工程的人士表示，稀土廠會為環境帶來災難性的影響。此外，澳洲儲備銀行的兩家附屬公司[21]——澳洲安保及澳洲印鈔公司被懷疑向馬來西亞總理或其他與合約有關人士行賄，以便取得印刷新鈔的合約。[22]最後，馬來西亞與海灣國家有著極友好的關係，馬來西亞已成為這些國家的熱門旅遊地點[23]，而每個海灣國家似乎都跟馬來西亞有著各自的協議。

令人驚訝的是，這樣概括性地從策略上解釋事件，在馬來西亞知識分子當中很盛行，而他們本身也對 MH370 失蹤一事感到十分困惑。沒有人能夠準確地說出一個論據，但是馬來西亞從來沒有明顯忠於一個國家，似乎成為了眾人嘗試向我解釋的基調。我從來沒有預期過這種集體的直覺，眾人異口同聲說著相同的觀點，我覺得很有趣，但我並不認為這有助我理解這架波音 777 客機失蹤的原因，因為客觀上，若說到跟其他國家的爭執，無論在經濟上、政治上或軍事上，都不足以嚴重至令人聯想到跟一架噴射客機的失蹤有關。

安華認為：謎團正是謠言的溫床，

在我逗留馬來西亞期間，我有機會再次跟充滿魅力的反對派領袖及前副總理安華會面，並訪問了他。安華於 1998 年至 2004 年入獄，他當時正在等待聯邦法院於 2015 年 2 月，審理他就上訴庭裁決他雞姦罪成進

---

21 在 2013 年初，銀行賣出澳洲安保五成股份。(http://www.smh.com.au/business/securency-gone-but-risk-not-forgotten-20130212-2eb2e.html)

22 維基解密在 2014 年 7 月披露澳洲禁止報導任何與事件有關的事。

23 跟海灣國家一樣，馬來西亞都是信奉伊斯蘭教中的遜尼派。

行的終極上訴；上訴庭是於 2014 年 3 月 7 日，即 MH370 失蹤的前一天宣判他罪成的。安華說：「這宗慘劇的處理方法，令事件變得更糟。」他覺得馬來西亞政府刻意強調他跟失蹤機師有遠房親屬關係，以圖將他牽涉到事件當中的行為簡直可恥。安華的隨員強烈懷疑政府所聘請的策略及危機處理顧問公司 Apco 捏造報告，指機師在飛機起飛前數小時，得悉上訴庭裁定安華雞姦罪成，為了報復因而令飛機消失。安華清楚知道馬來西亞配備了最先進的英國馬可尼（Marconi）雷達系統，因為這宗買賣是在他就任財政部長時進行的，在那之後，馬來西亞亦擁有了最新一代的雷達（Thales Raytheon GM400 系統）。雷達位於東岸的關丹及哥打巴魯，以至西岸檳城州的北海，故此雷達不可能探測不到以預定航線飛行的 MH370。安華對沒有一個軍事雷達，探測到這麼巨大的飛機「飛越馬來西亞五個州的上空，而沒有領空授權感到難以置信。「……如果他們見到，為何他們不採取行動？我們的程序規定，如果遇上這些情況，必須在三分鐘內介入。而如果即使我們配備了各種精確的儀器，他們仍然看不到，那就是我國在國防方面存在著很大的漏洞！」他指控政府沒有盡它的責任，並說中國與越南被准許在一個馬來西亞政府一早知道不是飛機曾飛越的位置，花了九天進行開支龐大又徒勞無功的搜索行動，實在可恥，同時他亦對運載上 MH370 的貨物清單一直沒有公開感到難以接受。

「缺乏透明度令謠言相繼出現。」安華最後總結說。他已邁向 70 歲，他下一次的監禁，不論是法律上又或是實則上的刑期，都令他不能重拾從政之路、掌管國家，但他就是這樣的一個政治人物，知道絕不可輕言放棄。

研究員 Khor Yu Leng（音譯許毓玲）說：「每個人都在把自己的問題投射到 MH370 失蹤一事上，這實在令人著迷。」

同一時間在倫敦，Inmarsat 的科學家改進了他們的計算方法，他們之前並沒有用上 ping 訊號數據，但事實上，兩條飛行航道，北或南，其訊號數據是如此不同，根據其中一位研究人員阿什頓（Chris Ashton）所說，「足可以分辨出兩條路線的不同。」[24]「我們嘗試過這種計算方法二至三次，之後放棄了。……我們……無法在量度的數據及預測數據之間獲得吻合的結果。」但忽然之間，在一個周五晚上，「圖表配對了，數據有效了，計算終於解開了。」通過他們的計算，科學家得出他們的結論：向北的航道排除，只有向南的航道留下來。Inmarsat 的科學家立刻將發現告訴馬來西亞當局。然而，科學家對終於解開計算的雀躍只是維持了很短時間，因為他們知道「機上乘客生還的機會很渺茫。」

最差的情況——飛機墮進海中，機上無人生還，終於在 3 月 24 日的晚上，由總理納吉布在電視上宣佈。「這個晚上，英國航空事故調查局的代表告訴了我……Inmarsat 進一步計算了數據。」這時納吉布嚴肅地斷言：「MH370 是沿南方空中走廊飛行，而其最終位置是在印度洋中心，柏斯以西。」雖然納吉布並沒有提及墜機或死亡，但是他彷彿是為了令人不再作無謂的空想而隨即說：「這是一個偏遠的位置，離所有有可能降落的位置很遠，因此懷著悲痛的心情，我現在要告訴你……馬航 MH370 客機已墜落在南印度洋。」

罹難者的家屬亦收到電話訊息：「馬來西亞航空十分遺憾地假定，MH370 已失去了蹤跡，機上無人生還。」無視機上有三分之二的乘客都是中國國民，這段訊息是以英文發出的。

對家屬來說，這當然是另一個打擊，他們要被迫接受親人已死亡的

---

24 根據早前提及的英國 BBC 的紀錄片。

事實，而這個事實是建基於一連串精密複雜的數據，而這些數據亦無從查證，同時亦沒有一些實體的證據，例如座位或機身碎片，來支持這些只是推算出來的數據。家屬感到萬分驚愕，同時亦十分疑惑。「我們不知道這宗慘劇是怎樣、及為甚麼會發生。」馬航當時的行政總裁阿末佐哈里（Ahmad Jauhari Yahya）說，帶著一臉無奈、困惑及無言以對。

到了 3 月 25 日星期二，在吉隆坡不同角落都會見到，鼓勵國民為MH370 的乘客祈禱的海報，逐漸被表達哀悼及慰問的語句所取代。很多報章在過去的 17 天，頭版都是大肆報導有關 MH370 的新聞，在這一天都將頭版改為黑色以示哀悼。回應機長或副機長最後向控制塔發出的通話，親政府的《新海峽時報》以「晚安，MH370」作為標題。

雖然家屬不想聽到，也拒絕接受，但從 2014 年 3 月 24 日開始，馬航 MH370 機上 239 名乘客，將會從此被假定永遠葬身於印度洋中。

事實上，馬來西亞面對如此大規模的慘劇，已變得失去方向，因此自 3 月 17 日開始，澳洲負起了搜索及拯救行動的責任，馬來西亞退出了搜索行動，但仍然負責調查工作。美國前海軍軍官甘亞德（Stephen Ganyard）在美國著名的電視節目《早安美國》（Good Morning America）中表示，「好消息是，我們現在有澳洲及國家運輸安全委員會負責調查工作。我們看到了馬來西亞當局在整個星期以來的前後矛盾，他們所發的聲明又不一致，但現在我們在事件中終於有了真正的專家，而且說真的，現在才是調查工作的開始，因為我們有專人知道應該怎樣做。」[25]

到了這階段，每個人都希望事情會變得明朗。

---

25 引述自麥克尤恩（Brock McEwen）於 2015 年 1 月所發表題為「是時候調查調查人員」的獨立報告。

第 四 章

澳洲接手

　　隨著總理納吉布在 2014 年 3 月 24 日宣佈,現在已是「超出任何合理懷疑」,MH370 的最終目的地是南印度洋,包括船及飛機在內的廣泛搜索行動——由泰國有溫暖海水的海灣,以至哈薩克枯燥的平原,都要暫時停止。全球的注意力現在都轉移到印度洋東南面的「南方走廊」,鄰近澳洲的海岸,跟 Inmarsat 的科學家所推算出的位置一致。不過,這個新確定的搜索範圍仍然十分廣闊。最初,搜索人員是在數十萬平方公里的海面搜索飛機碎片;現在他們集中在海底搜索,目標是尋找在海床上的飛機殘骸及黑盒。

　　到了 3 月 31 日,馬來西亞正式接受澳洲的提議,讓澳洲帶領被形容為「有史以來範圍最廣的搜索及救援行動」。其實澳洲從 3 月 17 日開始,已在其官方的搜索及救援區內負責海空搜索行動。從法律上來說,澳洲並沒有責任接手搜索行動,特別是今次澳洲是自行承擔開支的。在行動中搜索人員的責任主要是搜救生命,而不是尋找飛機殘骸或碎片。「這是澳洲顯示出良好國際公民的行為。」澳洲總理阿博特 (Tony Abbott) 如此解釋接手搜索及救援行動的原因。他反駁指既然飛機是墜落在澳洲的海面範圍,澳洲這麼做實在很自然,但實際上,搜索區距離澳洲的海岸2,000 公里,這是很遠的距離。澳洲在今次慘劇中失去六名國民,而她忽然表現出的博愛及仁慈,是頗令人意外的。

　　當我在《世界報》擔任南太平洋的地區特派員時,我先後派駐在悉尼和奧克蘭,曾經報導過幾宗令人嘆為觀止的海上救援[1],這些在極度嚴峻的環境下的求生故事,是我所報導過其中一些非凡的人類歷險。我也回憶起每一次的救援行動,所耗資的費用都引起爭議,但是相比起針對

---

[1]　在 1996 至 1997 年的旺代單人環球帆船賽,法國人狄內利 (Raphael Dinelli) 及英國人布里莫 (Tony Bullimore) 都在極凶險的情況下保住性命,其中一位被另一位參賽者高斯 (Pete Goss) 所救,另一位被澳洲海軍救起。

MH370 救援行動所花上的費用及資源，這數宗救援行動的花費都顯得微不足道。為 MH370 進行的救援行動，估計耗資的費用是數以千萬計。不管澳洲聲稱這是盡其國際公民的責任，背後的動機是甚麼，她在美國的鼓勵及祝福下，真正接手了這次救援行動。對馬來西亞來說是鬆了一口氣，但是她又有甚麼選擇餘地？

在澳洲空軍中有優秀戰績、曾多次獲嘉許，並同時是前澳洲國防軍司令的休斯頓（Angus Houston），被任命負責這次的救援行動以及主管行動的協調中心——聯合機構協調中心（JACC）。休斯頓之前並沒有處理民航事故或海底救援的經驗，但他有著良好的名聲。

救援行動的地帶惡劣、偏遠又險峻，在冬天，海浪可以高達 10 至 12 米，「沒有人會想去那裡，幾乎可以肯定你會將自己置於險境。」一名法國海軍將領這樣跟我說。他對這些在南緯度刮起的烈風，即俗稱的「咆哮 40 度」（Roaring Forties）、「狂暴 50 度」（Furious Fifties）以及「尖叫 60 度」（Screaming Sixties）[2]十分熟悉。此外，此際的天氣亦已開始轉差：三月下旬在南半球已是秋天。但是今次有*真正的專家*掌舵救援行動，應該很快會有結果。

這次行動主要的目的，是找出及修復飛機的兩個黑盒；雖然叫黑盒，但其實是橙色的，其中一個記錄了駕駛艙最後兩小時的通話[3]，另一個則記錄了飛機的飛行數據[4]。兩者都是圓柱形狀，用鋰電發電（大小如標準 D 電池），末端有訊號燈。經過一個月泡在水中後，黑盒會發出聽不見

2　這是水手分別對南緯 40 度到 50 度、50 度到 60 度，以及 60 度到 70 度間海域的俗稱，船在這個緯度上航行會遇到強烈的風暴和大浪，非一般專業的航海人士所能面對。

3　駕駛艙通話記錄儀（CVR）

4　飛行數據記錄儀（FDR）

的超聲波訊號，如同 Inmarsat 所使用的 ping 訊號一樣，指示出——「我在這兒！」這個 ping 訊號可以憑其 37.5 kHz 的頻率及其間隔時間——每個訊號相隔一秒——而辨認出來。

在 Inmarsat 的 ping 訊號指示出 MH370 的最終目的地後，現在搜索就改為找出黑盒所發出的訊號，一旦找到黑盒後，就會知道當機師發出「晚安，MH370」的最後通話後，機艙內究竟發生了甚麼事。由黑盒發出的訊號，是從冰冷的海底發出的，那兒並沒有任何海洋生物，有的只是漆黑一片及絕對的寧靜。在發現飛機殘骸及得悉黑盒所披露的資料前，家屬以及全球一直等待的，就是失蹤的飛機以及機上 239 名乘客明確的命運。他們想要的是證據，任何足以證明飛機墜落在 Inmarsat 的訊號所指示出的位置的確實證據。

中國、馬來西亞、日本、阿拉伯聯合酋長國、英國、美國、南韓以及新西蘭，分別派遣了約 15 艘艦艇及約相同數目的飛機參與搜索行動。

法國的專業知識：極佳的模範

既然飛機有可能是在海上墜毀，尤其是證實了印度洋有可能是飛機墜毀的位置；而法國航空 AF447 於 2009 年 6 月 1 日，在從里約熱內盧飛往巴黎途中在巴西附近墜毀後，法國航空安全調查局（BEA）成功找到飛機殘骸，BEA 因此成為了馬來西亞人的典範。當地的報章在報導最新消息時，就不時提到「法國的專家」。

BEA 成功找到法航 AF447 殘骸的經驗，肯定對馬來西亞當局有幫助，首先它代表仍然有希望有一天可以找到 MH370 的黑盒，因為兩者的地

理環境十分相似，都是距離海岸很遠以及在好幾公里的海底下。這令人開始覺得，既然之前也曾成功找到飛機殘骸，那麼這次也有可能吧。其次是，事件提醒那些已失去耐性的人，BEA 也要接近兩年時間才找到殘骸[5]，那顯然這次也會是為時很久的行動。

被視為法方專業人士的代表、身為 BEA 前局長以及被派往吉隆坡的代表團團長的特羅阿代克 (Jean-Paul Troadec)，每當離開酒店及下車時，都被傳媒蜂擁著提問，令他頗感煩厭。令人意料之外的是，他居然答應我為《世界報》做訪問，顯然要多得法國大使館人員的遊說。

特羅阿代克第一眼給人的感覺是嚴肅及不苟言笑，而且他一臉猜疑的，我有種感覺，他可能對傳媒不大有好感，特別是在傳媒不斷騷擾他的情況下。他畢業於聲譽良好的巴黎綜合理工學院以及國立民用航空學院，本身為機師及傘兵，同時亦是一名有經驗的海員，憑著他在海上及航空方面豐富的經驗，特羅阿代克的見解及看法絕對可以在今次行動中派上用場。

「在未確定飛機的正確位置前，就開始進行海底搜索是難以想像的。首先，你要找到殘骸的碎片，並正式確定碎片是來自 MH370。然而，現在看到的碎片（從衛星上或飛機上）有可能是來自輪船——海洋是一個大垃圾箱——被印度洋環流從遠方帶到這裡來。」他滔滔不絕地對我說，毫不知道澳洲在未來數天就會犯上他口中的錯。「要找出飛機碎片是從哪兒飄來，必須基於風速及水流來計算漂流速度，而隨著時日過去會增加許多不確定因素。」

---

5 AF447 的殘骸是在 2011 年 4 月 2 日找到，距離墜機意外 22 個月之後。

對於法國的科學家來說，毫無疑問「在事發地點劃出一個合理的界限，就可以開始進行海底搜索」。事實上，雖然尋找 AF447 的殘骸看似十分困難，但是不確定的範圍只局限在飛機的 ACARS 發出訊號後五分鐘的飛行距離內。[6]「至少，在搜索 AF447 殘骸時，我們知道它確實在那裡。」特羅阿代克說，「但是在 MH370 的情況，我們沒有最後的通訊位置，只有可能的飛行航道。」搜索行動基本上是集中在一個 60 至 80 公里闊、大約 4,000 公里長的弧形內，由南緯 16 度至 38 度。

在搜索 AF447 殘骸時，除了用上船來搜尋碎片及飄浮在海上約 50 具的遺體外，也用上了兩個拖曳聲波定位儀 (Towed Pinger Locator，簡稱 TPL)，來偵測由黑盒的訊號燈所發出的訊號。TPL 的設計就像一艘海底小型滑翔機，外型酷似一條鮮黃色的小型魟魚。這個定位儀必須要在約 2,000 米的深海慢慢地拖行，這是很難做到的，這時的船隻要緩緩地駛過劃定的地帶。熟悉工序的人稱之為「割草」，但必須要知道，拖著 TPL 的電纜足有六至九公里長，「拖著一條六公里長的電纜轉彎往往要花上數小時。」特羅阿代克說。

「當黑盒在約一個月後停止傳播 ping 訊號後，被拖著的聲波定位儀就會開始勘察平地或稍微傾斜的海床，而不平坦的地勢就會用上自持式潛水器 (Autonomous Underwater Vehicles)，又或是同一時間用上兩種儀器。」特羅阿代克補充道，「20 小時過後，自持式潛水器就會浮上水面，通知船隻其 GPS 位置。這時你就可以去回收它，將數據下載（只有有經驗的人才懂得解讀聲波定位儀的圖像），然後再把潛水器送出去。如果有不尋常的情況出現，自持式潛水器就會被送返原來的位置，這一次它就會真正拍攝照片。」

6　那是一個半徑 75 公里的圓形。

　　馬來西亞毫無疑問對法國的專業有著極大的信心，但意外地，帶領搜索行動的澳洲司令休斯頓，每當他間接提及法航 AF447 的搜索行動時，竟然屢次出錯，例如當談及 AF447 的殘骸時，他說是在 3,000 米的深海中，但其實是 3,900 米。[7] 他又說 AF447 的第一塊碎片是在 24 小時之內找到，但其實是要花上六日才找到。[8] 同一時間，澳洲副總理提及完成搜索 AF447 碎片所需的時間，較 MH370 在距離事故後，真正展開搜索碎片行動的日子還要短[9]，他又再一次說錯了。為何這些身居要職的人在發言時屢屢出錯？在馬來西亞，人們心裡已有疑問：這些人是不是不稱職？又或是刻意誤報？

　　不過，所有人似乎都忘記了，在搜索 AF447 殘骸時，TPL 分別在 2009 年 6 月 22 日及 23 日，曾兩次經過接近殘骸的位置，但卻一無所獲。這令人極度懷疑黑盒上的訊號燈是否真的有效。畢竟，科技並不是絕對可靠的。

頭 30 天的時間競賽及殘骸的衛星圖像

　　但是在當前來說，馬來西亞人仍然對這些高科技儀器會帶來令人滿意效果寄予厚望，但是時間已經無多，負責偵測訊號的搜索人員與時間的競賽打從 3 月 8 日起已經開始，因為兩個黑盒內為訊號燈供應電力的

7　BEA 對法國航空 AF447 在 2009 年 6 月 1 日從里約熱內盧飛往巴黎時發生的墜機意外的最後報告，是於 2012 年 7 月發表。

8　在 2014 年 4 月 1 日的記者會上。

9　在 2014 年 5 月 5 日的記者會上。在 AF447 的情況，第一塊碎片是在 2009 年 6 月 6 日找到，距離墜機意外後五日，而搜索行動一直維持至 6 月 26 日，即意外後 25 日；而在 MH370 的情況，澳洲的空中搜索是在 2014 年 3 月 16 日展開，距離飛機失蹤後八日。

電池，從飛機失蹤那一天開始計算，只能維持 30 天。[10] 事實上，當在 3 月 15 日發現飛機採取了南方走廊後，很多國家都調整了他們衛星的位置，以便覆蓋地球這一方。有好幾次，有近似波音 777 碎片的物件被衛星看到。

澳洲在 3 月 16 日提供第一批圖像，分別顯示一個 24 米（南緯 43 度，東緯 90 度）、比最大的容器還要大的物件，以及一個五米長（南緯 44 度，東緯 90 度）的物件，這是在距離澳洲海岸西南面 2,300 公里處找到的；而中國衛星高分一號，亦在離海岸約 60 公里，看到一個 22 米長的物件（南緯 44 度，東緯 90 度）。在 3 月 20 日，法國亦提供由衛星 TerraSAR-X、Pléiades 1-A 及 1-B 所拍攝的圖像。跟 Inmarsat 的地球同步衛星不同，這些觀察衛星是沿極軌道 (polar orbits) 運行的，平均飛行高度為海拔 600 至 700 公里，旋轉周期為大約 90 分鐘，因此能在 24 小時之內至少再探測一次。

由空中巴士公司及法國衛星所提供的圖像，有部分是由馬來西亞當局分析[11]，而另一部分在向馬來西亞當局提供時已附上分析。這些圖像都顯示出有一堆碎片相對地集中在同一個地帶。「算上把衛星發送到相關地點、拍攝圖像，然後由專家來分析這些圖像的時間，要等待數天是可以理解的。」一位參與法國救援工作的熟人這樣告訴我。最後，在 3 月 24 日，泰國當局提供了約 300 件碎片浮在海上的圖像，拍攝位置距離法國衛星所看到的位置約 100 公里以外。

一位名為根辛 (Simon Gunson) 的新西蘭人對馬航失蹤事件十分感

---

10 AF447 的調查報告建議黑盒電池的生命力應延長至 90 日，而黑盒亦應該是可浮於水上的。

11 由空中巴士公司衛星 Terra X 所拍攝的圖像，由馬來西亞遙控感應機構 (MRSA) 分析。

興趣，他甚至製作了一個 Google 平台 [12]，包含了所有與 MH370 搜索行動有關的衛星圖像。他也保存了在 3 月 24 日中國央視 (CCTV) 的報導的畫面截圖，顯示中國衛星從逆流導向研究 [13] 中看到的三件物件，並藉此推斷飛機可能墜落的位置。

根據根辛的看法，有兩件大如波音 777 客機機翼的物件，加上附近有數以百計的碎片被發現，應該足以將此區域定為首要搜索的地帶，即使這地點位於 Inmarsat 所計算出的事發地點的弧形邊緣以南數度以外。

然而，事情剛好相反，根據根辛所說：「馬來西亞當局對中國的發現的回應，是發表一個新的飛機估計航道，……令到所估計的事發地點變得更往南，南得不可能（在南緯 43 度、南緯 45 度及東緯 89 度之間）。」馬來西亞作出此公佈後，自然是影響了中國衛星所拍攝的圖像的可信性。結果，沒有船被派到這區域，哪怕分別有三個國家的衛星拍攝到這區域集合了最多碎片。根辛時常反駁沒有碎片存在的說法，他說碎片是存在的，只是基於一些他不知道的原因，搜索隊伍盡一切努力迴避了這些地區。

虛張聲勢：澳洲總理的溝通策略

不單止普羅大眾，甚至傳媒也很難密切跟進搜索的進度。搜索的範圍很大，而且在一定程度上，這地點是虛擬出來的，只是透過經度和緯度來界定，這無疑是很抽象，就像是小孩子玩著戰艦遊戲一樣（「A4-B5，

---

12 https://sites.google.com/site/mh370debris/home/debris-images

13 由中國國家海洋環境預報中心所製作。

射中；A4-B6，射失」）。無論是這一天在印度洋某處進行搜索，還是第二天在離前一天的地帶以北或以南一千公里進行另一次搜索，所拍攝出來的影像都是差不多的，都是一大片藍藍灰灰的海洋，有時會有小浪花，有時則會有猶如發怒似的高聳大浪，因此一些情況例如船要改道、搜索地帶要更改，都不會有太多人注意到。人們真正會記得的，就是當局所作的宣佈，而當作出宣佈時，澳洲無疑佔著絕對的優勢。

在 2014 年 3 月 19 日，澳洲總理阿博特談及衛星發現了一些大型物件時，說到「有一些新的可信資料」。他甚至向馬來西亞的國會議員進行簡介，向他們表示所發現的物件——一件是灰色或綠色的圓形物件，另一件是橙色長方形的，「很可能是此刻我們所知最好的線索。」[14]

在澳洲總理作出這宣佈後，有三架偵察機——一架美國海軍海神偵察機、兩架分別來自澳洲及日本的獵戶座海上巡邏機——前往發現物件的地點，然而全都沒有任何發現，無功而還。沒有人知道為何這些飄浮在海上、不知名的物件，沒有一絲飛機碎片的特點，卻會成為澳洲總理口中的「新的可信資料」，足以讓他在國會宣佈此事，但這只是一連串搞砸搜查的第一宗事件。

三日後，在 3 月 22 日，一架飛機看到了一塊有不同顏色的帶子的木板，但沒有拍下照片。新西蘭派了一架偵察機去視察，又是一無所獲地回來。[15] 錯誤的訊息一個接一個，畢竟海洋可是一個大垃圾箱；但仍然沒有任何發現能跟 MH370、機上的貨物或乘客扯上關係。

---

14 http://www.smh.com.au/federal-politics/political-news/missing-malaysia-airlines-flight-mh370-pm-tony-abbott-says-satellite-images-could-be-wreckage-of-crashed-plane-20140320-354ij.html#ixzz40tSEKo5O

15 這是澳洲海洋安全局 (AMSA) 拯救協調主任巴頓 (Mike Barton) 的陳述。

在 3 月 31 日，澳洲總理探訪位於柏斯以北的皮爾斯空軍基地，這兒亦是空中搜索的總部。他感謝 550 名參與任務的機師及飛行人員，他們每一次的飛行都要為時 10 至 12 個小時，而有超過一半時間是花在往來搜索地點上。同一時間，有超過 1,000 名水兵參與了海上搜索。當阿博特被問及他對是次任務會成功有多少信心時，阿博特表示：「全球最精密的頭腦都投入到此事上，所有我們正面對的技術謎團都正在拆解，因此如果這個謎團是可以解開，我們一定會解開。」而澳洲基建及地區發展處處長特拉斯（Warren Truss）亦藉此機會提醒眾人，黑盒是由澳洲人發明的 [16]，當時機來臨時，澳洲運輸安全局就會利用獨一無二的技術，解開藏在黑盒內的數據，就這樣巧妙地暗示了謎團最終會被解開。

到了 4 月 3 日，這次由馬來西亞總理納吉布，向在澳洲帶領下參與搜索行動的多國人員致謝。參與行動的艦隊日益擴大，中國新增了六艘艦艇，其中一艘更是用來探索極地的。英國則派出了一艘核潛艇「不懈號」（HMS *Tireless*）。至於澳洲，除了早前的「海洋之盾號」（ADV *Ocean Shield*）外，亦增派了三艘艦艇：成功號（HMAS *Success*）、珀斯號（HMAS *Perth*）及土烏巴號（HMAS *Toowoomba*）。

然而，即使有無數戰機作空中巡邏以及艦艇在海上搜索，在海面上仍然找不到一絲 MH370 的實質蹤跡。

尋找訊號：冒一次險，提升你在電視上的形象

雄偉的澳洲邊防部隊海洋之盾號在三月下旬從柏斯啟航，這艘艦艇

---

16 澳洲人沃倫（David Warren）在 1953 年發明了黑盒，但當時的黑盒是單件，而不是後來演變成的分為兩部分：駕駛艙通話記錄儀（CVR）及飛行數據記錄儀（FDR）。

長 110 米，船身為閃爍的紅色，艦艇上設有起重機和直昇機停機坪，以及所有進行海底搜索所需的儀器，距離黑盒上的訊號燈停止發出訊號只剩下 11 天，除去到達搜索地點需時四天，實際上剩下可供搜索的日子只有七天。如果艦隊知道要在哪裡搜索還好，然而只有七天的時間，而搜索的範圍是海上數十萬平方公里，要在印度洋尋找黑盒的訊號，就有如在一堆乾草中找一根針。再者，估計出來的事發地點那麼含糊，在海面上又沒有找到任何碎片，令找到訊號的可能性微乎其微；不過，沒有人指出這點，每個人似乎都在努力地假裝，這個沒有可能的任務是可行的。

因此，即使沒有實質證據證明搜索地點是正確，在海底尋找黑盒訊號的行動仍然如期展開。距離黑盒的電池耗盡只剩下四天，所以這時只能冒一次險，將 TPL 從海洋之盾號放到海中，即使成功機會是零，也要做一些行動，畢竟這會是絕佳的電視畫面。

另一方面，進行空中搜索的飛機也抱著同樣的僥倖心態，將很多配備了聲波定位儀的小浮標，投擲到搜索範圍的不同地點，每個浮標內的聲波定位儀，都設定了探測黑盒發出的 ping 頻率，聲波定位儀會將訊號發送至 1,000 呎（305 米）的深海中，然後會將偵測到的結果，再發送至盤旋上空的飛機上。數天後，浮標下沉了。在數以百計以這種方式投擲到海上的聲波定位儀中，只有一個探測到聲音，那是從一艘貨船駛經搜索範圍時發出的。

不過，從海洋之盾號放到海中的 TPL 也為人帶來驚喜，當定位儀由美國的海軍隊伍放到海中後，它偵測到一些 ping 訊號。除此之外，中國的艦艇也同樣偵測到訊號。雖然訊號發出的位置，距離海洋之盾號數百公里以外。這個實在是一個好消息，亦因此有了 4 月 5 日至 6 日的晚上發出的新聞稿。聯合機構協調中心（JACC）由此證實了中國艦艇海

巡 01 以及澳洲的海洋之盾號，都發現了「跟飛機黑盒所發出的一致的訊號」[17]。中心並沒有具體說明訊號的頻率。雖然這發現令人精神為之一振，但是中心的主管休斯頓表現得小心謹慎，同時也建議傳媒對此事必須慎重及仔細。不過，他也同時宣佈，配備了比中國艦艇更精密儀器以偵測訊號的英國護衛艦「厄科號」（HMS *Echo*），正前往中國艦艇偵測到訊號的位置，而海洋之盾號則會繼續進行其「聲學探測」。休斯頓繼續說，在距離中國艦艇偵測到訊號的位置約 90 公里以外，發現了一連串白色飄浮物件。他又表示，調查隊伍對衛星計算出的數據作了一些修改，認為搜索應該更加聚焦在現行搜索區域以南的位置。雖說搜索位置出現了兩個版本，但無阻人們為此感到興奮。「可以稱之為科學的勝利，又或是非凡的運氣，總之海洋之盾號（放下了 TPL）⋯⋯偵測到一連串穩定的訊號。」這是美國 CNN 在 4 月 8 日的報導。

在 4 月 9 日星期三，休斯頓宣佈海洋之盾號在昨日，即 4 月 8 日星期二，探測到兩個訊號，時間分別是下午 4 時 27 分以及晚上 10 時 17 分，而海洋之盾號之前在 4 月 5 日星期六，亦已探測到兩個有可能是來自黑盒的訊號，故現在一共已發現四個訊號。但現在已經快沒有時間了，因為由於技術上的原因，黑盒大約會在 4 月 8 日停止再發出訊號。

在 4 月 11 日，澳洲總理阿博特在到訪中國時，突然說他「十分有信心目前探測到的訊號，是來自 MH370 的黑盒的。」身處上海的他說：「我們很有信心，黑盒的位置是在數公里範圍以內。」[18] 這對家屬來說無疑是很震驚。他接著說，從海洋之盾號放下的 TPL 所探測到的一連串訊號，大大縮窄了搜索範圍。當休斯頓被傳媒要求證實澳洲總理的說話時顯得

17　http://jacc.gov.au/media/interviews/2014/april/tr007.aspx

18　http://www.smh.com.au/national/tony-abbott-very-confident-signals-are-from-mh370-black-boxes-20140411-36hi4.html#ixzz40txE8tpD

猶豫不決，他難以證實過去數天在搜索方面有顯著進展，但是他軍方的背景，令他不能說一些跟總理所說相違背的說話，因此他說：「我對於在不久將來能夠找到飛機，又或是飛機殘骸感到十分樂觀。」英國BBC報導說「澳洲搜索隊伍的士氣從來沒有比此刻更正面了」。

在4月14日，休斯頓又宣佈了新發展：「海洋之盾號於昨日傍晚，在其目前搜索範圍偵測到油污……大約是在TPL發現訊號附近約5,500里以外。」這是否表示已找到MH370的墜落位置？但如果MH370是墜落在搜索範圍，就表示飛機是因為耗盡燃油而墜落，而即使飛機是在仍然有燃油的情況下墜落，難道這位資深的軍官真的認為在38日之後，仍然有可能找到油污？那為何發佈這則既無用又誤導的資料？甚至補充說所收集的油污仍然要送去化驗及分析？

在同一日，休斯頓作出了另一個重要的宣佈，在海洋之盾號一星期前探測到四個訊號後，搜索會進入第二階段，這階段會藉著使用自主水下航行器「藍鰭金槍魚-21」（Bluefin-21）進行海底搜索。他表示更近距離觀察訊號的來源是有必要的。「我們詳細分析過其中一個訊號。這是一個很強的訊號，真的很強，而且它有著所有由人類製造的儀器的特點，訊息的特點也非常、非常類似……來自緊急的訊號燈。現在我們有四個訊號，我們的專家檢視過……並且為海床建立了數據，該處海床或許會是最有可能找到飛機殘骸或黑盒的地方。」休斯頓這樣告訴一名來自新華社的中國記者。[19] 在同一場記者會上，休斯頓補充說：「我對於我們能找到一點甚麼抱有希望。」

---

19 2014年4月14日的中國媒體新聞發佈會。

黑盒還是大白鯊？

隨著電視播出的訊息，引來馬來西亞國民一陣狂喜，不過，另一方面，全球有少數真正對海底搜索有認識的科學家，卻對情況日漸擔憂。「我上了 CNN 約 15 次，嘗試讓人們知道，那些訊號是完全不可能由 MH370 發出的。」納爾若萊 (Paul-Henri Nargeolet) 這樣說，他是全球其中一位備受尊敬的殘骸搜索者。納爾若萊是一名前海軍軍官、潛水員以及掃雷者，自 1986 年開始，他曾經六次帶隊探索沉沒的郵輪鐵達尼號的殘骸[20]，並且有份參與 2010 年搜索法國航空 AF447 殘骸的行動。在 1979 年，他成功找到 DHC-5 水牛運輸機 (DHC-5 Buffalo) 的殘骸，這架運輸機當時錯過了在塞內加爾首都達喀爾機場的跑道而墜毀，機上還載有西非國家茅利塔尼亞的總理。而 1980 年在地中海，他打撈了部分 DC9 民航機的殘骸，飛機在意大利市鎮烏斯蒂卡 (Ustica) 墜毀，據稱是被不明的導彈擊落。這只是他無數在海底成功打撈飛機殘骸的戰績的其中一部分。

「我認識在艦艇上（海洋之盾號）的美國海軍人員，他們絕不會犯上這樣的低級錯誤，但是有關宣佈是由發言人作出的。33 kHz，又或是 35 kHz 的訊號，是不可能成為 37.5 kHz 的訊號的，不管是由於水壓，又或是一如解釋所說，是電池缺乏電力所致，這是荒謬的。訊號的頻率可以有 1 kHz 的變化，但僅止於此，變化絕不會超過 1 kHz，而且無論泡在海中有多深，都不會對訊號造成影響。若非黑盒在海面上所發出的訊號的頻率，跟在 6,000 米深的深海中所發出訊號的頻率是一致的，我們的工作就會變得不可能了。」納爾若萊說。而在超過 6,000 米的深海中，黑盒就不會再發出訊號，因為已被水壓壓毀了。

---

20 鐵達尼號的殘骸於 1985 年被法國與美國探險隊發現，納爾若萊於 1986 年加入探險隊，主要是負責帶隊探索鐵達尼號的殘骸。

「至於中國方面，憑著我看到的圖像來判斷，他們從飛機上投擲到海中的探測器是艾格頓（Edgerton）水下探測儀器，由美國班福斯公司（Benthos）製造。這款探測器能探測的水平範圍是數百米，而深度方面所能探測的幅度就更低。因此這類探測器是無論如何都沒可能探測到黑盒在數千米深的深海中所發出的訊號。」

今時今日在海洋有著各種各樣的 ping 訊號，漁民會將聲波發射器（pinger）放在漁網上嚇走海豹及海豚，海洋生物學家又會利用聲波發射器，追蹤例如海龜、鯨魚、鯊魚及企鵝等生物。由海洋之盾號偵測到的訊號存在著幾個問題，一如上面提到，它們的頻率並不吻合。由 TPL 探測到的訊號分別是 27 kHz 及 33.3 kHz，而不是 37.5 kHz（當中可能有 1 kHz 的變化）。頻率是訊號的最基本特徵：頻率不對，訊號就不對。單單這個事實，就足以淘汰所有由海洋之盾號偵測到的訊號，更不要說將資料傳送到總部，甚至向全球發佈。

另一個低級錯誤，是第一個訊號是在 300 米深的海底探測到，而根據在海洋之盾號上操作 TPL 的美國海軍司令馬修斯（Mark Matthews）所說，偵測器跟黑盒的距離必須要在 2,000 米以內才可發現訊號，而在搜索範圍內的海床深度達到 4,500 米，實在沒可能一個在海底 300 米偵測到的訊號，會是來自海床。因此，基於兩個原因：錯的頻率及錯的位置，訊號在發現的一刻就應該立即被淘汰，不要忘記一點，黑盒發送訊號的範圍只局限在 2,000 米以內，甚至少於 2,000 米，為何一艘移動的艦艇在兩小時二十分後，可以發現另一個訊號？難道是黑盒忽然間有生命，追著用來探測它們的 TPL？我們現在不是在討論華特迪士尼的童話故事，而是由全球頂尖的專家帶領、史上規模最大的搜索行動。至少，當英國護衛艦厄科號在隔了一段長時間再發現另一個訊號後，終於有人意識到，這只是由另一艘拖著探測器的艦艇的回音罷了。

再者，又如何解釋所發現的四個訊號之間存在著 10 至 14 公里距離？搞不好其實不是兩個黑盒而是四個，而每個黑盒各自距離約 10 公里？在 AF447 墜機時，大部分碎片都是散落在 3,900 米深、600 x 200 米的範圍內，最重的物件是垂直地下沉，其他在下沉時只是輕微轉了方向。很多碎片都是容易辨認的，而且保存狀態相對良好，殘骸內更有百多具遺體。明顯地，MH370 的兩個黑盒在海床上相距數公里的可能性很低，難怪納爾若萊將整個行動概括為「完全是一片混亂」。

然而，CNN 仍然沉醉在狂喜之中，日以繼夜的不斷報導著由澳洲海洋之盾號所發現的訊號，完全無視一些行內人提出的警告。*永遠不要讓真相阻礙了一個好故事。*

香港大學前考古學系教授秦維廉（William Meacham）博士對搜索也十分感興趣，他也曾經提醒過 CNN，指該台報導澳洲海洋之盾號所發現的訊號有可能是來自 MH370 黑盒是錯的，他甚至收集了一連串在搜索範圍出現、能發出訊號的海洋生物名單。他收集到在該區出現的海洋行物分別有：86 頭蠵龜、30 頭平背龜、30 頭玳瑁、14 頭綠海龜、7 頭座頭鯨以及 5 隻儒艮。另外，秦維廉博士的其中一位大學同事，亦曾提及大白鯊能發出 36 kHz 的訊號，而大白鯊是可以從南非橫越整個印度洋，到達澳洲西岸的。到底澳洲人是不是將由大白鯊發出的訊號，與由黑盒發出的訊號混淆了？這是多適合當報章標題啊！

但是提出質疑的人不管有多專業，很快就被一些所謂專家，以一連串電視上報導的成功例子反駁。大家要謹記的是，在海底搜索這高度專門的行業中，競爭是十分激烈的，而每個人都知道，當搜索 MH370 進入下一個階段後，始早會簽署一張利潤極高的合約。即使行業內其中一位頂尖的專家，私底下都承認他「沒有相熟的科學家是相信訊號的真確

性的」，然而，當他現身 CNN 的錄影廠時，仍然讓自己沉醉在澳洲發現訊號的狂喜中。畢竟，明確地說出訊號與失蹤的客機無關，並不會有助他贏得一張為澳洲政府擔任顧問的合約。

至於澳洲，即使政府的行動開始受到猛烈抨擊，政府仍然不改其官方立場，畢竟在某程度上來說，這次搜索行動的規模是太大了，實在不容有失。「這些訊號是最好的線索，也是我們手上唯一的線索，我們會繼續追蹤這些線索」是澳洲政府的論點。在 4 月 15 日，自主水下航行器「藍鰭金槍魚 -21」一如計劃地被放到海中，但是行動很快就被取消，「藍鰭金槍魚 -21」不能深入到預定的地點中，因此它帶回來的影像自然不能發揮作用。不過這不成問題，之後會再嘗試多一次，希望這次的海床不會深到探測不到訊號。*畢竟節目仍需繼續下去*。到現在為止，我們已數不清到底澳洲搞砸了多少次了。

在 4 月 19 日，馬來西亞國防部長希山慕丁也出來表態，以便讓訊號神話得以延續下去，身在吉隆坡的他表示接下來的 48 小時是「至關重要的」。究竟他所指的是甚麼？甚麼方面「至關重要」？然而到最後，不、不、不，沒有更多的訊號，那代表沒有找到黑盒及 MH370 的殘骸。

即使澳洲及馬來西亞政府都在虛張聲勢，人們開始有疑問。而隨著日子流逝，最初令人讚嘆不已的澳洲搜索行動，經過一連串失敗後，恐怕要為全球帶來失望。搜索的範圍不斷改變，但卻沒有給予明確的解釋，只有幾名機警的觀察者清楚知道到底發生甚麼事，以及表達了憂慮。

在 4 月 24 日，英國護衛艦不懈號終於要跟澳洲說再見，離開搜索現場，英國海軍中校格里菲斯（Hywel Griffiths）表示艦艇上的人員，在經過一連串「具挑戰性的任務」後都顯得筋疲力盡，他並且說：「我的

船員克服了世上其中一個最凶險的海面情況，我們在 16 日之間，搜索了 7,000 平方海里……我為我的船員的專業及熱誠感到驕傲不已。」[21]

第一階段完結及宣佈之後的行動

　　4 月 28 日，在發現最後一個訊號的三星期後，澳洲總理阿博特宣佈放棄繼續搜索黑盒訊號，他對搜索行動最終一無所獲表示遺憾，但將搜索行動形容為「人類歷史上最艱巨的任務」。這本來已是史上規模最大的搜索行動，現在更是史上最艱巨的，而且還經過官方認證，因為總理如是說。「我們會專注在手上已有的線索上。」他向我們保證。（這時我聯想到一條大白鯊，游過狀似魟魚的 TPL，因而觸發儀器偵測到訊號。）

　　現在總理轉而認為「在海面上找到碎片的可能性相當低」，他補充說：「在飛機墜落 52 日後，大部分碎片都被水泡了很久，並且下沉了。」他接著宣佈，一種新形式的搜索即將展開，有關搜索會由專門的公司承包來做，稍後就會為工程進行投標。冬天的來臨亦表示搜索行動必須要暫停。阿博特對整件事的謎團以一個禱告終結：「我們欠全球受困擾的人，並將盡一切所能去解開這個異常的謎團。」

　　到了第二天，馬來西亞國防部長希山慕丁再次強調：「我們仍然未能夠找到 MH370，說明了這次搜索行動的複雜和困難。」畢竟以常理而言，當你不能達到預期的結果，肯定是因為任務太困難了吧；同樣地，假如你成功，這就表示是任務是太簡單了吧。這是馬來西亞式官腔的又一例證。

21　2014 年 4 月 25 日的英國 BBC 新聞。

在 2014 年 5 月下旬，美國海軍的海洋工程副總監米高甸（Michael Dean），在 CNN 表示現在每個人都同意，澳洲發現的訊號並不是來自 MH370 的黑盒的。在數個小時後，美國海軍發言人在同一個頻道上，收回米高甸的言論，並指他所說的是「草率及推測的」。似乎這些訊號的真正性質所引發的混亂，仍然會維持一段時間。

事實上，好消息陸續有來，只是速度比之前的慢，而且跟之前一樣都是充滿誤導的。在 2014 年 9 月中旬，聯合機構協調中心宣佈找到了「58 件物件」，馬來西亞新任交通部長廖中萊（Liow Tiong Lai）表示，現在有需要「將我們的儀器部署在海床上，以便清楚看一看這些物件到底是不是屬於 MH370 的殘骸，抑或是其他殘骸，又或只是石頭。」而國防部長希山慕丁在 2014 年 10 月底到訪柏斯時，再一次重申他對海底搜索的超現實樂觀，他自信地斷言「在我們現行使用的科技的基礎上，再確定我們是不是在正確的地方搜索，對此我們是百分之九十九點九樂觀的。」不少專家單憑這一句，便完全同意這位國防部長所言，因為他所強調的是「究竟我們是不是在正確的地方搜索」。

有關當局可有一刻想過，從 3 月 8 日開始便接連不斷作出誤導性的宣佈，對罹難者家屬帶來的影響？

當第一次搜索階段完結時（2014 年 3 月至 4 月），也是時間評估一下情況。在五月初，澳洲、馬來西亞及中國在澳洲坎培拉舉行了一個三方會議，澳洲在會上表示，搜索期間一共進行了 334 次空中巡邏以及 3,137 小時的空中偵察，而在行動中又一共出動了 10 架民航機、19 架軍機以及 14 艘艦艇。來自中國的特使就表示一共使用了 21 個衛星、18 艘艦艇（其中有 8 艘配備了直昇機）以及 5 架飛機，搜索所覆蓋的範圍達到 150 萬平方公里。中國並且要求 88 艘在搜索範圍內的中國註冊船（其中包括

68 艘商船及 20 艘漁船）參與搜索工作。但儘管如此，仍然絲毫看不到
MH370 的蹤影，是有甚麼地方出錯了嗎？

「在海中你可以找到任何物件，大海不會隱瞞，如果找到了碎片，
那就會找到飛機。」一位西方海軍軍官在搜索行動剛開始時，這樣直截
了當地對我說。很多人會聯想到法國單人帆船手塔巴里（Éric Tabarly）從
船上跌落海後，他的遺體大約 40 天後才在愛爾蘭海被漁民發現。[22]

澳洲基建及地區發展處部部長特拉斯（Warren Truss）之後宣佈到了
第二階段，會同一時間進行兩個項目，首先會再計算 Inmarsat 的數據並
作出修正，然會再定下優先搜索範圍，這工作會在六月底前完成；其次
是會將工程合約批給私人公司，讓他們在定下的範圍內進行海底搜索。
特拉斯表示可以進行這項搜索工程的儀器，在全球只有很少數，而這些
儀器基本上就是法國航空安全調查局前局長特羅阿代克之前向我提過的：
可以搜索海床的 TPL，以及用來搜索不平坦海床的自主水下航行器。

第二階段的搜索安排於八月進行，在開始之前，中國遠洋綜合調查
測量船「竺可楨號」，以及在澳洲註冊的商業勘探船「輝固赤道號」（Fugro
Equator），在一個六萬平方公里的範圍進行海深測量勘察，這項工作被
澳洲運輸安全局認定為優先事項。「如果你對海床的高低起伏沒有清楚
認識，你是不可能將一條長達 9,000 米、末端拖著一個高清聲波定位儀
的電纜放到海底的。」納爾若萊解釋。最後，荷蘭的輝固公司（Fugro）
取得了負責進行海底搜索的合約，於是公司派出了另一艘船「輝固發現
號」（Fugro Discovery）前往印度洋，聯同輝固赤道號一起進行搜索工作。
在 2014 年 9 月 21 日，馬來西亞國家石油公司亦派出了旗下的「鳳凰號」

---

22 塔巴里在 1998 年 6 月 12 至 13 日的晚上從船上跌落海中，他的遺體在 1998 年 7 月 21 日，在愛爾蘭
海岸對出的一個漁網內被發現。

（Go Phoenix，這船一般是用來探油的）前往搜索範圍，聯同其他國家的專業船隊一起勘察海床，以便尋找 MH370 的蹤跡。

為何我們可以如此大規模地搞砸事情？

從印度洋進行的第一階段搜索來判斷，澳洲在將事情搞砸、故意地或無心地提供誤導資料方面，其實跟馬來西亞不相伯仲。究竟飛機殘骸有沒有*在附近*被目睹過這方面，澳洲漠視衛星發現眾多碎片的決定、發現所謂黑盒訊號的鬧劇、突然且沒有解釋就更改搜索範圍、充滿投機取巧味道的官方發言，以及一連串沒有事實根據的宣佈，都不是我們預期真正的*專業人士*會做的事。

對於少數能夠正確地分析整件事的人來說，事情更像是一場付出很多努力來吸引電視觀眾的表演，而不是以找出 MH370 殘骸為目標的精密搜索。

當「全球最頂尖的頭腦」正運用著他們「熟練的專業技巧」——澳洲總理阿博特在搜索行動剛開始時說的——將可能是來自漁網又或是大白鯊的訊號，混淆為黑盒的訊號後，由澳洲主導的搜索行動，其可信性已嚴重受損。但是隨著 2014 年在北半球的夏天就快來臨——南半球的冬天亦已展開——為公平起見，似乎應該要給予澳洲的搜索行動多一次機會。

搜索行動的協調中心 JACC 搬遷，有著重要的象徵意義。在五月初，中心從原來的柏斯搬到澳洲首都坎培拉，這地點距離搜索範圍 6,000 公里，但是跟澳洲的政治權力中心近在咫尺。在 2014 年 7 月，休斯頓被委

任為 MH17 事故前往烏克蘭的特使，到了 2015 年 1 月他被封爵 [23]，據稱部分原因是因為他在 MH370 搜索行動中有出色的表現。從那時開始，無論是在澳洲又或是馬來西亞，都是由部長又或是總理、而不是民航專家負責對事件發表意見，這顯然是破壞了這方面的既定規矩 [24]，因為根據別稱為「芝加哥條約」(Chicago Convention) 的國際民航條約，建議當發生民航事故時，負責調查的機構是應該「獨立進行調查」的。我之後更發現在馬來西亞，MH370 事件不再是由民航部門負責，而是改為由部長接手。「當一旦有政客參與其中，利益衝突就會無可避免。」一位對調查飛機失事事故有豐富經驗的人這樣跟我說。

為甚麼 MH370 的搜索要控制在政府最高層的手上？這不是一架機上載有平民、並且作商業飛行的民航機嗎？這宗事故在每個國家都被列為「敏感」，卻從來沒有一個官方解釋的原因，這是否為事件提供了一點線索？

組成獨立小組 (IG)

大約就在這時，有少數科學家對 Inmarsat 的計算所引發出的科學謎團深深著迷，他們拒絕接受官方的結論，認為官方首先沒有清楚理解有關數據，之後又沒有嘗試更正數據。這批專家對他們的專業範疇充滿熱誠，嘗試從數據中解讀出資訊，雖然這些數據比古代的象形文字更難理解。他們的原意是想減輕罹難者家屬的痛苦，並希望解開「航空史上最大的謎團」。

---

23 在 2015 年 1 月 26 日，休斯頓被授予爵級勳章 (AK)。

24 「芝加哥條約」附件十三。

顯然，只要從地面往 36,000 公里高空發射的訊號，發送的軌跡有輕微至一度的出錯，飛機墜落海洋的位置就會大幅度改變。官方版本的結論，其實主要是根據 MH370 的速度和高度所作出的假設，但從來都沒有實質證據。我們現在談的是假設。假如只有一系數改變，所計算出的飛機飛行航道亦會徹底改變。但是 Inmarsat 測試出的訊號，無論如何都會指示出飛機的航道。儘管有百分之九十九點九九的普羅大眾，都不會理解這些數據是如何計算出來，以及其背後的理據，更遑論一些定理，以及他們所依據的統計定律。

但是對這個由數學家、天體物理學家、核物理學家以及資訊科技專家——他們很多都有駕駛飛機的經驗——組成的小團體而言，這次著實遇到極大的挑戰。他們之間開始互相討論計算方法，以及基於數據所顯示出的搜索範圍。最初他們在於威靈頓工作的英國天體物理學家斯蒂爾 (Duncan Steel) 的部落格內交換意見。斯蒂爾是美國太空總署 (NASA) 的顧問，曾寫過幾本書以及發表過許多深奧難懂的文章，他甚至曾經發現過一些星體，而其中一顆行星更以他的名字命名。這個即興組成的小組，包括 17 名主要來自英國及美國的科學家，很快便成為了受到政府最高層信任的「真正的頭腦」。他們建構各種理論，並進行檢測、辯論。

美國航天記者韋斯 (Jeff Wise) 稱這一切都是源自一連串的電子郵件而起。其中一位投稿人，他想發表一些文章，建議將小組命名為「獨立小組」(Independent Group，簡稱 IG)。這個小組的原則，是組員之間集體運作，同時分享不同的工作成果。韋斯告訴我，一些組員在研究數字以及化解程式方面是超乎常人地好，也有組員可以在鮮為人知的數據庫中，追蹤出極專門的數據。有一名組員找到了波音 777-200ER 的使用指引，MH370 也使用同款飛機型號；但是由於引擎是由通用電氣 (General Electric) 所製造，而不是勞斯萊斯，因此小組決定放棄使用這指引。韋

斯說這反映出組員非常講究精確的取態。

我最初接觸斯蒂爾是在 2014 年底，當時想向他詢問有關飛行航道內民用及軍用雷達的問題，同時亦想告訴他，我對於 Inmarsat 數據的準確性感到很疑惑。我個人認為這一連串被偵測到的訊號，是將官方認定的事實版本強加給全球。斯蒂爾並沒有說一些令我安心的說話，他反而跟我說，Inmarsat 的計算方式其實較我想像的複雜得多，首先是由於 Inmarsat 在赤道上運行的 3F-1 衛星，其傾斜的幅度有時會較正常的大，因為這顆衛星的壽命已接近終結，用來穩定衛星的燃料已逐漸耗盡。他向我解釋，除了衛星的兩隻翼是被太陽電池模板覆蓋著外，衛星原來是有著一個主要用作穩定衛星的發動機。當衛星運作時，是由儲存在衛星內的燃料以及燃燒氣體 [25] 來推動的。

其次，是 Inmarsat 只在北半球的地面進行搜集及分析數據的工作，在更新軟件時就只更新在負緯度（南緯 32 度）的柏斯地面位置操作而設計的軟件。不過，斯蒂爾補充，他很滿意「所有事情都被列入考慮，而且數據亦有相當的準確程度」。跟這個小組扯上關係、但本身卻不是小組成員的加拿大人麥克尤恩（Brock McEwen），則強調了澳洲的行動並不合邏輯，他持續不斷地挑戰澳洲運輸安全局在解釋更改搜索範圍的原因時前後矛盾，例如在 3 月 28 日，搜索的範圍忽然改為在原先位置東北面約 1,100 公里以外。在 2015 年 1 月，他發表了以《MH370：是時候調查調查人員。針對 2014 年 4 月至 11 月、主要搜索決策的一項堅定而科學性的評論，2015 年 1 月 16 日》[26] 為題的評論。在評論內，他主要針對澳

---

25 燃燒氣體 (combustion gas) 是一種用在燃料燃燒過程的化學物質。在太空，火箭引擎是由燃料及燃燒氣體來提供動力。

26 "MH370 – Time to Investigate the Investigators. An unflinching, scientic critique of key search decisions, April – November 2014, 16 January 2015" https://drive.google.com/file/d/0B-r3yuaF2p72LW04dlJnQXQ4cTQ/view

洲進行搜索行動時所作決策既不合邏輯又前後不一致。

　　一眾科學家亦一致反擊了由官方專家所作的分析，他們要求取得
Inmarsat 未經分析的數據，但當然最後不能成事。他們注意到錯誤，並
且向官方人員提出糾正的方法。最後，大家開始細心留意他們的意見。
數個月後，海底搜索範圍終於更改為他們所建議的位置，然而，再一次，
仍然是一無所獲。

　　「沒有證據並不代表能證明它不存在。」斯蒂爾這樣跟我說。他想
說的其實是即使找不到碎片和飛機，並不代表碎片或殘骸不存在於海床
上。不過，韋斯卻持相反意見：如果，經過一年的搜索仍然找不到飛機，
很可能是因為飛機根本不在那裡。韋斯曾經在網上發表過一本書，書名
為《不在那裡的飛機》。[27] 他以 Inmarsat 的部分數據根本是誤導的大前
提下，提出一個假設的情況，就是兩名前往哈薩克的烏克蘭乘客騎劫了
飛機，並且將飛機收藏在一個地底的飛機庫內，並舉出衛星圖像作為佐
證。韋斯因此被趕出獨立小組，雖然有人感到可惜，特別是從麻省理工
學院畢業的核物理工程師楊內洛（Victor Iannello）。楊告訴我在他的人生
中，從沒有為一個難題花上這麼多小時，但仍然找不到滿意的解決方法，
但是獨立小組的守則，就是規定組員必須要嚴格遵守現有的科學數據。
到最後，斯蒂爾受夠了一些投稿人的極端、有時甚至是瘋狂的理論，決
定關閉他的部落格，而韋斯的網站，就成為了對 MH370 失蹤事件深深
著迷的人聚集的地方。

　　正如俗語所說：「一雞死，一雞鳴。」當沒有確切的證據或碎片來
支持 MH370 墜落在南印度洋的說法後，很多不同的理論隨即湧現——

27 Jeff Wise, *The Plane that Was't There: Why We Haven't Found Malaysia Airlines Flight 370*, Kindle ebook,
February 2015, www.Jeffwise.net.

由最令人感興趣以至最不可能的——都在網上或人們的日常對話中出現。

第 五 章

另類的局面

　　MH370 失蹤後究竟機艙內發生甚麼事，在缺乏具連貫性的解釋下，很快便湧現了各式各樣的理論。全球數以千計的人——暫且就稱他們為「馬航狂熱者」——對這個謎團十分著迷。當然，這批「馬航狂熱者」分為幾個類別：博學的、外行的、穩健派的……更不用說還有怪人、激進分子以及偏執狂。我甚至聽說有一位長年累月搜尋「失落的約櫃」的美國律師，將他的全副精力及決心，甚至可能包括部分積蓄，轉移至搜尋 MH370 上。他探索 MH370 的旅程已經帶他攀登過喜瑪拉雅山、到過馬爾代夫、澳洲以及留尼旺島。其他「馬航狂熱者」則相信飛機是被來自外太空的外星人擄走了，其中一批人告訴我，飛機會在「六個月」後回來。一個專門用占星術來分析罪案的網頁（astrologyincrime.com），在網上張貼了 MH370 的占星圖表，我們來看看：「本命天王星／海王星＝水星（黃色）以 20 度經過水瓶座——*愚弄人心；需要常識*」。星星不知道它們距離事實真相有多接近！命理學家也來參一腳，有些命理學家留意到，飛機的航班編號包括英文字母排第 13 的 M，以及排第 8 的 H，於是 13+8 ＝ 21。MH370 的飛機型號是波音 777，而 3 x 7 ＝ 21，就如 370 一樣，故很明顯這是不祥之兆。

　　這批「馬航狂熱者」的行事既沒有規則，也沒有界限，而他們的動機亦各有不同。對部分人來說，例如獨立小組的科學家，解開 Inmarsat 含糊的數據，是他們遇過其中一個最大的學術挑戰；而對其他人來說，事件到現在都沒有一個合理解釋，自然讓人容易對其投射信念、互相指責以及怪罪於代罪羔羊。

　　然而，對很多人、包括我自己來說，動機只是純粹拒絕接受官方的荒謬解釋。基於我們生活在一個高科技的世代，官方的解釋根本完全不合時宜，而且違反常理，跟之前飛機失事意外中所得到的教訓也不一致。總括來說，是拒絕接受（在我看來）對人類智慧的侮辱。

在一眾勇於挑戰官方對飛機失蹤的論述的人當中，到現時為止最具權威性和資格、政治色彩也最不濃厚的，要算阿聯酋航空的總裁克拉克爵士（Sir Tim Clark），阿聯酋航空是全球擁有最多波音 777 機隊的航空公司。他在 2014 年 10 月接受德國記者施貝特（Andreas Speath）的訪問時，就表達了他的沮喪。「在民航史上，除了 1939 年的埃爾哈特（Amelia Earhart）[1] 事件外，沒有一宗飛機墜海意外，是追蹤可能性連百分之五到十都不到的。然而這架飛機就是失蹤了。這令我有一定程度的懷疑，而我對於事件的後續發展，則是完全不滿。」他續說，「當你問這些問題時，我感受到一定程度的好爭辯意味，當人變得愈來愈好爭辯時，我就會更加擔憂。」

根據官方說法，飛機改變了原來的航道，是「機上有人蓄意為之」。目的是否就是要阻止飛機到達北京？又或者其實是要令 MH370 消失？如果目的只是要確保飛機不會在北京降落，那是否因為機上有某個重要的乘客？又或是因為機上的貨物的關係？

在我之後數個月的調查過程中，我遇上各種各樣奇特的資料支持以下兩個可能性：機上有某些重要的乘客，以及貨物內有一些不尋常的物件。

一則關於機上有關鍵乘客的謠言，廣泛流傳於吉隆坡及網上，這是一個極為生動有趣的故事——絕對有條件成為一部賣座的電影。電影編劇只需要將故事當中黑暗及悲情的終結，改寫成他心中圓滿的結局，賓果！電影會瞬間熱爆票房。

---

1 美國女飛行員，曾獨自飛越大西洋，在 1937 年她嘗試進行環球飛行，在飛越太平洋期間失去蹤影，多方多次進行搜索但都徒勞無功。

飛思卡爾：占士邦的情節

在機上 239 名乘客當中，其中 20 名（包括 12 名馬來西亞人及 8 名中國人）全都受聘於同一間公司，而這且不是普通的公司，而是飛思卡爾（Freescale Semiconductor）。普羅大眾或許對這間公司認識不深，但飛思卡爾是一間跨國的企業，在半導體行業中絕對是龍頭，其業務遍佈 20 多個國家，當中包括中國、馬來西亞及法國。這間公司在馬來西亞相對來說亦十分知名，公司的標誌出現在前往機場的公路路牌上。從 1972 年開始，該公司就在吉隆坡郊區一個佔地八公頃的地點設立廠房和實驗室。

飛思卡爾是全球生產微處理器的主要生產商，客戶遍及業內數個界別，例如防衛及航天工業。公司為雷達製造晶片，也為導彈製造微控制器；它在製造射頻動力產品及戰場上的通訊設施方面，擁有值得誇耀的專業知識。根據網上的資料，公司的產品主要應用在航空、雷達、電子戰爭、導彈指導系統以及識別敵友系統。一位來自飛思卡爾的競爭者、國際性半導體生產商意法半導體（STMicroelectronics）的行政人員告訴我：「對這些系統的主要生產商來說，飛思卡爾是他們一定會尋求的零件供應商。」在 2006 年，飛思卡爾被一個由黑石集團（Blackstone Group）及凱雷集團（Carlyle Group）領導的聯合財團，以接近 180 億美元全數收購，這宗收購是當時最大的一宗科技公司買賣。[2]

黑石集團與凱雷集團的勢力及影響可說遍及全球，很難想像有比他們更接近美國軍事和商業集團核心的公司。凱雷集團跟布殊家族關係親密廣為人知，而它的顧客亦包括沙特賓拉登集團，由一個相同名字的顯赫沙特阿拉伯家庭所擁有。黑石集團於 1985 年由兩位來自雷曼兄弟的前

2　之後到了 2015 年 3 月，市場生產單晶片的龍頭恩智浦半導體（NXP），以 118 億美元收購飛思卡爾。

行政人員創立，到今天已成為全球其中一家主要的私人股權投資公司，總部設於紐約曼哈頓的公園大道。在 2015 年年底，黑石集團的資產管理規模達到 3,340 億美元。羅特希爾德男爵（Lord Jacob Rothschild）是黑石集團董事局的成員之一。因此，飛思卡爾將我們和華爾街（紐約）、五角大廈（美國首都華盛頓）以及公司誕生的地方奧斯汀（美國德州）連繫起來，將金錢、政治勢力及戰略技術合為一體，而且是最高級別的。

在 2014 年 3 月 11 日，飛思卡爾為一種新的生產技術申請專利，就在飛機失蹤三日之後。有關的新發明可以在網上以專利索引號 U.S. 8671381 找到。

在 MH370 失蹤不久後，飛思卡爾的全球通訊與發明者關係部門副主席霍克斯（Mitch Haws），向傳媒表示機上有 20 名飛思卡爾的僱員，「他們有著豐富的經驗和專業背景，他們都是十分重要的員工……對公司來說絕對是一個損失。」他之後再補充說，這些員工「大多是工程師及專家，都是致力讓中國天津及吉隆坡的公司晶片設施更有效。」[3] 他們全都是乘坐經濟客位。我會見過阮瑩（Yuen Ying），她是受聘於飛思卡爾的其中一位馬來西亞工程師的妻子，這位工程師決定在星期五的晚上起程，以便「有時間拜訪北京」，而飛思卡爾的中國僱員，則在一星期前來到飛思卡爾位於馬來西亞的廠房，而現在則輪到飛思卡爾的馬來西亞員工前往公司位於中國天津的廠房數天。

這些全都是事實，全都可以找到確實證據，然而，網上流傳著的謠言，卻使這些事實足以成為一部賣座大片引人入勝的橋段。

3　路透社，2014 年 3 月 9 日。

在網上，我發現了機上這 20 名飛思卡爾的員工之中，有四名共同擁有著一項專利，這項專利在戰略及技術上十分重要，而有關專利將要提交申請。如果這四名共同擁有專利的人遇到不測（他們每人各自擁有兩成專利），剩下來的專利共同擁有者，亦即是飛思卡爾，自然可全權擁有這項專利。猜一猜在這些陰謀背後，有誰最可疑？除了羅特希爾德男爵外，再沒有其他人選了。羅特希爾德男爵是一名猶太億萬富豪及英國公民，他似乎在眾多陰謀論中都扮演著重要角色。在網上及論壇中充斥著一種論述，認為飛機是被偷偷帶走及毀滅，以便確保美國可以全盤控制著這項有著極重要戰略價值的專利。這理論甚至連俄羅斯政府資助的廣播網絡《今日俄羅斯》（*Russia Today*）都有報導。當然，傳媒的信譽可以有更高標準，但這並不重要，無論如何這都是一個絕佳的故事。

然而，這個引人入勝的故事至少有三個錯處。首先，發明專利品的員工，其實是不會共同擁有這項專利的，至於飛思卡爾，一如所有其他大企業一樣，都是全權擁有這項發明的專利權，因此，在討論其他細節之前，最根本的情節已缺乏可信性。其次，沒有一個專利發明者的名字，跟 MH370 乘客名單上的中國乘客名字相同。最後，U.S. 8671381 的專利實在沒有甚麼革命性可言，純粹只是優化可以杜撰在晶圓上的印模的數目而已[4]，這項發明可以令整體生產成本最多降低百分之三至四，這肯定不足以要 239 人消失或賠上性命。

因此回到最初的問題，如果目的是要令飛思卡爾及羅特希爾德男爵全權擁有這項革命性的專利，那為何要阻止飛機在北京降落？

4　晶圓是作為印模基底的矽晶片，其形狀為圓形，而印模的形狀為方形，這解釋了為何優化是有需要。

關於貨物

　　原因會不會是藏在 MH370 貨艙內的貨物裡？一架飛機的載重大致上可分為如下：機上所有乘客的重量大約為 17 噸，行李的總重量為 3 噸，貨艙內的貨物則重 10 噸，而飛機的燃油共重 50 噸。[5] 當我在飛機失去所有可追蹤的線索約十日後，跟馬來西亞反對派領袖安華會面，他對於飛機的貨運清單仍然未公開感到「簡直難以接受」。航空業內人士一早已說明這一點，即在飛機失蹤的數分鐘內，貨運清單就應該要公開。「我懷疑到底是甚麼貨物如此秘密，令到一架商業航班的貨運清單，被視為有如機密文件一樣。」安華說。四個月後，當 MH17 被擊落，馬航於兩日後就提交了貨運清單；但對於 MH370 的貨運清單，馬航卻是將近兩個月後才向外公開。

　　有關貨運清單終於在 2014 年 5 月 1 日公開後，卻很明顯地並不完整。在為 MH370 所設立的官方網頁（mh370.gov.my）上，顯示了八個編號一至九的電腦檔案，沒有標題，也沒有明確的次序。不單只沒有了「檔案三」，「檔案七」和「檔案八」更是相同的。是不是較早前列印出兩名伊朗乘客有著同一雙腳的照片並向傳媒發放的員工，又犯上另一個錯誤？網頁上的檔案是一連串低質素的掃瞄：航空運貨單、發票以及無數掃瞄過的空白紙張。

　　當貨運清單公開後，令馬來西亞人即時感到愕然的，是清單上數量甚多的山竹果。山竹果有著厚厚的紫色硬皮（染色能力比血液更強），包著多汁、氣味有點強烈、具纖維性的白色果肉。這種水果被廣泛視為其中一種最美味的熱帶水果，據稱是來自吉隆坡以南柔佛州的麻坡

5　由馬來西亞國際民航組織所做、題為《真實訊息：MH370 的安全調查》(*Factual Information: Safety Investigation for MH370*) 的報告，第 102 頁，附錄 13，MH370 的安全調查隊，於 2015 年 4 月 15 日更新。

(Muar)。檔案顯示 MH370 運載了 4,566 公斤的山竹果,足足四噸半!相等於全球最重的河馬再在背上放上其子女的重量!而更加令人驚愕的,是當時甚至不是山竹果的當造期。山竹果的當造期是六月至八月,植物學的參考書也證實了這一點。我亦搜尋到一篇科學文章講述這一課題[6],文章內提到十一月至一月是山竹果的另一個當造期,而這點亦得到出口商證實。然而,出口的水果在成熟前就應該被摘下來。換句話說,三月已經過了山竹果的收成期。再者,當 MH370 的貨運清單上被發現有大量山竹果後,馬來西亞聯邦農業營銷局 (FAMA) 立即表示,在柔佛州並沒有山竹果樹是在那個季節長出果實的。當地傳媒更進一步指出,麻坡——貨運清單上列出的水果來源地,根本沒有山竹果果園。

回應接踵而來的問題及疑團,馬來西亞警察總長丹斯里卡立 (Tan Sir Khalid Abu Bakar) 澄清山竹果*並不是*來自麻坡,只是在那裡*裝箱*而已。但是在這情況下,這批數量龐大並且不是當造的山竹果究竟是來自哪裡?又既然水果是打算運往中國,為甚麼要送往距離吉隆坡一百公里的一個小鎮裝箱?事實上,山竹果只產自亞洲的熱帶地區,根據傳說,英國的維多利亞女皇甚至答應贈送一百鎊或賜予爵士身分,給那些可以帶給她這份珍奇貢品的人。種植山竹果的人解釋,即使是水果的當造期,山竹果的產量近年亦下跌了,顯然山竹果樹亦受到了氣候變化影響。再者,根據 FAMA,中國從馬來西亞進口的「主要是榴槤」,至於在馬航運貨單上提到以麻坡為基地的公司,根本沒有出現在山竹果出口商的官方名單上。最後一點值得留意的是,如果要進口這種水果,中國需要填寫一份「五頁紙的表格,跟進口榴槤時需要填寫的表格一樣」。然而,這份植物檢疫證書並沒有在運貨單上提及過。

6　在馬來西亞遺傳學會第二次全國大會後刊登 (1996 年 11 月 13 至 15 日)。

因此，在 MH370 上的山竹果貨運，就如在乾旱季節時下一場傾盆大雨般稀奇。在飛機失蹤一年後公佈的調查報告[7]無視這異常情況，只表示「MH370 航機上的山竹果……是來自馬來西亞柔佛州的麻坡。大約 2,500 公斤的山竹果是收穫自麻坡，其餘則來自印尼的蘇門答臘。」換句話說，傳媒、馬來西亞警方以及農業局在 2014 年 3 月時，同意山竹果不可能來自麻坡，一年後的 2015 年 3 月的官方報告，卻表示 4.5 噸的山竹果，當中有 2.5 噸其實是來自麻坡。「馬來西亞做得到！」(*Malaysia boleh!*)

事實上，調查報告的每一頁，都為謎團增添更多離奇怪誕的情節。報告透露了在 2014 年 3 月 3 日至 4 月 17 日之間，馬航運往北京的，不只是一箱沒有證明文件、來源地成疑兼且不是當造的「新鮮山竹果」，而是 50 箱的山竹果。[8]我最後得出一個結論：就如伊朗乘客的假護照一樣，當中可能有些不可告人的事正在進行；但其實又沒有甚麼非比尋常的，很多其他馬航客機都同樣運載著「不是當造的山竹果」，卻無阻飛機安全到達目的地。在 2015 年 12 月，我出席了香港大學一個有關走私象牙及亞洲野生動物的記者會，其中一張幻燈片顯示這種非法交易在亞洲區的多個據點，而馬來西亞在地圖上明顯有最多據點。會不會所謂的「新鮮山竹果」只是煙幕，用來掩飾偷運穿山甲鱗片、象牙又或是犀牛角的貨運？這論述，至少可以解釋與 MH370 貨運有關的不尋常之處。

---

7 "Factual Information Safety Investigation for MH370", *op. cit.*, p. 107.

8 *Ibid.*, Appendix 1.18J, p. 580.

其他貨運：至少 221 公斤的鋰離子電池

除了 4.5 噸有可能是來自非洲的「山竹果」令我明確感受到*馬來西亞這國家有點不對勁外*，MH370 也運載了超過 2,453 公斤「鋰離子電池、對講機附件及充電器」的綜合托運貨物，托運人是電信公司摩托羅拉（Motorola），而貨運代理人是 NNR 全球物流。貨運的運貨單上明確寫著有關包裹必須小心處理，因為內容物易燃，尤其是包裝受損的情況。馬航當時的行政總裁阿末佐哈里（Ahmad Jauhari Yahya）在 2014 年 3 月 17 日曾經斷言，MH370 並沒有運載任何危險物品，但他在一星期後承認飛機是運載了「大約 200 公斤的鋰電池」，不過他強調貨物有「妥善包裝」。鋰電池是已知可以在航機、電車甚至電腦內起火，至少有兩架貨機就是因為這原因起火，導致機師喪生以及飛機被毀。[9]

機艙起火，之後由自動駕駛裝置進行前往印度洋的模擬飛行

在 MH370 的個案，如果設想的局面是由於技術上失誤，幾乎大部分都由貨艙起火，又或是嚴重的短路作開始。以下是其中一項最先獲得一定人數支持的解釋，最初是由機師古德非羅（Chris Goodfellow）提出，設想的情況是：機艙起火令所有通訊器材停止運作，機師決定緊急降落，這解釋了為何飛機會掉頭到最近或最適合的機場，之後發生飛機降壓，機師及機上所有乘客因而缺氧，因此飛機的自動駕駛裝置啟動並進行模擬飛行，將飛機向南面駛去。

「在我看來，一切都是由機艙內冒煙開始，而煙霧是來自 E/E 區（電

9　參看 UPS 航空 6 號班機事件，附錄第 304 頁。

機電子區域）通過駕駛艙後的活板門去到機艙。」波音 777 機師金（Kim）
向我解釋道，他是其中一位我經常就 MH370 失蹤一事請教的機師。如
果航機上發生這情況，是不會有特定的警報提醒機師的，但是金設想如
果真的有這情況，機艙服務員也會通知機師。「他們的反應，也是我可
能會有的即時反應，就是尋找最近可以讓飛機降落的地方，除非他們認
為飛機能夠返回吉隆坡。」事實上，飛機的機艙起火可以導致機身出現
缺口，令飛機急速降壓。金亦明確地告訴我，從來沒有飛機可以耐得住
機艙起火超過 15 分鐘。如果機艙內起火，一定要迅速撲滅，因為情況在
一息間就會變壞。金認為機師有可能是故意將飛機降壓以便撲熄火勢，
而無論將飛機降壓是故意抑或是無意，在缺乏氧氣及在 35,000 呎高空、
外面的溫度只有攝氏負 40 度的情況下，火勢是可以迅速被撲滅的，但
是如果要讓乘客及機艙服務員在這情況下生存，飛機就要立即下降到一
個可以吸入空氣、溫度也不太極端的高度（一般來說是大約 15,000 至
18,000 呎）。由於這個設想的局面之前並沒有被預演過，這個設想局面的
支持者總結說，機師對機艙內的情況並不了解，而在他將飛機設定到新
航道後不久就失去了知覺。「只有數秒時間讓你意識到氧氣不夠，而很
快就已經變得太遲。」

將飛機降壓及啟動自動駕駛裝置返回吉隆坡，MH370 可能只是沿相
同方向繼續飛行，甚至飛過了目的地，直至燃料耗盡，令引擎失去動力，
最終墜落印度洋，情況就如 2005 年 8 月 14 日發生的太陽神航空 522 號
班機的空難一樣。

又，假如就像如 UPS 航空 6 號班機在 2010 年 9 月 3 日發生的空難
一樣（在附錄會談及），機上運載了一批 221 公斤的鋰電池，其中一些電
池在貨艙內起火，火勢應該十分猛烈，而且難以撲救。傳統的滅火器是
無法撲熄的，當局就建議用水來撲救由鋰離子電池所引致的火災。

　　到底運送鋰電池會有多危險，現在成為了值得在新聞報導探討的議題。「這些電池由於其獨特的特性，是十分危險的。只要盒內其中一顆電池出現問題，就會引起連鎖反應，將貨艙內所有貨物都燃燒起來。除了燃燒時的熱力極高外，美國聯邦航空管理局所做的測試亦發現，這些電池在燃燒後所引起的濃煙，在少於八分鐘內就會充斥整架飛機，甚至包括駕駛艙。而由鋰電池引致的火災，燃燒時所釋放的氣體也是易燃的，甚至會導致爆炸。」航空機師協會（ALPA）在其 2015 年 12 月 15 日的通訊中解釋。目前將懸浮滑板（hoverboard）列為違禁品的航空公司並不多；這是一種新型的滑板，用鋰電池來推動。ALPA 對此感到震驚，呼籲航空公司制定措施，禁止鋰電池出現在航機內。「只要一顆鋰電池，就足以將民航機置於極度危險的境地，試想一整個貨物托盤或一整艙的鋰電池，所帶來的威脅會有多巨大？」ALPA 警告說。

　　國際民航組織（ICAO）於 2015 年 9 月在曼谷召開的會議上，運送鋰電池成為會議的其中一項議程，一些「馬航狂熱者」將此視為國際民航的組織，對 MH370 失蹤的原因或許知道的較他們所公佈的更多。如果有關當局知道由鋰電池所引致的火災，就是 MH370 慘劇背後的原因，那就容易理解他們要制定政策的迫切性，以避免同類情況再次發生。

　　在 2016 年 1 月，我在美國洛杉磯的機場辦理登機手續，準備登上前往香港的航班，第一次被國泰航空的地勤人員問及我的行李內有多少鋰電池（相機、手提電話、手提電腦、牙刷及遙控器等等），他們亦提醒我現在不論是手提或寄艙行李內，一律都不能有某些由大顆的鋰電池推動的裝置。

　　在 MH370 事件來說，最令人感到不可思議的，是鋰電池是機上較大量的貨運的其中一部分，但是卻只披露了很少資料。「所有運送貨物

的人都是用這種把戲。」一位香港的業內人士這樣告訴我，「他們會做一個只有籠統描述的綜合托運，尤其是最後一刻才送來的貨。」而為了比較，貨艙內有另一個只有六公斤重的包裹[10]，伴隨著數張包括發票在內的文件。包裹已知包含了 2,000 塊晶片，單價是 5.04 美元。同樣情況，另一個內裡全是兒童圖書的貨運，伴隨著的文件則清楚顯示每一本書的書名：《誰偷走了蒙娜麗莎？》、《鯨魚島的秘密》及其他。跟其他貨物比較起描述的詳細程度時，幾乎沒有給予任何資料描述的摩托羅拉貨運，就顯得格外異常，而這就是唯一包含有潛在危險貨物的貨運，2,453公斤的「鋰離子電池、對講機附件及充電器」。看來馬航方面的重大疏忽，成為了機上起火的理論依據。

對一些「馬航狂熱者」來說，馬航對兩個最大貨運的含糊其辭，就已足以證明飛機是運載著「一些東西」，一些不應該到達中國的東西。

有些人相信機上的神秘貨物，是在巴基斯坦被擊落的美國無人駕駛戰機的殘骸，又有人認為是塔利班在一次致命伏擊中所擄走的軍事設備——塔利班在 2014 年 2 月底，襲擊阿富汗東部一個軍事基地，導致19 名軍人死亡。每一個新理論都跟從新聞搜尋回來的細節環環相扣，而這亦令這個設想情況在現實中更為鞏固。

另一個理論是將 MH370 的失蹤，與兩名前美國海豹突擊隊成員的離奇死亡連繫起來。在 2014 年 2 月 18 日，一艘停泊在非洲國家塞舌爾的維多利亞港口上的美國貨船「馬爾基阿拉巴馬號」(Maersk Alabama)，兩名守衛貨船的前美國海豹突擊隊成員被發現倒斃在貨船上。[11] 這事件

---

10 由馬來西亞飛思卡爾寄去中國飛思卡爾。

11 The New York Times, 23 February 2015: "Hired to fight pirates but doomed by boredom".

激發一名「馬航狂熱者」猜想，這兩名男子其實是被當地的妓女下藥，以便讓索馬里海盜能夠盜取貨船上運載的美國無人駕駛戰機組件。索馬里海盜之後將贓物運往吉隆坡，而在吉隆坡被中國使館截獲，並插手將贓物送到馬航上。從此我們又多了一個佈局精密的設想情況。

　　一直以來，網上都有很多關於中國對美國各種各樣的監察及飛機隱身技術有著強烈慾望的論述，而不管是甚麼西方秘密武器令中國如此垂涎，美國知道時亦已經太遲，已來不及阻止有關秘密武器運載上MH370，因而令他們要騎劫甚至毀滅飛機，以阻止飛機到達目的地。

　　以上所有設想的情況都帶出一點，就是解釋了中國和美國在事件上，都分別有保持沉默及掩飾事件的原因：美國是因為其行動完全卑劣可恥，而中國則在進行明目張膽的監視行為時被捉過正著，兩者同樣都是不值得吹噓的事。可惜的是，中國及美國在整個事件上保持沉默，是事件中少數讓我們清晰見到的赤裸裸事實。

進入「迪亞哥加西亞」

　　對我而言，說出迪亞哥加西亞（Diego Garcia），一位 16 世紀探險家的名字，只會令我聯想起《加勒比海盜》(*Pirates of the Caribbean*)，而不是失蹤了的波音客機。我後來終於知道，「迪亞哥加西亞」是指位處非洲與印尼之間一個美國極度機密的軍事基地，位置正正是印度南面、赤道以下。這基地近年被用作美國軍事行動的發射坪及後勤基地，而自2001 年開始，亦有人懷疑這基地是用作軍事盤問地點及秘密監獄。[12] 一

12 "U.S. used UK isle for interrogations", *Time Magazine*, 31 July 2008.

如飛思卡爾及 Inmarsat 一樣，直至 MH370 失蹤之前，很少人聽過「迪亞哥加西亞」的名字以及其作用，而根據研究顧問 GlobalSecurity.org 的總監、戰略分析家派克 (John E. Pike) 所說，「迪亞哥加西亞」不過是美國「其中一個」最重要的軍事設備。此外，一個法國情報來源亦告訴我，那兒儲存了核彈頭，同時亦是美國中央司令部的總部，負責地球整個中心部分，橫跨歐洲、中東、阿富汗以及巴基斯坦。「我們現在已不能沒有它。」GlobalSecurity.org 的資深研究員布朗 (Tim Brown) 說，而派克亦進一步證實，「所有（由無人機發動的）空襲都是從這裡發動。」

自「迪亞哥加西亞」這個美國軍事基地，被發現跟 MH370 的失蹤拉上關係起，它就被賦了各種不同角色，由一次意圖恐怖襲擊的受害者，到涉嫌偷去一架波音 777 客機及擄走平民做人質的嫌疑犯都有。

有些人將迪亞哥加西亞視為傳聞中的 MH370 劫機者的目標。根據這個設想的情況，飛機相信是被美國空軍擊落，以保護這個軍事基地，這亦是一些情報機關向調查 MH370 失蹤一事的人所透露的版本。其他人則將迪亞哥加西亞形容為協助美國將飛機改道的幫兇，以阻止飛機到達北京。在這情況下，基地就成為了收藏飛機的地方。對於相信迪亞哥加西亞在事件中有一席之位的人來說，馬爾代夫居民聲稱在 3 月 8 日的早上看到一架飛機低飛，就更進一步引證了這個調查方向是正確的。

在 MH370 機師家中充公的飛行模擬訓練裝置，由美國聯邦調查局 (FBI) 協助分析。根據馬來西亞警方所洩露的資料，這個飛行模擬訓練裝置據稱包括了「最近曾被刪除的數據」。機長札哈里據說正在練習在印度洋島嶼五條不同的跑道上降落——其中包括迪亞哥加西亞環礁上三公里長的降落跑道，這更加令人懷疑他的動機。

在過去數星期「謠言滿天飛」的情況下，在一群容易受騙的「馬航狂熱者」當中傳得最厲害的謠言，是據稱機上有一位美國乘客菲臘活特（Philip Wood）透過電話發出訊息求救。「飛機被騎劫，我被不知名的軍事人員挾持做人質（雙眼被蒙）。我在科技公司 IBM 工作，飛機被騎劫時，我成功將手提電話收藏在臀部。我與其他乘客分開了，現在在一個小房間內，我的名字是菲臘活特，我想我被下藥了，無法清晰地思考。」散播這個惡作劇的網站，更言之鑿鑿補充說這個訊息的元數據（metadata），「百分之一百證實」了訊息是發送自位於迪亞哥加西亞環礁南部的一座建築物。不過，我修讀電腦科學的 17 歲侄兒彌敦（Nathan）告訴我：「修改一張照片的元數據是易如反掌的事，我在 30 秒內就做到了。」而他真的做到了。不管怎樣，這個有關美國乘客發送訊息的故事，在網上被數以百萬計的人看過及留言，而事隔兩年後，在網上仍有 61,6000 人次搜尋「Philip Wood iPhone」。雖然這個虛假的發送訊息故事，在一連串衍生自 MH370 失蹤事件的故事當中幾乎居首位，但是也多得這個故事，讓外界認識到迪亞哥加西亞，這個好像一直都隱身於布幕後的地方。

前往迪亞哥加西亞必須先取得通行證，而通行證必須向英國倫敦申請，因為迪亞哥加西亞是英國屬土，英國只是將其租借給美國而已。馬爾代夫是最接近迪亞哥加西亞的有人居住群島，我在那裡進行調查工作時，一位年長的公務員談及他們長久以來極力保持低調的鄰居（迪亞哥加西亞），他表示：「雖然他們只距離馬爾代夫以南 350 海里，但是他們從不與我們接觸，我們之間沒有航空服務，他們常常在我們上空飛過，但是我們卻不許飛過他們的上空，他們甚至不需要我們提供物資補給，我想他們是從新加坡或中東取得一切所需。」

事實上，假如這個美國軍事基地真的涉嫌與 MH370 失蹤有關，這

就正符合了自 1960 年代開始一直纏繞著該島的可恥傳統。2004 年由皮爾格 (John Pilger) 所製作的紀錄片《偷去一個國家》(Stealing a Nation)，就是講述英國政府（這個島的擁有者）以及美國政府（潛在的租客）之間卑劣可恥的交易。他們的交易導致自 18 世紀末就一直居住在島上的 2,000 名原住民被驅逐離開，而更甚的是，兩國政府向聯合國表示，島上並沒有原住民，「只有輸入的勞工」。在 1967 年至 1973 年之間，島上的查戈斯 (Chagossian) 原住民有如牲畜般被軍方驅逐，被放逐到毛里裘斯，在赤貧和絕望之下生活，並常常想念被充公的故鄉。至於美國政府，就繞過國會同意，向英國政府支付 500 萬英鎊，作為租借迪亞哥加西亞 50 年的費用[13]，而這筆款額被偽裝成發票上運送導彈的折扣。事實上，華府與倫敦之間的金錢交易完全是無跡可尋的。在迪亞哥加西亞原住民被驅逐半個世紀後，人權律師古尼 (Amal Cloony) 在英國最高法院為他們伸張正義，這批原住民的悲慘命運才受到世人關注。然而，即使獲得全球最頂尖的律師為他們討公道，這批被強行驅逐離開、之後活於赤貧及絕望之中的原住民，能夠取回被充公土地的成數又有多少？更不要提這個島現在已成為龐大的美國軍事基地。

自 1987 年開始，這個基地同時亦成為了太空監察站，監察站內的地基深層空間光電監視系統 (GEODSS)，據稱能夠「追蹤或觀察距離地球 5,500 至 37,000 公里的太空上、有如籃球般大的物件」。那架龐大的波音 777 客機或許就是飛得太接近地面，所以才沒有被這個系統探測到。不過，有正常思考能力的人或許也會聯想到，一個軍事基地有著可觀察到離地球 37,000 公里有如籃球般大物件的望遠鏡，其他儀器（雷達、衛星、監察機）應該也能發現載滿電子儀器、體積有如兩尾藍鯨頭尾並列的波音 777 客機吧，何況飛機就在 2,500 公里以外、推測約海拔

---

13 最初協議直到 2016 年仍然有效，之後有可能將租約再延長多 20 年。

35,000 尺的空中飛行。尤其是，迪亞哥加西亞最初的設計原意，就是作為成美國海軍的通訊站，而在 1991 年，這兒就成為了美國海軍電腦及通訊站 (NCTS)。此外，基地亦配備了長程的超視距雷達。然而，迪亞哥加西亞甚麼也沒看到、甚麼也沒聽到，也甚麼都沒有說，跟區內其他主要美國軍事基地如日本沖繩或關島沒甚麼不同，更不用提被部分人視為美軍附庸基地的新加坡。

部分深信飛機是改道去了迪亞哥加西亞的「馬航狂熱者」，甚至更進一步地認為部分在印度洋搜索飛機殘骸的艦艇，曾經停留在迪亞哥加西亞以便接收 MH370 部分殘骸，之後再將殘骸丟棄在搜索範圍的海洋內，目的就是令它們其後被「找到」。可想而知，多個追蹤艦艇的網頁（類似追蹤飛機的網頁，例如 Flightradar）都證實，英國護衛艦厄科號在前往柏斯途中，的確曾經在迪亞哥加西亞停留，但其實目的只是加油而已。

另一個理論是認為 MH370 只是在迪亞哥加西亞短暫停留，而在停留期間，美軍據稱移走了機上所有具戰略價值的組件，讓它們不能到達北京，之後令飛機及機上的乘客消失於印度洋中央，再在若干時日後被發現，這就引證了 Inmarsat 所發現的訊號。而當 2014 年 6 月，來自柏斯（西澳洲）的科廷大學海洋科學及技術中心的科學家，表示在 3 月 8 日凌晨 1 時 30 分（世界標準時間），他們部分敏感的水底麥克風偵測到一個特別的訊號，便愈來愈多人相信在迪亞哥加西亞附近發生墜機事件的說法。然而，在數個月後，來自另一個感應器的新數據顯示，偵測到的聲音很可能是來自嘉士伯海嶺（在非洲之角與印度之間）的活躍地殼活動。「被發現的聲音訊號有個低振幅的結尾，因此訊號可能只是來自一次由地質引發的事件而已，例如地震、海底山泥傾瀉又或是火山爆發。」科廷大學的鄧肯（Alec Duncan）說。

不過，儘管迪亞哥加西亞此地在 MH370 失蹤一事有多麼引人注目，再加上其軍事力量及強大的監察能力，所有牽涉到此地的設想局面，都缺乏明確的證據支持，除了一件較為特別的事件啟人疑竇。在 3 月 8 日，迪亞哥加西亞讓基地人員進出的客運站，其官方臉書張貼了一張告示，當中表示：「未來 72 小時內，任何預定的飛機都不得進入或離開迪亞哥加西亞。」除了極端的天氣情況外——而明顯當時並不在此情況——這樣的禁飛只會在激烈的軍事活動進行時，飛機需要不停起飛或降落才會實行。有些人懷疑美國國防部在 2014 年 3 月 6 日啟用新雷射武器系統 [14]，會否多少與這次的禁飛有關。

在以色列飛機庫的雙生飛機

美國記者保爾寧（Chris Bollyn）在網上發表了一篇文章，講述在以色列首都特拉維夫的一個飛機庫內，收藏了一架跟 MH370 型號一模一樣的波音客機，為之後更錯綜複雜的理論補好了路，例如要組成一隊波音 777 客機的機隊，以便再進行一次類似九一一的襲擊。這宗講述一架被收藏在特拉維夫的雙生客機的新聞，肯定是十分引人入勝，而在網站 Planespotters.net 上載的照片也證實了這點。跟馬航 MH370 一樣，這架雙生客機的型號也是波音 777-200ER，註冊編號為 9M-MRI，而用來飛 MH370 航班的飛機，其註冊編號則為 9M-MRO。這架雙生飛機的生產編號是 28416，而註冊編號為 9M-MRO 的那架飛機，生產編號則為 28420。波音在 1998 年將這架雙生客機交付給馬航，而用作 MH370 航班的飛機，則是在 2002 年交付。兩架飛機都配備相同的引擎——勞斯萊斯瑞達 892。所有資料都顯示這兩架飛機為雙生兒，其中一架在 3 月 7 日

---

14 在 2014 年 3 月 6 日放上網的宣傳錄像，可以透過以下連結看到：https://www.youtube.com/watch?v=Px87SP01eKw

至 8 日的晚上被報稱失去蹤影，而另一架則令人費解地收藏在以色列。GA Telesis，一家以美國佛羅里達州為基地、在航天業地位舉足輕重的公司，在 2013 年 10 月 4 日發表聲明，宣佈該公司已從馬航購入了這架波音 777 的雙生客機，並會將其註冊編號更改為 N105GT，及委託在特拉維夫的以色列承辦商 IAI 將飛機解體。

Planespotters.net 是發佈全球飛機的存貨及清單的網頁，在 2015 年底，收藏在特拉維夫飛機庫（註冊編號為 9M-MRI）的飛機，終於出現在此網站的清單上，狀態為「銷毀」，代表飛機已從仍然運作中的波音 777 客機清單上除名。驟眼看來，實在沒有理由將一架只飛行了 15 年的飛機銷毀，但原來這並不是唯一的一架，在馬航從 1997 年至 2004 年購入的 17 架波音 777-200 客機中，只有 6 架仍然頻繁地提供服務。17 架飛機之中的 6 架！「馬來西亞做得到！」（*Malaysia Boleh!*）除了兩架失去的客機外（用作 MH370 及 MH17 航班的客機），剩下來的不是收藏、賣出就是報廢 [15]（事實是解體）。這數字完全不符合我對管理一隊航空機隊的認知，我時常聽到飛機在每次飛行之間，如在停機坪停留太久，是會對航空公司造成損失的。為了讓讀者有所比較，法國航空在 1998 年至 2004 年購入了 12 架波音 777-200 客機（跟馬航購入的飛機同一型號，購買時間也相同），而這批飛機到現在仍然提供服務。

換句話說，MH370 航班的飛機，不單有一架雙生飛機收藏在特拉維夫，甚至有好多架同型飛機停留在飛機庫內 [16]，究竟這是否預兆了將會再一次發生類似九一一的襲擊？抑或只是顯示出馬航對其機隊的寬鬆管

---

15 根據 Planespotters.net，這正是馬航 B-777s 的個案，生產編號為 28415 (2015 年 8 月停止使用)，28416 及 28418。

16 根據 Planespotters.net，在 2015 年 12 月，建造編號為 28409、28417、28419、28410、28413 及 28414 的 B-777 飛機。

理？一如山竹果事件一樣，這明顯揭示出馬航存在著深層次的問題，但這與 MH370 失蹤卻又沒有顯而易見的聯繫。

究竟美國知道甚麼？

在美國，我們看到 MH370 的失蹤怎樣令美國人著迷，而事件也壟斷了各主要電視網絡的廣播時間。傑出的退休美國空軍中尉麥金尼（Thomas McInerney）提出，搜索 MH370 的地方應為巴基斯坦。麥金尼中尉不時以評論員的身分出現在霍士新聞（Fox News）上，客觀而言，霍士新聞跟俄羅斯的《今日俄羅斯》可說是競爭對手。然而，麥金尼中尉在霍士新聞上表示，他這個理論是基於「不能透露的高度可靠消息來源」以及在 Lignet 上載的分析；Lignet 是一個接近美國情報圈的網站。麥金尼中尉指出，巴基斯坦有數條足以讓波音 777 客機降落的跑道，而飛機有可能是被收藏在飛機庫內。「我恐懼的，是這架飛機可能被用作造成大規模破壞的武器，攻擊我們的民航機、以色列又或是我們的盟友。」他說，「我們要保持警覺，直至找到飛機為止。」根據麥金尼中尉所引述來自 Lignet 網站的分析，波音公司的一個消息來源表示，該公司相信飛機是在巴基斯坦降落了。這說法無疑是令人震驚的，尤其是波音公司自 MH370 失蹤後，從沒有對外界發表過聲明。霍士新聞引述《以色列時代》（*The Times of Israel*）表示：「因為這原因，以色列動員其空軍，並詳細檢查到達以色列的民航機。」麥金尼中尉在霍士新聞補充說：「美國是有可能知道的比她所透露的更多。」讓我們暫停一分鐘，評論一下霍士新聞播出麥金尼中尉的引述：「美國是有可能知道的比她所透露的更多。」

這可能是馬來西亞前總理馬哈蒂爾（Mahathir Mohammad）一生人之

中，罕有同意一名美國軍官的說話。馬哈蒂爾在 2003 年離開政壇，但在馬來西亞社會仍然是一個深具影響力的人物，他曾經就 MH370 失蹤一事表示憂慮，在 2014 年 5 月，他曾經在其部落格寫道：「有人隱瞞了一些事。」在他 22 年的執政生涯中（從 1981 年至 2003 年），他提倡不結盟政策，對西方也不信任，因而令他被視為本質上是反美。他也曾經明確地表示，懷疑美國中央情報局在背後操縱著這次 MH370 的「失蹤」。

馬哈蒂爾的一位前政治顧問也拒絕相信美國在事件上是一無所知。根據鄭文傑律師所說：「不是因為馬來西亞有雷達，我們就宣稱自己是國際勢力……地球上有哪一個國家能夠看到及聽到一切，甚至是國家元首之間的私人對話？絕對不是我們！」他如此堅持道。他又對於傳媒如此苛待馬來西亞感到愕然，「將馬來西亞描述為無知、無能及無法協調搜索行動不是問題，但我們只是一個第三世界國家，在這樣的情況下，我們是需要盟友的技術支援的！」他在其網頁上及 MH370 失蹤後所接受的訪問中，都反覆強調這一點。

鄭文傑律師也提到有兩個軍事演習——「金色眼鏡蛇」（Cobra Gold）和「天虎」（Cope Tiger），也在 MH370 失蹤的相同時間、相同範圍進行。「金色眼鏡蛇」軍事演習是美國與泰國聯合進行，自 1982 年開始每年都會舉行一次，動員數千名美國軍事人員（2014 年有 4,300 名），演習內容包括陸上及海上訓練、模擬海灘登陸以及實彈射擊練習（聯合所有武器的實彈射擊練習）、搜索及救援任務，以及天然災難發生時的人道救援演習。在叢林內生活是訓練的一部分，讓軍事人員有機會展示一下用蛇圍著頸項，又或是滿口都是活生生昆蟲的照片。在過去十多年來，最初是泰國及美國之間聯合進行的軍事演習，後來逐漸包括了印尼、馬來西亞、新加坡、南韓及日本，另外有 20 個國家會以觀察身分參與，而美國

海軍第七艦隊[17]亦從南韓、日本及關島的地區軍事基地，也派出愈來愈多的艦艇參與軍事演習。

「建立多國協調及與我們的區內夥伴建立協同工作能力是十分重要的，這讓我們可以集體應對危機。」美國太平洋司令部司令、海軍上將洛克利爾（Samuel J.Locklear），在 2013 年「金色眼鏡蛇」軍事演習開幕儀式上致辭時說。那為何當載有 239 名乘客的 MH370 在同一範圍失去蹤影時，又不見他們即時展示出他口中所說的區內合作？這事件不正是需要海軍上將洛克利爾所說的協調的情況嗎？

再者，在 2014 年 3 月 8 日，泰國正準備主持另一次大規模的「天虎」軍事演習[18]，這次主要集中在航空防衛方面，美國、泰國以及新加坡都參與了這次的演習，而泰國及新加坡分別擁有區內裝備最齊全的軍隊。「諷刺地，2014 年『天虎』軍事演習的主題就是搜索及救援！」鄭文傑律師說，「這些軍事人員本身已經在事發範圍，他們有沒有協助搜索？如果有，為何我們沒有被告知？如果沒有，又為甚麼沒有？」

我承認我對此感到震驚，在多個記者會上，都從來沒有提過這些大規模的軍事演習。事實上，有這麼多新加坡、美國及泰國的艦艇及戰機，已一早部署在飛機失蹤的範圍，理應被視為是天賜的援手協助搜索。而由於軍事演習，區內有頻密的海空軍事活動在進行，雷達螢幕的沉默就更令人憂慮——不單是當地的雷達，還有部署在軍事演習範圍內的美國艦艇上的雷達。如何合理地解釋，在 2014 年 3 月 7 日至 8 日的晚上，當有雷達顯示出 MH370 在泰國灣上空有不尋常舉動時，這些早已在相同

---

17 美國海軍第七艦隊控制整個西及南太平洋以及大部分的印度洋，其基地設於日本東京的橫須賀市。

18 一年一度由美國、泰國以及新加坡聯合進行的三方空中防衛軍事演習。

範圍的艦艇及飛機，為甚麼沒有作出相應的協助行動？

飛機是怎樣被改道的？

不管飛機是否一如官方調查報告所說躺在印度洋的海床上，抑或是隱藏在迪亞哥加西亞，一如網上數以千計的人所認為的一樣，又或是一如霍士新聞想我們相信的，是被巴基斯坦的特工充公了，以準備用來襲擊以色列等等，對於飛機被改道的實際方法，我們仍然需要一個答案。

根據阿聯酋航空行政總裁克拉克（Tim Clark）表示，MH370 是「在人為操作之中，很可能直到最後一刻都是如此。」如果實際情況真是如此，那是如何做到？最簡單的假設當然是，飛機的機長或副機長只是單純瘋了。雖然未能得到證實，但這理論廣泛地被提到，其中包括當局所洩露的資料。故此，也不能完全排除此情況的可能性，而我在之後會再繼續討論這一點。同一時間，有兩項關於技術規程的新發現，揭示了他人奪取飛機控制權的方法的全新可能性。

一架波音 777 客機的 E/E 區（電機電子區域），就猶如飛機的大腦，而對於知道這區域在哪兒的人來說，要前往這區域是很容易的事。在 2014 年 3 月 18 日，一個匿名人士上載了一段八分鐘長的影片到互聯網上，影片中一名巴西航空的機師指示了往波音 777 客機中央控制室的路徑。這段影片令機師感到恐懼，因為它顯示了怎樣前往飛機最重要的心臟地帶：要找到 E/E 區，只需要掀起地毯，打開在頭等艙左前方地上的活板門就可以。所有飛機都可以由 E/E 區來控制，如果機上有一個心懷敵意的機組人員掌握了控制裝置，駕駛艙就會自動失去作用，令到機上一眾機組人員變得無力反抗，甚至不能發出警報，因為對外溝通的儀器

已被關上。一位波音 777 客機的機師告訴我，在有關影片在網上出現之前，無論是他或他的同事，都不曾意識到有一道容易打開的活板門是多麼危險。「理論上我們是無權前往那兒的，除非是要為機師取緊急氧氣缸。」他說。這段影片隔了一段時間才獲得大家的注意，而當終於注意到它時，對波音 777 客機的機師以及期待著有新理論的「馬航狂熱者」，都帶來很大的影響。韋斯在《不在那裡的飛機》一書中，提出是兩名烏克蘭乘客在 E/E 區控制了飛機，並將飛機改道飛往哈薩克，將飛機收藏在一個地下飛機庫內。

另一個在 MH370 失蹤後討論到的可能性，是遙控劫機。在 2006 年，波音公司的確取得能夠遙控飛機的技術的專利。這是馬來西亞前總理馬哈蒂爾最愛提及的理論。在 2014 年 5 月 18 日，他在其部落格直接挑戰波音公司。他引述了一篇文章[19]，當中詳細講述一種可能性，就是有人遙控一架民航機，並且將飛機設定為「不間斷自動駕駛」模式，令飛機飛往預設的降落地點，而駕駛艙內的機師完全不能反抗。然而，沒有人知道有哪一架飛機配備了這技術，又或是有誰會用到這項技術，是波音公司？航空公司？而更重要的是，為了甚麼原因？

「馬航狂熱者」通過研究、知識及想像所開啟的可能性之廣，就如印度洋般浩瀚，彷彿有著無限的線索可以追尋，就跟勒班河濕地[20]裡為數眾多的螢火蟲一樣。

然而，通過將與 MH370 失蹤有關的龐大資料過濾，從真實的到看似可信的，從有可能的到牽強的……一直到純粹是憑空想像的，開始令

---

19 克羅夫特 (John Croft) 在 Flightglobal.com 的文章，2006 年 12 月 1 日。

20 在馬來西亞南部的勒班河濕地保護區，以棲息了數以百萬計螢火蟲的紅樹林聞名。

事情有了較清晰的脈絡。美國人菲臘活特據稱在迪亞哥加西亞的美國軍事基地，用手提電話發出求救訊息的惡作劇可以篩走；飛思卡爾的重要技術專利所引發的聯想也同樣可以篩走。然而，這些線索也揭示了一些關於貨物及乘客名單的異常情況，而這方面仍然存在著很多問題。事件亦讓公眾人士認識到迪亞哥加西亞，這裡令人印象深刻的設施和能力；馬航擁有一隊波音777客機機隊的可能性，但是飛機卻過早被停用；波音公司對遙控民航機技術的專利；以及沒有人得知的，在MH370失蹤範圍內曾經部署了多國軍事力量一事。

在2014年3月7日至8日的晚上，馬航MH370上發生了一件悲劇，這已是鐵一般的事實，而追尋事件的來龍去脈，找出飛機失蹤的原因，是我們必須要做的。

第 六 章

家屬組織展開私人調查

　　隨著時日過去，2014 年的夏天也過去了，但是在印度洋仍然找不到一絲 MH370 的痕跡。當總理納吉布在 3 月 24 日宣佈，MH370 是「排除合理懷疑」墜落在南印度洋後，傳媒對事件的興趣亦日漸消逝，但是搜索仍然必須繼續，看不到停止的一天。在尋找 AF447 的個案上，雖然飛機墜落的位置已確定是 70 公里以內，而且亦發現了數以百計的碎片，但是法國政府仍花了兩年時間才能找到飛機殘骸。MH370 的墜落位置不但未明，而且在六個月過後，仍然未能找到一塊碎片，那究竟要花多少時間，才可找到 MH370 的殘骸？這時候的我正忙於其他事情：法國藝術家維迪爾（Fabienne Verdier）的簡介、追查法國在黃雀行動中的關鍵角色（即是在 1989 年天安門事件後，將學生領袖偷偷救走一事）、香港的特殊身分、數碼藝術，以及其他題材等。

　　7 月 18 日，馬航再次失去另一架波音 777-200ER，這一次是在烏克蘭東部，機上載有 289 名乘客，歐洲的媒體對事件當然大肆報導，但《世界報》想我從當地的角度來報導事件，即是馬來西亞人怎樣看待 MH17 被擊落一事。「在已經充滿悲劇的一年中，又一個充滿悲劇的一天。」馬來西亞總理納吉布說。他補充：「我們一定要，也一定會，找出這架飛機究竟發生了甚麼事，沒有一絲細節會被忽略，如果最終發現飛機是真的被擊落，我們會要求行兇者必須受到法律制裁。」在我寫的文章中，我指出這些承諾「令人感到不是味兒，因為馬來西亞人之前已經聽過……，即使今次的情況較 MH370 失蹤一事清晰明確，MH370 事件到現在仍然是一個未能解開的疑團。」

　　對於一些馬來西亞華人來說，MH17 事件進一步證明馬來西亞是受到詛咒，並且因為政府的貪污舞弊而被懲罰。回顧中國歷史，自大約 3,000 年前的周朝開始，當一個國家受到連串災難打擊時，就表示皇帝已失去了「天命」，是時候將他推翻。

　　因此，我腦海中不斷想著 MH370，其失蹤一事至今仍然是一個謎。當夏天過去，我慣常回到《世界報》，向調查部的主管葛尼（Beatrice Gurrey）提議寫一篇關於 MH370 的最新報導，以強調事件奇異荒誕的一面時，她答應了；不過，她說不想要一篇純粹說事件沒有新進展的文章。我帶著她的委託回到香港——一個我認為比其他進行中的工作更為有趣的委託，而且目前是我工作次序中的首位。

　　在過去數個月，持續都有關於 MH370 的新聞出現，但其重要性都不足以寫一篇文章。在 8 月 20 日，馬來西亞報章《星報》披露了有 30 部跟調查 MH370 失蹤有關的電腦（物主是民航部門、國家安全理事會以及馬航的職員），在 2014 年 3 月 9 日，即 MH370 失蹤的翌日，被高水平的黑客入侵；文章並且披露，接收這些資料的電腦，其 IP 地址顯示是來自中國，但這其實並沒有甚麼意義。在《星報》文章中，馬來西亞網絡安全局局長阿米魯丁（Dr Amirudin Abdul Wahab）表示，在 30 部電腦中被盜取的資料包括「機密資料，特別是會議記錄及機密文件，其中一些是與調查 MH370 失蹤有關。」

　　另外，自 9 月 15 日星期一開始，全球媒體都報導了印尼警察總長蘇塔曼自稱「知道 MH370 究竟發生了甚麼事」。這宗新聞最初是於 2014 年 9 月 12 日，在印尼網上新聞網站 Kompas.com 獨家披露。據引述，這位警察總長表示：「我與馬來西亞警察總長奧馬爾（Tun Mohammed Hanif Omar）交談過，我的確知道究竟 MH370 發生了甚麼事。」到了 9 月 13 日星期六，另一個網站 Tempo.com 亦引述蘇塔曼表示：「馬來西亞警方和我真正知道事件的原因，但我不能在這裡說。」全球的傳媒瞬即引述這位警察總長的說話，有部分傳媒花時間搜尋一下，發覺他所說的馬來西亞警察總長奧馬爾，其實早於 1994 年已離開警隊，這顯然有損故事的可信性。無論如何，也一如所料，印尼及馬來西亞都否認有關報

導。然而，印尼警察總長的說話卻令人醒覺，或許事件的真相，有著另一個跟官方所說的不同版本。

與「法國人」的初步接觸

在過去數個月，我經常聽到有一個法國人——在 MH370 失蹤事件中，失去了妻子和三名孩子中的其中兩名——在掙扎著要尋找真相。我被告知傳媒經常報導他的故事，還有他正在為獨立調查進行籌款。這位法國人是法國水泥生產商拉法基（Lafarge）的高級行政人員，在 MH370 失蹤的時候，他正剛剛從北京的崗位被調到巴黎的新崗位，而他的妻子就陪同他們兩名最小的孩子留在北京，以便兩名孩子可以完成該年的學業。這位法國人的朋友形容他是一個很好的人，正直又堅毅。我想設法聯絡他，雖然我並不認為家屬會對調查有幫助。我視罹難者的近親為慘劇中的附帶受害者，日復日地受著這宗神秘慘劇折磨、吞噬。終於，我透過朋友的朋友取得這名法國人的電郵地址，向他發電郵詢問能否跟他通電話，我解釋我工作的報章很快會就 MH370 的調查進展刊登一篇最新文章，而在電郵內容中，我反覆強調上司給我的指示：「不要說沒有新進展」。

也無暇跟我說一聲「你好」或「多謝你的電郵」，沃德龍（Ghyslain Wattrelos）直截了當回覆我的電郵：

不幸地所有傳媒都是一樣的！
沒有新進展，傳媒就不感興趣！
這事應該報導，我對此感到難以接受。
我們知道在 200 多天前，有 239 人失蹤了，在全球最安全的飛機，

乘搭全球其中一間最安全的航空公司，在地球上其中一個最嚴密監控的地區。

我們也知道從一開始就有人對我們說謊，但是傳媒沒有對此說甚麼，任由自己從一開始就被愚弄。

無論如何，在這事件上，也是時候要作出相應行動。

但是你要加把勁，因為這事件異常複雜。如果你真的準備參與，而不是像澳洲的寫照般，重複傳達一些錯誤訊息，我很樂意跟你傾談，但是現在我在巴黎。我們可以進行視像通話，星期六對我來說是理想的時間（如對你對此沒有問題的話，可以星期六的下午）。

祝好

吉斯蘭·沃德龍

這才是真正的直抒胸臆！而且他的語氣亦顯得堅定。我現在知道為何電視頻道會喜愛他，從一個新聞記者角度來看，他是個直抒己見的人，很適合上電視。我們約好了在 9 月 27 日星期六進行視像通話。然而，我們第一次的接觸進行得並不順利。

到了我跟沃德龍進行視像通話的當天，即 9 月 27 日星期六，我有部分時間是花在立法會大樓旁，當天那兒有一大群學生集會，氣氛變得很緊張。在前一晚，有很多學生衝入公民廣場，那是立法會大樓前的一小塊空地，而學生領袖黃之鋒[1]在當晚被警方拘捕，沒有人知道他的情況如何。當北京宣佈新一屆行政長官的選舉方法後，香港專上學生聯會發動了為期一星期的罷課，罷課在 9 月 22 日星期一開始。然而，本來預計於星期五結束的罷課卻沒有將事情帶向尾聲，反而行動升級，事件進入新局面。我一方面要忙於應付本地的新局勢，加上被困在星期六的交通擠

---

[1] 在 2012 年，當年只得 15 歲的黃之鋒，就反對政府推行國民教育及其他社會議題，在社會上帶領了一場盛大的抗議行動。

塞中，只好聯絡這位法國人，告訴他我要稍為遲一點才能回到電腦旁跟他進行視像通話，但是時間對他並不適合，所以我們的視像通話只好延期了。

第二天晚上，本來計劃在三日後進行為期 48 小時的「佔領中環」，然而發起人當下即呼籲支持者立刻前往聲援學生，加入學生的示威行動。到了星期六，警方向示威者投擲催淚彈，這在香港的歷史上從未發生過。示威者打開雨傘作為防禦的盾牌，在淚水與白煙之中，為期 79 天的雨傘運動就此誕生。

在我居住的地方發生了這樣的突發事件，所有再次進行視像通話的嘗試都要擱置下來。最終我不得不把 MH370 的調查延期。沃德龍對此回覆說他能理解。

在個半月後的 11 月 8 日，當雨傘運動稍為靜止下來時，我終於跟沃德龍進行了視像通話。我感覺到他很憤怒、焦急，堅決要找出事情的「所有真相」。

他的訊息是堅定的：「這全都不是真實，我們從一開始就被欺騙了。」在 YouTube 的片段中，我已經聽過很多他在不同的電視頻道中接受訪問時所說的話。他很正確的強調了馬來西亞「在南海進行了一個星期的搜索，之後才承認他們知道飛機是右轉了，向著西方飛去，目的只為轉移視線及爭取時間⋯⋯」

他對於「衛星看到有 300 件碎片，但是卻沒有一件找到」感到憤怒不已，他不相信官方所說的每一句說話，並且認為 Inmarsat 的訊號是「捏造出來的」。

在網絡籌款中的兩個主要人物：莎拉巴杰及伊芬亨特

我向沃德龍詢問有關家屬組織的事，這個跟「懸賞 MH370」網上籌款項目有關的組織於六月成立，組織成立的原則是事件的真相被隱瞞著，而有人是知道事情的真相的。籌款的最初目標是籌得 500 萬美元，作為可以提供資料令調查有進展的報酬。沃德龍告訴我，組織一共有五位成員，雖然他希望馬來西亞及中國家屬能參與其中，但是有關籌募計劃進行得太快了，最終透過專門進行網絡籌款的網站 Indiegogo 成立。除了他及兩位印度人外，這個籌款項目主要是由美國人莎拉巴杰 (Sarah Bajc) 以及澳洲人伊芬亨特 (Ethan Hunt) 負責。莎拉巴杰是一名經濟及商業課程老師（之前在北京，現在在吉隆坡任教）；至於伊芬亨特則是一名在深圳及香港工作的商人。網上籌款計劃在只籌得 100,516 美元後已結束，這數字是令人失望的，而這筆錢會用在開展私人調查。但是 500 萬美元的報酬仍然張貼在網上。

謎一般的莎拉巴杰

隨著我與沃德龍繼續對話，他告訴我曾經直接與間接地被提醒要小心那個「美國女人」。在網上流傳了很多有關她的謠言。有兩年，她是美國人菲臘活特的伴侶，就是那位據稱從迪亞哥加西亞用手提電話發出訊息的美國男人。沃德龍說莎拉巴杰太過火了，她幾乎無處不在，控制及負責所有事情，例如訪問、社交網頁、網絡籌款以及私人調查等。

雖然在事件中打擊最大的，是中國人及馬來西亞人這兩個社群，但是每當有關於 MH370 的話題浮現時，卻是莎拉巴杰這位美國人壟斷了傳媒的報導。在慘劇發生的數小時後，以及之後的數個月，她出現在全

球各主要電視網絡上，幾乎成為了MH370罹難者家屬及朋友的代言人。

　　沃德龍並不質疑莎拉巴杰在溝通方面是個專家。她的確是，而且懂得在適當時候落淚。一些「馬航狂熱者」甚至質疑她的「電視表演」，稱呼她為「危機女星」，在名為「苦肉計」的故事中站在舞台中央。網上有關她的事都會令你感到不可思議：「我的母親在我七歲時離開了我，我的父親是一名酒鬼，我在16歲時已經獨立，自費供自己讀書。我自力更生，勉勵自己努力向上。」她這樣跟英國《衛報》說。[2]

　　莎拉巴杰在社交網站上的自我簡介亦是完美無暇，雖然她幾乎不曾從事一份工作超過兩年。她在特拉維夫的以色列軟件品質保證及試驗公司Tescom任職高級行政人員，這間公司也有軍備部門。她懂得說普通話，在北京，她是微軟中國研發集團戰略夥伴組的商業總監。在她簡介內的每一份工作都有數名推薦人，根據她的舊同事所說，她充滿熱情、對細節很執著，同時是一位很好的領袖，會把事情做得四平八穩，不留一點漏洞，對凡事都要牢牢掌控。從她的簡介看來，她對身邊的人而言也許顯得頑固，但總括來說，她似乎相當專業。

　　也因此令人感到意外的是，莎拉巴杰分別在敏感如以色列的Tescom以及中國的微軟工作過，在事業上達到如此高的成就，卻突然決定成為一名教師，原因是「她喜愛小孩」。這是她在吉隆坡的英國國際學校的網頁上說的，她從2014年開始在這裡工作。究竟馬來西亞有關部門是不是應該問一問她，為何從北京來到吉隆坡？特別是她唯一的原因，只是來會合她的未婚夫菲臘活特。「她沒有一個造訪馬來西亞的合理原因，但卻取得簽證，這的確令人意外，尤其是她之前曾經在以色列的公司工

---

2   Jon Ronson, "Nobody cares anymore", *The Guardian*, 28 February 2015.

作過 [3]，這代表她有著非常好的關係。」一位馬來西亞家屬的成員後來如此告訴我。

矛盾的是，雖然西方傳媒在 2014 年 3 月 8 日後不斷聯絡莎拉巴杰，但是她卻沒法取得家屬們的好感及信任。在他們看來，她只是代表她自己。再者，她亦沒有出席家屬在 2015 年 3 月舉行的一周年紀念活動。

在其中一場哥倫比亞廣播公司（CBS）的電視訪問中，她說她在北京的住所曾經兩次被人闖入，但卻沒有偷去任何東西。她暗示中國的特工身手太差，但是為甚麼中國的特工會對她感興趣，甚至曾兩度闖入她的住所？她更提及在 MH370 失蹤後的數星期，她曾收到「死亡恐嚇」。

或許她不是一位「危機女星」，而是英國著名間諜小說作家勒卡雷（John Le Carre）在小說中所描述的特工，在美國中央情報局或其他特務組織內隨時候命，等時機一到就活躍起來，大放異彩？但為了甚麼？是為了令家屬在控制之中，並操縱關於事件的討論？

有一晚，在香港一間收藏了中國當代藝術品的住宅舉行的生日派對內，我認識了一位曾經在北京工作的美國記者。我們開始交談，一如大部分記者般，話題都圍繞著我們共同認識的人和工作，以及關於同事、派駐及任務等。這名美國記者也有在北京報導關於 MH370 失蹤一事，她的名字是范桑（Shannon Van Sant），是美國全國廣播公司（NBC）的記者，而她是第一位致電給莎拉巴杰的人。「這對我來說一方面是容易的，一方面也是困難的，因為我們是好朋友。」我埋首酒杯中，極力隱藏我的驚訝，這個曾有人向我形容為以色列情報及特殊使命局或美國中央情

3　馬來西亞護照的持有人被禁止前往以色列旅遊，而以色列人在未經內政部門的特別准許下，是不能入境馬來西亞的。

報局特工的莎拉巴杰，跟范桑原來是很親密的朋友。這位記者與莎拉巴杰的友誼，或許就是她接受這麼多媒體訪問的原因。范桑解釋，在 2014 年 3 月 8 日之前，莎拉巴杰將她的一班朋友連繫起來，這班朋友跟她一樣，都是美國記者。他們時常拜訪同一個地方。究竟這是莎拉巴杰的精心策劃，抑或只是巧合？

　　我與莎拉巴杰終於在 2015 年 2 月會面，地點在吉隆坡市郊 TTDI 區的一間酒吧內，TTDI 亦是她居住的地方。這次會面令我有點困惑，我無法確定究竟她誠懇與否，然而，我感覺到她是假裝沒注意到我提出的問題，即使她曾經跟一位我們共同認識的人很詳細地回答過。究竟她是在刻意誤導我，抑或她只是太過疲累？到了 2016 年 4 月，情況又來一個急轉彎，在馬來西亞逗留了兩年後，莎拉巴杰通知家屬成員她將會離開馬來西亞，因為七月她將會前往巴拿馬的首都巴拿馬城工作。「一如我常常預測的一樣，她完成了她的兩年任務。」一位經常懷疑她在事件中含糊不清的角色的家屬成員這樣說道。

　　至於莎拉巴杰的未婚夫菲臘活特，機上唯一一名成年的美國乘客[4]，沃德龍發現他的背景也是成疑。菲臘活特受聘於美國的 IBM 公司，而這公司跟美國政府的聯繫已是人所皆知。菲臘活特在社交網站的簡介十分簡短，一開始就已經是 2011 年他在 IBM 工作，就像他是突然蹦出來似的。但他已經 47 歲了，那之前他做過甚麼？又究竟誰是菲臘活特？在網上幾乎找不到任何有關他的資料，沒有參加過會議、體育賽事或任何旅程的資料。他的家人、孩子、前妻以及他的父母，都從來沒有跟家屬聯絡過，而當有人聯絡他們時，他們也從不回覆，只有一個菲臘活特在社交網站上顯示的聯絡人回覆了我的訊息：他不想跟我說有關菲臘活特的事。

4　在所有乘客當中，有兩名兒童 (分別為兩歲及四歲)，他們的父母是中國人，但持有美國護照。

在網上找到有關莎拉巴杰及菲臘活特的合照也美好得令人產生疑竇，這對年約 50 的情人，身體常常緊貼在一起，皮膚被泰國或峇里島的太陽曬成淺棕色，在一望無際的大海或日落美景前合照。反而亞洲的家屬——不管是中國、馬來西亞或印度——甚至是兩個法國家庭，都只上載了少數相片到網上，或許這只是文化背景不同而已。

澳洲人伊芬亨特

沃德龍對「對調查『忽然變得』著迷的澳洲人」的立場比較中立，澳洲人伊芬亨特跟 MH370 沒有一絲關係，他不認識機上任何一位乘客，而他跟荷里活紅星湯告魯斯（Tom Cruise）也沒有關係，除了跟湯告魯斯主演的賣座鉅片《職業特工隊》（*Mission: impossible*）內的角色有著相同的名字外。在網絡籌款網站 Indiegogo，伊芬亨特表示自己是 Rapide 3D 公司（以中國為基地的一家 3D 打印公司）的行政總裁、一位前機師、經驗豐富的私家偵探以及十分成功的網絡籌款者。「托他的福，電話響過不停。」沃德龍告訴我。

沃德龍又說私人調查已在進行當中，莎拉巴杰揀選了新加坡一家私家偵探社，她向家屬組織的其他成員解釋：「調查人員很好，接近美國中情局的質素。」這些受聘的私家偵探理應定期提供調查報告，但是沃德龍並沒有收過報告，大概是因為他的電郵並不安全。報告是由莎拉巴杰接收，她會仔細審閱報告，刪去所有敏感的名字，之後就會讓組織的其他成員審視。

我覺得沃德龍所說的完全不合理，一個 MH370 家屬組織，怎可能是由機上唯一一名成年美國人的伴侶以及一個澳洲人管理？這個澳洲人

甚至跟機上所有乘客完全沒有關係，顯然這會衍生出可信性及合理性的問題。佔機上四分之三乘客的馬來西亞與中國家屬各自有著自己的組織，他們也沒有參與「懸賞MH370」網上籌款項目。事實上，每個組織有著各自的理念，也受到本身背景的影響。隨著我與其他組織會面，我逐漸意識到這一點。

由於沃德龍暫時未能來到香港以便對事情有進一步了解，我便向他提議要跟那位澳洲人見面。跟我一樣，伊芬亨特原來是在香港工作。

在11月21日，我向沃德龍發送了以下訊息：

沃德龍先生：
你給我聯絡資料的那人並沒有依約出現，當你有空的時候，我想通過視像通話給你一些詳細資料。
謝謝你！

我第一次嘗試跟伊芬亨特的會面，情況的確十分奇特。在我們約好會面的當天，我正在拍攝一個電視節目，在訪問完一位政治科學家後，我離開了我的攝影師一會兒，趕去位於中環的外國記者協會——跟伊芬亨特在電郵中約好的地點。這座戰前的紅磚建築物，有高高的天花、旋轉的風扇、階磚地板以及黑木的酒吧臺，在在令人聯想起香港過去的一段殖民地歷史。在越戰時期以及船民危機時，這兒是外國記者的非官方總部，而當中國尚未實行開放政策時，這兒也是中國觀察者的會面地點。在前往外國記者協會途中，我曾數次致電伊芬亨特，但沒有人接聽，當我嘗試另一個號碼時，他終於接聽。他顯然感到驚訝，並說他正在途中。45分鐘之後，我再致電這個號碼，但沒有人接聽，伊芬亨特失蹤了。兩小時過後，我向他發送最後一個訊息（「伊芬你好，現在已很晚了，而

我仍然有多個訪問，請問你是不是仍然在途中？」），之後我便回去繼續
拍攝工作，對剛才發生的事感到困惑不已。我們是在香港，不是在印度，
在一個沒有罷工、沒有停電、很少交通擠塞的城市，錯過約會的確鮮有
發生。其後我再向他發送一個訊息，表達我的擔憂：「我一直等到六點，
你還好嗎？」

兩天半後我終於收到回覆，而他的回覆有如一個天馬行空的故事：

陳翡你好，

*對於上星期五的事我十分抱歉，當我在前往與你會面途中，在街上
摔了一跤，我的電話摔爛了，我也因此受傷。由於我的電話壞了，我失
去了你的聯絡資料，而我也被送往醫院進行檢查。我沒有大礙，但需要
一個新的電話。我剛返回大陸，但在下星期初會回來與你會面，請告訴
我你方便會面的時間。*

我無法想像一個人是怎樣摔倒，才會連手提電話都摔爛，而且即使
摔爛了電話，在香港購買手提電話就有如購買一包香煙般容易。又為何
他要返回大陸，才可以找到我的電郵地址？但之後他向我發送了一個兩
頁長的電郵解釋他的處境，內容又似乎合理及令人信服。我們同意再一
次會面，這次的地點在銅鑼灣一家小咖啡店「Café Corridor」。這家咖
啡店一如其名，隱身在一條狹長的走廊內，這在銅鑼灣這一區來說是破
格反常的，因為銅鑼灣商業樓宇的租金據稱是全球最貴的。

伊芬亨特一開始向我展示他的護照，以消除我對他的名字的疑慮。
我只是匆匆瞥了一眼，假裝好像有看到，因為我希望取得他的信任。而
且，有多少人會跟荷里活鉅片內的主人翁同名？他就是了！我們傾談了
三小時，我的記事簿內密密麻麻的寫了 13 頁紙。他似乎知道事情的所有

細節，他的身體向前傾，手肘橫放在桌上，向我訴說著相關的資料，就好像向我訴說著不為人知的秘密一樣。

從事情發生的第一天開始，就已經有操縱、給予錯誤資訊以及搞砸的情況出現，有關方面盡一切所能拖延時間，以便保住他們需要保守的秘密。伊芬亨特也不相信官方關於「南方走廊」的解釋，他認為這解釋是最佳的隱瞞藉口。假若飛機殘骸真的在官方所說的位置，那肯定飛機是永遠找不回來的。如果你有事需要隱瞞，這肯定是最理想的設想情況。再者，如果飛機真的在飛行中耗盡燃油，引擎就會停止運作，飛機會不停地旋轉，墜落到海上並發生爆炸，這會產生大範圍的碎片。伊芬亨特還提到兩個月前，一架載著兩個乘客的小型飛機在古巴附近墜毀，碎片向著不同方向散落到超過五公里以外，而這架墜毀的飛機，長度只及一架波音777客機的百分之五。在馬爾代夫，村民曾見過一架十分低飛的飛機；而在泰國西面的安達曼海，發現了三具無法辨識的屍體，為何不在那裡進行搜索？

伊芬亨特說話的速度很快，幾乎沒有停頓：「難以相信」澳洲總理阿博特會花上大量資源，探索可能是一無所有的深海；「荒謬」的藉口！澳洲超強的超視距雷達（JORN）[5] 在「事發當日是關上了」，因此偵測不到一架巨型的噴射客機在澳洲海岸對出飛了接近兩小時；貨物的載貨單「不一致又不完整的」；「相當可疑」，乘客被安排坐在飛機的前後方，暗示飛機可能運載著沒有寫在載貨單上、十分沈重的貨物。他甚至提到有傳媒提及從未獲證實的電話，電話是由副機長在檳城上空所打，這時飛機正準備離開馬來西亞海岸，向著西面的方向飛去。

5　又稱「金達利」作戰雷達網 (Jindalee Operational Radar Network)，是超視距雷達網絡。

接著我們談到在烏克蘭墜毀的 MH17，「有 800 架飛機使用這條航線，而出事的又一次是馬航的客機，你認為這是一個巧合嗎？兩架同一間航空公司的相同型號客機，在四個月內相繼出事。在統計學上，這是不可能的！」那麼手提電話呢？任何在這個地區搭飛機的人，都會見識過機上中國人的行為：所有人都有數個手提電話，大部分都懶得把它們關上，而當飛機開始下降，準備降落時，所有電話都會嘟嘟響起，那為何沒有人透過網際網絡定位技術，追蹤這數百個電話？即使關上了電話，它們也可以被追蹤到。手機生產商蘋果也可以發表一點回應。他懷疑機上是有人刻意令這些電話不能被追蹤到。有一種日益被廣泛應用的小裝置，在大陸只需要花上數元就能購買到，這裝置可以在會議進行時，確保不會有外來的電話打入。伊芬亨特又質疑美國 CNN，雖然對事件大肆報導，但是報導內容卻是前後不一致且自相矛盾。事實上，許多資料就有如一塊大拼圖的很多塊碎片似的，需要細心檢查及整理。

伊芬亨特很讚賞莎拉巴杰，「她是一個很聰明的女子，有理性又有才智。」而部分原因也因為她，令他接受了這挑戰。「我有時間和金錢，我沒有家庭負擔，我是自己公司的老闆，而我有著家屬所沒有的觀點。」他說。

總括來說，伊芬亨特就像是在正確的地方出現的正確的人。我後來發現，所有在網上籌得的款項都經過他在香港的銀行戶口。我嘗試在他的說話中找出瑕疵，但卻沒有找到很多。他曾經在對話中三次提到「500萬元」這數字，這是不是他的幸運數字？他在對話中又提到，他從不會在「沒有至少一至兩個手提電話、一部平板電腦或手提電腦」的情況下外出，我只好忍著不說：「從不？除了上星期五以外！」幾個星期以後，

我從英國報章《衛報》[6]看到一篇描述他的文章，文章的取態似乎對他有點冷淡和猶豫。他的個人簡介十分複雜——曾在軍中服役、做過私家偵探、商人、健身中心的經理，到現在於中國製造 3D 打印機——而在文章中，他吹噓自己有時會利用中國黑幫形式的方法來取得他想要的，這的確令你懷疑，他究竟是一個怎樣的人。

在我們的會面中，他證實了組織曾經給予新加坡的私家偵探社一些線索，以便偵探社跟進，但是為了保密，他們決定不會透露是哪一家偵探社，他們也不會分享結果，至少暫時不會。

當我離開咖啡店時已是夜幕低垂，然而香港的銅鑼灣是個不夜城，這兒有店舖窗櫥發出的亮光、巨大螢幕播出的廣告，以及正在等待客人的紅色計程車亮起的車頭燈等。只要我跳上一輛計程車，向司機說出地址「深灣道！」三個音節，司機就會安全地把我送回家。

後來我偶然發現，有一個我認識了很久、並同時在這個地區從事私家偵探工作的朋友，對組織所聘請的私家偵探社十分熟悉。他並沒有一如莎拉巴杰般對這家私家偵探社充滿讚許。這是新加坡其中一家歷史悠久的偵探社，由一名前軍人經營。根據我的朋友——一名旅居亞洲超過 30 年的僑民所說，經營這家偵探社的人是「正派人士」，但他們的成績卻往往是「很差」。我當然明白他是在談論著競爭對手，但是當我看過他們部分「秘密及機密」的報告後，我不禁想到我的朋友對這家偵探社的評論或許是正確的。

---

6   "Nodboday cares anymore", *The Gurdian*, *op. cit.*

「甜瓜」項目

　　MH370 私人調查的代號是「甜瓜」，在 2014 年 10 月 14 日的報告中的第一項有三部分：「目標」、「任務」及「到目前為止的結果」，沒有甚麼特別之處。

　　「目標：查證當飛機飛過檳城上空時的手提電話訊號，是不是只有副機長的電話被偵測到訊號？

　　「任務：確定馬來西亞電訊業的消息來源；取得關於從 MH370 發出的手提電話訊號的資料；取得當手提電話在飛行模式時，有關手提電話訊號技術上的資料。

　　「到目前為止的結果：與電訊業的消息來源對話，發覺所提供的資料前後不一致。一個消息來源表示當手提電話關上——這亦是飛機上的乘客應該要做的事——就不可能發出訊號；另一個消息來源卻表示，電話即使關上，也仍然可以發出訊號。」

　　我對於報告內容的平庸程度感到很震驚，這令我想起最初數星期的記者會：「是、不是、或許，我們稍後再告訴你⋯⋯」

　　在報告中有關「印尼」的部分，「目標」是「查證警察總長蘇塔曼（報告中他的名字串錯了）的故事，他是不是真的知道 MH370 發生了甚麼事。」「任務」是找出「蘇塔曼的地址（他的名字再一次串錯了）以及他的行動模式，以便我們可以單獨與他對話。」開始令人感到像福爾摩斯的查案方式了！不過，瞬間的興奮很快就消失，在「到目前為止的結果」中，報告寫上「我們找到了蘇塔曼並監視了他的行動模式，發覺

他有助手及保安陪伴在左右。」似乎暫時他們是難以接近蘇塔曼了。

十一月以「馬爾代夫」為標題的報告只得一頁，並且沒有提供任何資料：「關於在 2014 年 3 月 8 日有一架私人噴射客機飛過的資料，我們在當地的調查員無法從消息來源那兒得到證實。最初他對找到消息來源提供資料是樂觀的，但最終一無所獲，我們會繼續跟進。」

當我在 2015 年 11 月重看這部分的報告時，我感到很吃驚。我曾經親身前往馬爾代夫，而我可以從當地的民航部門取得在馬爾代夫群島上空飛過的國際航班資料，以及因應在 3 月 8 日破曉時分有人曾目睹有飛機低飛，因而向當局取得鄰近環礁的國內航班降落的資料。這些官方資料幫助我證實，其中一位曾與我傾談的島上居民，對被誤以為是 MH370 客機的真正身分的懷疑（第七章會詳細討論）。

不過在 2014 年 12 月 6 日的調查報告，倒包含著潛在的獨家新聞。調查員的消息來源，有說是警隊或軍隊的其中一分子，據稱是官方 MH370 失蹤調查隊的其中一員。這個消息來源透露了兩個重點：其一，機長要求額外兩小時的燃油，但沒有人質疑他的要求；其二，機長明確地要求要在此航班執勤。這兩個消息都相當有爆炸性，如果消息屬實，幾乎就能指出機長札哈里需要為事件負責。

我分別向三位朋友湯姆、魯夫及積臣提及這些資料，他們都是全球其中一家頂尖航空公司的波音 777 客機機師，他們的結論是一致的：在一班少於六小時的航班，例如從吉隆坡飛往北京，是沒有理由要求額外兩小時的燃油的。為甚麼？因為以一架波音 777 客機來說，每一小時的飛行會消耗大約 7 噸燃油，實在沒有理由要在飛機注滿額外 14 噸的燃油，即使機長提出這要求，可以肯定機長的上司一定會致電詢問詳情，而通

常情況下，有關要求都會被否決。再者，當天晚上天氣狀況良好，代表
MH370 可以在正常的情況下起飛。

事實上，多得飛機 ACARS 的報告以及馬航的技術數據報告，讓我
們能確實知道飛機在起飛前，油缸內有多少燃油。9M-MRO 型號的飛機
需要 49.1 噸的燃油，當中可以有 0.1 噸的差距。「基本上這些數據在我
看來都是正確的。」湯姆告訴我。他將數據細分，「從吉隆坡到北京的
飛行時間大約需要六小時，若以平均每小時需要七噸燃油來說，42 噸以
上的燃油已足夠讓飛機飛去另一個備用的機場（距離北京 30 分鐘），再
加上大約 7 噸作為額外 30 分鐘的儲備燃油，因此 49 噸似乎很合理⋯⋯
事實上，飛機起飛及爬升到平穩飛行速度，會比飛機平穩地飛行時消耗
更多燃油。」

換句話說，飛機在起飛時，油缸內並沒有較預期多飛行兩小時的燃
油。此外，考慮到機師的名聲及其經驗，他實在沒有可能提出此要求，
令自己看起來愚蠢。

客觀上來說，私人調查員的消息來源——在官方調查隊伍中的警員
或軍官——會犯上這樣的錯誤也令人感到難以置信，除非根本是刻意的，
目的是讓私人調查員獲得錯誤消息，從而讓家屬得到錯誤消息。

至於說機長札哈里明確地要求在這班航班上執勤，這亦令我聯絡的
機師感到驚訝。他們說在一般情況下，機師是不會這樣做的，別人不會
喜歡機師要求更改值班表，因此機師通常都避免提出這要求。而為了安
全原因，機長也不容許揀選一起飛行的副機長。當飛機失蹤之後的數天，
開始流傳這則謠言，而馬航澄清機長並沒有要求在這班航班上執勤，他
是被指派到這班航班的。我因此向伊芬亨特表達我的疑惑，並向他提議

他們認真要求聘請的私人調查員要做得更好。而調查員回覆說他們肯定他們的事實版本並沒有錯。

　　雖然機長在最後一分鐘要求更改飛行安排看似是不可能，但是航空公司卻有權提出這要求。在飛機失蹤超過兩年後，一個接近調查馬航失蹤事件的人，告訴我一個令人不安的故事，而這故事我無法從其他資料來源得到求證。根據這消息來源所言，有另一名最初預定在這航班上執勤的副機長，他是一名年輕的錫克機師，但是當他去到機場報到時，他卻被告知他不用飛這班航班。據說這名副機長在飛機起飛之後，更被拘留在機場內，電話被收去，因此當他的家人得悉 MH370 失蹤後，對他憂心如焚。他最後取回電話並致電家人，告訴他們他並沒有登上這航班。如果這故事是真的，馬航需要解釋為何在最後一刻才作出這調動。考慮到飛機的命運，這故事十分可疑。

　　暫時來說，如果這位副機長是真的存在的話，我也無法確認或與他聯絡。不過，我卻登入了馬航官方副機長的值勤表，當中清楚顯示法利克是當晚離開的 MH370 的副機長，而且他亦預計要在 3 月 9 日星期日飛回來的 MH371 航班上執勤。因此，要不就是我看到的值勤表是經過刻意改造，要不就是最後一刻更改副機長的故事只是另一個謠言罷了。

　　在另一份文件中，私人調查員表示飛機是「故意以低於雷達偵測的高度」飛行，但是這說法與澳洲的報告中所顯示的飛機飛行速度並不相符。事實上，飛機飛行的高度與速度是有著相互關係的。

　　報告也提到機師將自己反鎖在駕駛室內，將飛機爬升到超過極限的高度以便「令乘客失去知覺」。「機師安全，不太確定還有誰生還。搜索是刻意拖延進行的，因為他們需要可信的藉口。中國政府也知情。」

偵探社的報告也確定在 3 月 8 日前數天，有一個來自巴基斯坦的包裹來到馬來西亞。「負責貨物的人員對此有印象，因為包裹是由一名來自中國的華人技術人員領取（這是十分不尋常的）。這些包裹被運上MH370。在意外發生後，這些負責貨物的人員，在私下傾談時得出一個結論，就是這些包裹裝著阿爾蓋達突襲美軍在阿富汗的基地時，美軍被偷去的無人機控制系統。」美國的無人機控制系統技術再次出現在事件中，但這一次是從來自伊斯蘭瑪巴德或卡拉奇的飛機而來，而不是來自塞舌爾的一艘貨輪上。如果這部分的調查是準確的話，這表示出貨物清單上有新的錯誤，因為名單上並沒有提到這些包裹，除非山竹果是產自巴基斯坦的吧。

報告也提及有兩名聲言要取得報酬的美國軍人，他們聲稱持有拍下MH370 的錄像。調查員表示已查證兩人的身分：一名是機師兼來自阿里桑拿的賽車手，另一名是陸軍通信兵，駐守在德國的美軍基地。

看完這些報告後，實在難以形容我當下的感覺。收取約十萬美元的「私人調查」的報告，竟然只得寥寥數頁，當中的資料甚至是自相矛盾及不完整的，實在感到難以置信。

我認為這只有兩個可能性。

要麼偵探社從一開始就操縱著家屬，要他們相信一個假設的局面（機師的過失），而不是其他；要麼是調查員本身受到操縱，至少在某些問題上，例如機師的責任。這進一步加深了我對這間偵探社的負面感覺。

無論如何，聘請私家偵探調查，對出資的人以及家屬組織來說，都是徹底的失敗，故此也不難理解為何莎拉巴杰決定報告只限於向組織透

露，不對外公開，連其他家屬也不能查閱。

中國家屬

　　宋杰克在事件中失去了妹妹，她剛剛完成尼泊爾的旅程，正在返回廣東途中，在最後一刻，她將自己從馬來西亞直航到廣東的機位給了一位年長旅客，令這位旅客不用承受要在北京轉機的勞累，也因為這原因，她踏上了一條不歸路。當我在飛機失蹤約八個月後首次跟杰克會面時，他很沮喪、絕望及疲累，而他與其他中國家屬透過微信，仍然保持緊密聯繫；微信是中國大陸最受歡迎的通訊平台。杰克粗略地概括了機上的中國乘客：除了包括其妹妹在內、共23名參加旅行團到尼泊爾的人外，有30名書法家從展覽後回國，大約40名在新加坡工作的建築工人，大約50名初級及資深的投資者（他們的旅程是由地產發展商贊助），8名飛思卡爾的工程師，以及少數獨自踏上旅程的人。

　　他告訴我家屬內已退休的成員，仍然每天前往由北京市政府設立的資訊中心，中心設在偏遠的地方，沒有公共交通工具可以到達。為了不被外在原因擊倒，他們組織起來，每人每天輪流前往該中心，詢問調查的最新進展。「這是為了告訴他們，要繼續尋找飛機，否則他們就會關閉該中心。」他說。有時中國家屬會聚集在一起，草擬信件，當他們在北京的馬來西亞使館前示威時，就會遞交有關信件。有關當局禁止他們對外國傳媒發言，卻公開鼓勵他們對馬航採取法律行動，甚至免費為他們提供律師。

　　中國家屬不能理解，為何中國不能展開獨立的調查：「他們購買了那麼多波音客機，只需要跟波音公司說一句『告訴我們事實真相，否則

我們會停止購買』！」由於中國沒有進行獨立調查，中國家屬只好將希望寄託在法國司法調查上。當個沃德龍的訪問在法國刊出後，整個群組對有關報導都雀躍不已。「他是我們的英雄，至少他的確是盡一切所能尋求真相。」杰克告訴我，並且不斷刷手機，顯示出群組內對這名法國人的連串熱烈留言。

2015 年 1 月 29 日的聲明：「這是一宗意外」

2015 年 2 月，吉隆坡。MH370 失蹤一周年的日子漸漸臨近，我跟三位年輕女子約好在吉隆坡住宅區孟沙村（Bangasar Village）一間墨西哥餐廳會面，她們三人彼此已經相識接近一年了，她們一同經歷了猶如噩夢似的一年。當她們到達時，她們彼此如老朋友般問好，輕拍對方的背，也嘗試擠出一個淺笑，但事實是她們難以發自內心地笑。如果 MH370 從來沒有失蹤，這三位年輕女子也不會走在一起。蘭加納坦（Grace Renganathan）是一位年輕的馬來西亞律師，她在事件中失去了母親，她的母親當時正前往會合在北京工作的丈夫，即蘭加納坦的父親；阮瑩則鼓勵其在飛思卡爾任職工程師的丈夫，在周末時放假到北京走一趟；至於姬莉（Kelly），她的中國籍丈夫在馬來西亞勘察房地產，一如以往，他在周末返回北京陪伴她及他們三歲的女兒。姬莉搬到吉隆坡數個月，以便整理丈夫的工作事宜。她常常忍不住淚水，對馬航最近的失言也感到憤怒不已。

馬航在 2015 年 1 月 29 日準備召開記者會前的數分鐘，向聯絡名單上的所有家屬提議，他們應該「開電視觀看美國 CNN」。家屬們不管一切都堅持下去，只期望會有奇蹟出現，但到頭來卻被告知去觀看 CNN，可以想像家屬此刻的心情會有多憤怒嗎？當家屬依照馬航的指示觀看

CNN，卻只發現 MH370 的失蹤現已被定性為是「一宗意外」。而馬航
也完全沒有顧及家屬的感受：「當他們知道家屬會出席記者會，立刻將
一切都取消了，但我們才是應該首先被知會的一方呀！」三位年輕女子
憤怒地說。「最糟糕的是他們將事件定性為『意外』，但卻沒有提供任
何證據證明。他們的腦海中只有一件事：盡快了結事件。」蘭加納坦說。

　　馬航將事件定性為「意外」，在中國也引起罹難者家屬及朋友的不
滿和憤怒，約 20 名 MH370 乘客的親屬決定前往吉隆坡，讓馬航知道他
們有多沮喪和憤怒，他們堅持此行一定要得知究竟發生甚麼事。家屬在
抵達吉隆坡當晚，決定在馬航辦公室前的行人路上露宿。到了 2 月 13 日
星期五，馬航與家屬短暫會面，但沒有任何新的消息。

家屬要求甚麼？

　　在 1 月 30 日星期五，姬莉得以跟馬來西亞新任交通部長廖中萊會
面，在會面中，廖中萊答應在翌日，會向她提供英國衛星公司 Inmarsat
所有未經處理的數據。家屬想要對 Inmarsat 的數據進行獨立的專家評估，
馬航就是依據 Inmarsat 的數據，聲稱 MH370 已墜落在南印度洋。經過
反覆向馬來西亞交通部長的辦公室要求提供有關數據後，姬莉終於在二
月中被告知不能給她有關數據，即使她堅持也是徒然。

　　到底 Inmarsat 的數據有何敏感資料？又為何在傳媒的壓力下，
於 2014 年 5 月下旬提供的數據並不完整？當時在電視螢幕上瞥見的
Inmarsat 數據，有著 28 行的數字，但是馬來西亞向外公佈的數據卻只
有九行的數字。「如果其他行列的數據是完全沒有問題的話，為何不公
佈？」英國天體物理學家及「獨立小組」成員斯蒂爾說。

除了要求取得完整的 Inmarsat 數據外，家屬也要求取得 MH370 駕駛艙與馬來西亞機場控制塔為時 52 分鐘、未經剪輯的對話錄音帶，因為根據兩名法庭聲音鑑定專家在美國 NBC 的節目上說，馬航在 2014 年 5 月所公開的錄音明顯是經過剪輯，或者換個方法說，是被竄改過。「當證據或有用的錄音內容，被說成是『將錄音內沒有對話的靜默內容剪去』，而我卻能清楚聽出剪輯的部分，那我的專業意見是，我會寧願他們提供駕駛艙與控制塔的全部對話錄音，讓我們自行快速掠過靜默的片段。」其中一名聲音鑑定專家普里莫（Ed Primeau）說。在那次之後，馬來西亞另一個消息來源告訴我，原來的錄音帶可能比公開的錄音包含更多訊息，該消息來源更暗示，錄音帶臨近尾聲時，錄下了駕駛艙內出現奇特的聲音，可能是有人說著一些中東語言又或是阿拉伯語言。在數個月後，這個故事已被重新演繹，變成據說在駕駛艙內出現的阿拉伯語言，是機師正在唸唸有詞祈禱。根據伊斯蘭課本，沒有祈禱是在半夜進行的，最後的晚禱（Isha）是在日落時分進行。無可否認，這又是另一個十分奇怪的訊息。

但我的消息來源說得很含糊，也不願意多說：他自己沒有聽過錄音帶，聽過的是他認識的人。這個情況本身，以及與我會面一事，明顯令他相當緊張。

究竟直至飛機失聯那一刻，在駕駛艙內說過甚麼以及發生了甚麼事，是不能向外公開的？事實上，錄音經過竄改，就暗示了在機師與控制塔通話的最後數分鐘或數秒，駕駛艙內出現的語句、單字又或是聲音，對飛機最後失去蹤影提供了關鍵的線索，因此家屬是有必要獲取錄音的原來版本，假如這版本仍然存在的話。

在 MH370 失蹤剛好滿一年後，以《真實訊息：MH370 的安全訊息》

為題的第一份臨時調查報告，基本上是令人掃興的。除了少數動機仍然維持不變的「馬航狂熱者」，以及獨立小組的成員外，幾乎沒有人會在意報告內 586 頁的技術數據。然而，報告內其實也有新資料，特別是為黑盒的訊號燈提供電力的電池，其建議的限定日期（2012 年 12 月）已過。[7]正當全球的注意力都集中在印度洋偵測訊號時，馬來西亞與澳洲都沒有提及這一點。如果他們之前有提到這一點，他們就要承認在印度洋中，其實只是尋找一個訊號，而不是兩個，這將會令成功找到飛機殘骸的機率又減去一半。「在展開搜索前，澳洲曾向馬航問及有關黑盒的一些技術細節，例如牌子及生產日期等，他們不可能沒有注意到，其中一個訊號燈是不可能再運作的。」一個知情的「馬航狂熱者」對我說。

　　至於乘客名單，報告內只提供一條前往交通部門網頁的連結，但按下連結，卻是去不到有關網頁。由始至終，馬航都沒有公開過完整的乘客名單。即使在兩年後，馬航所提供的唯一一份名單上，乘客中仍然有著「意大利人」及「奧地利人」，而不是兩個年輕的伊朗人。家屬因此也要求取得一份最新及官方的乘客名單。

　　也是大約這個時候，我聽到有人談論乘客登機的影片。在調查剛展開時，馬來西亞警方曾向部分馬來西亞家屬放映影片的片段，以便讓家屬辨認乘客，但不是有太多人看過完整影片。家屬當然也要求取得該影片，但徒勞無功；不過，後來卻發現，原來有人持有影片的複製版本。

　　聯絡上這人的過程很複雜。有一天我離開了香港，身上沒有攜帶手提電話或電腦，只帶備了距離香港數小時機程的一個城市的會面地址。最初我誤會了要前往的建築物的名稱，幾乎令整個會面告吹，最後搞清

7　"Factual Information: Safety Investigation for MH370", *op. cit.*, p.60.

楚了，終於可以在約好的地點跟聯絡人見面。聯絡人帶我到他的家中，他拉起正對著窗戶的布簾，現出一個大型的平面螢幕，之後從一個密封袋內取出一張記憶卡，將記憶卡插入 DVD 播放機內。他簡略地向我示範過怎樣操作遙控器後就離開了。我不知道會從影片看到甚麼，但我想應該是很重要的。我曾經在書中的第一章提到影片顯示了甚麼，這只是全球先進的機場每天所拍攝數以千計的影片的其中之一，唯一的分別是這影片顯示了 MH370 的 239 名乘客，準備登機前在機場的最後活動情況。後來有一個知道我前來的人來到，並幫我仔細的點算著乘客和機組人員。由於監控鏡頭並不是完全對準乘客通過的 X 光機，有時難以看到是哪一個人通過 X 光機。我們放大每一個區域，並以每個乘客各自的特點來描述每一個，大部分情況都是他或她的種族、身體尺寸、年齡組別，以及他們穿上的衣服顏色。究竟有甚麼用處？我真的不知道，但是我長途跋涉來看這段影片，當我看著一大群我不認識的人的活動情況，而他們在不久之後將會突然消失，我實在不知道應該怎麼辦。透過描述他們、把他們的資料記下，我有種自己正與他們面對面、向他們致意，並且讓他們重新活過來的感覺。

沃德龍與他的魔鬼及「告密者」

除了謎一般的莎拉巴杰和難以捉摸的伊芬亨特外，沃德龍在我的調查過程中，變成了一位十分可靠的聯絡人，但這並不代表他本身並不複雜。

自我們首次交流開始，他對很多問題都不能作準。當我與他在香港或巴黎見面時，是毫無困難的。他是個堅強的人，充滿威嚴，專心致志。他的痛苦化成滿腔怒火，令人倍感尊敬，大部分曾與他接觸的記者，都

渴望能幫助他找出事情真相。然而我感覺到,當他獨自一人時,他又會
陷入痛苦之中。但是他不能讓自己被失去親人的痛苦擊倒,他說他要保
護他的大兒子,後者同樣對缺乏證據、整體的協調混亂和各方對事件的
沉默回應,感到深深困擾。

然而,假如他對事件縈迴於心,為何他對很多訊息都不予回覆?為
何他沒有如期進行我們事先約好的電話對話?

或許他也有想忘記事情的時刻,但我卻以一個抽離的身分,從每個
角度反覆查探他無邊際的痛苦之源。而在揭露出事件好多前後不一致的
枝節後,我亦無意之中再次燃起這些破碎的家庭的成員,深藏在心坎中
的痛苦。

「我們根本並沒有相同的關注議題!」有一天他跟我說,但我們有
著共同目標:了解發生甚麼事,以及嘗試解開圍繞著事件的疑團。

某天早上,他傳送了一些資料給我,我簡短的回應了「謝謝,十分
有趣。」我很吃驚他對我的回覆立即給予回應:「你現在會早起了?」
我很驚訝,他竟然在開玩笑!因此我開心地回覆:「你現在會說笑了?」
他再次回覆:「或許我們最終會處得來。」一句簡單輕鬆的回應,為一
件沉鬱傷痛的事帶來一點寬慰。

在我跟他交流的過程中,我發覺他身邊有很多來自不同背景的人,
定期向他提供資料,有些資料是保密,有些百分之一百肯定是來自網上。
實在有太多人向他提供資料,使他已經記不起哪些資料是來自哪一個消
息來源。

在 2015 年 7 月，他約我在巴黎王妃門的聖詹姆士俱樂部見面，這是他與大部分想見他的記者會面的地方，距離他的辦公室 50 米以外。在我等待沃德龍時，俱樂部的胖黑貓堅持要陪伴我。跟沃德龍的會面其實只是檢視最新的新聞、澳洲當局或獨立小組發表的最新研究，以及最新的謠言等。

當他來到時，表情看起來很憂慮，在隨後的一個星期他要前往美國，但有幾個人叫他不要去。此外，又有人盜用了他的名字（分別只是跟他法文的姓氏拼法少了一個 t）和相片，開了一個假的社交平台帳戶，之後冒充者利用此帳戶，向他很多朋友發送了不正確的訊息，沃德龍當然是被蒙在鼓裡，直至後來有人告訴他。「我曾經被警告，如果我成為了麻煩人物，他們會用盡各種方法敗壞我的名聲。」他告訴我。他感覺到調查過程中出現愈來愈多的奇怪人物，他的郵件似乎不是正常地送到他手上，他又懷疑他的電話被竊聽。不過，幸運地他工作的公司是全力支持他的。

有一天早上，有一條新線索出現，令他再一次重燃希望。有一位名叫鮑華（Paul Power）的澳洲人，已暗示了數星期他知道飛機以及乘客在哪裡，並表示只要他們找到安全的聯絡方法，他隨時可以透露詳情。我快速地搜尋了關於鮑華的資料，並將我的疑惑告訴了沃德龍。鮑華的網址看似那些花數分鐘就能造出來的虛假網站。當我致電網頁上所的電話號碼時，沒有人接聽。他在社交網站上的相片顯得十分陰險，在相片中你只能看到一個大鬍子的下半部分，其餘都是漆黑一片，這個網頁沒有令你對他增添一點信心。然而，這條線索的誘惑仍然是十分大，而我也完全理解沃德龍想知道更多的心情。鮑華在墨爾本工作，即使有時差，這時仍然是適合致電給他的時間。我們走到了花園，沃德龍將他的手提電話放在小桌子上，開啟了揚聲器，我則錄下對話內容。

　　鮑華說飛機此刻是在「敵方的領土」上，而乘客仍然生存，他表示他所提供的資料是絕不能公開，而唯一能夠成功化解這次危機的方法，就是給予劫機者特赦。40分鐘之後，他答應會發送一個包括所有資料的加密檔案，而這個程式需要解密。我絲毫不相信他所說的，但是我難以說服沃德龍，鮑華只是在浪費我們的時間。有一刻，沃德龍向這位澳洲人說：「你知不知道你一連串的意有所指，對我有甚麼含義？」他回答：「我當然知道，我這樣做不是為了我自己，我最大的回報是看到機上的乘客平安回家。」

　　我對忽然出現了這樣的一個怪人，並為我們帶來麻煩感到駭然，但既然我們已花了這麼多時間跟他周旋，就乾脆繼續下去吧！當我們收到有關檔案，將其解密，並經過長達14頁的三角法計算後，顯示出飛機是在索馬里。我請求加拿大數學家以及我仍然有保持聯絡的「馬航狂熱者」麥克尤恩看一看這些資料，他很快就下了結論：「對於這個檔案，我唯一能說的就是『垃圾來，垃圾去』。」換句話說，是完全浪費時間。麥克尤恩表示寫這些資料的作者，甚至混淆了毫秒為微秒。[8] 我將這位加拿大數學家的結論告訴了沃德龍，對他來說這只是又一次失望。

　　在真相水落石出之前，我們還要面對及消除多少錯誤的線索？

8　1毫秒 = 1,000微秒

第 七 章

馬爾代夫進行覆核調查 飛機不是MH370

2015 年 5 月 3 日星期日，我起程前往馬爾代夫，我對於此行將會有甚麼發現感到很好奇。自從事件發生後，在馬爾代夫的探究仍然引起「馬航狂熱者」無限的好奇心。

當飛機失蹤時，數名在馬爾代夫南面的庫達胡瓦杜島（Kuda Huvadhoo）居民聲稱，他們在清晨看到一架低飛的「大飛機」，飛機在飛過時發出震耳欲聾的「巨響」。這段時間似乎跟 MH370 出現的時間相符，因為 MH370 預定於早上 6 時 30 分在北京降落，而由於馬爾代夫所處的地理位置關係，令 MH370 可以輕易飛到群島的上空（由吉隆坡到馬爾代夫首都馬利為 3,200 公里，由吉隆坡到北京則為 5,500 公里），因此，這個假設的情況似乎可信。容易到達的距離、時間吻合，一切似乎都相當符合。當這消息於 2014 年 3 月中曝光後，舉世仍然期望可以找到失蹤了的飛機。對家屬來說，這消息有如令他們鬆了一口氣，他們能想像得到當中可能發生的事，而很多仍然堅持著這信念，期望會有水落石出的一天。

然而，當馬爾代夫的《哈沃魯日報》（*Haveeru Online*）網站報導了這消息，之後再被部分國際傳媒加以報導後，馬來西亞國防部長希山慕丁，很快便回應有關報導是錯誤及沒有事實根據的。「馬來西亞國防部長聯絡了馬爾代夫的國防部長，後者證實了這消息是沒有事實根據的。」他在 2014 年 3 月 19 日的記者會上說。事實上，隨著時日過去，傳媒與家屬和有關當局之間的不信任及對立日漸濃厚，當局否認有關報導，只增加了這假設的可信性。有關假設益發引起人無限想像。

第一個報告

　　很快地，我致電給《哈沃魯日報》網站報導這消息的記者，「當他們致電給我們時，庫達胡瓦杜島的居民堅稱他們所看到的是真的，但是我們不相信他們的話。你要知道，住在這些小島上的居民，時常都說他們看到很多東西……」阿尼斯（Shan Anees）在電話上跟我說。我對這位年輕記者的反應感到很驚訝，因為經驗教導我，要重視*當地人*的意見、直覺及判斷，他們知道事情的來龍去脈，並加以演繹，雖然當中未必是百分之一百準確。基於這名《哈沃魯日報》記者的反應，我暫且把這假設放在一旁，但同時留意到很多「馬航狂熱者」仍然相信這假設。我希望會有其他記者前往當地找出明確答案，究竟在飛機失蹤當天的清晨，當地居民聲稱看到有飛機在他們上空飛過是甚麼一回事，這是不是就是全球一直在尋找的飛機？

　　在事件發生的 15 個月後，只有兩家國際傳媒——法國《巴黎競賽》（Paris-Match）周報以及澳洲報章《澳洲人報》（The Australian），曾派人到馬爾代夫查證聲稱見到飛機的島上居民證言。

　　《巴黎競賽》周報的報導在 2014 年 12 月 18 至 23 日的一期刊登，由著名法國作家杜根（Marc Dugain）所寫，這篇文章很快被英語傳媒轉載。我對這篇報導感到很難以置信，作者對他在馬爾代夫的調查所寫的報導，第一句就已經把日子搞錯[1]；報導中沒有提到任何證人或直接引述證人的說話；再者，他亦沒有到過任何一個地點，也沒有對任何一個他見過的人加以形容。《澳洲人報》於 2015 年 4 月 4 日周日版刊登的頭版報導，反而來得更詳細。正是這一篇報導，令人再一次談論在馬爾代夫群島上

---

[1]　他引述「3 月 9 日的早上」，而不是 3 月 8 日。

空出現的飛機，並令人重燃希望，因為假如 MH370 於 3 月 8 日清晨，真的在馬爾代夫上空出現，則澳洲在距離印度洋海床 5,000 公里進行的搜索，就完全是徒勞無功。隨著澳洲在印度洋的搜索範圍於 2015 年 4 月擴大了一倍，因為之前的六萬平方公里的搜索範圍被證實是一無所獲，澳洲傳媒也更加密切注視事件的發展。

這篇《澳洲人報》的報導令馬爾代夫民航局主席費薩爾 (Ibrahim Faizal) 感到十分困擾，他是我在過去數個月經常聯絡的人。打從我們第一次傾談開始，他對要找出事實真相的態度便令我留下深刻印象。在我們以電郵聯絡的過程中，他告訴我打算親身前往當地看一看，我提議跟他一起前往。

自從 2014 年發生的 MH370 及 MH17 兩宗意外後，馬航的機票大幅度降價，我所乘坐的、由馬來西亞到馬爾代夫首都馬利的航班編號，剛好是 MH073。

「各位先生女士，願平安降臨到你身上。」機組人員的語調十分輕鬆愉快，總機艙服務員用上親暱的「親愛的」來稱呼乘客，這在馬航並不常見。時間是大約晚上 10 時，根據機艙內提供娛樂的螢幕上顯示，我們距離麥加 5,542 公里，距離尼科巴群島則為 2,378 公里。而飛機的飛行航道在地圖上近乎水平：由東面到西面 3,150 公里，跟赤道平衡。

到了第二天早上，即使眼前的景色是蔚藍一片的天空以及清澈的藍綠色海水，一如在旅遊小冊子內所顯示的景色，但接駁到首都馬利的輪船上眾人的表情，跟我熟悉的南太平洋輕鬆歡樂的臉孔大相徑庭。這兒所有婦女都戴上頭巾，即使在樹蔭下，此刻的氣溫仍然高達攝氏 35 度，但是很多女士仍然穿上長褲及長手套。首次接觸馬爾代夫這個亞洲最小

的國家，並沒有帶給我友善的感覺。「當你離開輪船後右轉，之後到了馬爾代夫銀行後再左轉。」這是費薩爾給我的指示。馬利這城市建在一個面積只得數平方公里的小島上，人口約 15 萬，這令她成為全球其中一個人口最稠密的城市。一到達渡輪碼頭，你立刻會聽到由小型摩托車、運貨的手推車以及計程車拼湊而成的吵耳聲音，而且這些交通工具大多都破破爛爛。馬利可說是混合了印度、非洲以及中東特色的地方，這裡的人說迪維希語（Dhivehi）——一種十分奇特的語言。在度假區內，在屋子下的清澈海水中與海龜一同游泳的遊客，是永不會看到這混亂的景象。

與費薩爾會面

費薩爾已經在目的地等著我。民航局的辦公室在政府大樓的 11 樓，這座建築物樓高 12 層，是馬利第二高的建築物。費薩爾舉止沉著冷靜，有著燦爛的笑容和令人留下深刻印象的體型，握手時的力度亦很堅定。

馬爾代夫民航局（CAA）是一個獨立的個體，由董事局管理，而費薩爾是董事局的主席，但董事局仍然隸屬於由馬爾代夫總統指定的任一政府部長。在 2014 年 3 月，CAA 從屬於防務及國家安全部長納茲姆（Mohamed Nazim），然而，納茲姆於 2015 年 1 月被判入獄。[2]「政治生涯在馬爾代夫是變幻莫測的」，這是我在馬爾代夫經常聽到的。自從納茲姆被捕後，民航局就改為隸屬於旅遊部。

甫見面費薩爾便告訴我，他不能如期前往庫達胡瓦杜島了，因為他的工作需要他不時外訪，因此他要離開馬爾代夫數天。不過，他仍然向

2　警方在某次夜間突擊搜查中，在前防務及國家安全部長家中發現囤積了一批可疑的武器，因而將他拘捕。

我訴說了他對 MH370 的失蹤感到沮喪。「跟我一樣的人（在其他國家主理民航事宜的人），對波音公司自事件發生後一直保持沉默都十分不滿。」他與自 MH370 失蹤後，一直處於事件核心的馬來西亞民航局長已認識多年。這不是沒有原因的：在主要的國際民航會議上，以國家名稱的英文字母排列計算，馬來西亞與馬爾代夫的部長經常會被安排坐在一起。

至於事件中令人關注的當地居民聲稱看到一架飛機，如果是真有其事的話，費薩爾希望事件能徹底地解決，聲言 MH370 有可能飛過*他的*領空明顯令他很懊惱，特別是發送到馬來西亞的報告是由警方所寫，不是 CAA。即使他的辦公室多次要求，但警方從來沒有向 CAA 提供報告的副本。「我並沒有懷疑報告的絕對可信性，我只是要求閱覽。」他表示。在當地居民聲稱看到一架低飛的飛機飛過南面的群島後，警方及馬爾代夫國防軍（MNDF）[3] 立即派出調查員從馬利前往庫達胡瓦杜島，向聲稱看到飛機的人查問詳情。

費薩爾的左右手——飛行行動總監拉希德（Ibrahim Rasheed），來到費薩爾其俯覽熙來攘往的首都的辦公室與我們會面。拉希德是馬爾代夫國防軍的前機師，費薩爾稱呼他為「拉希德機長」。他憶述曾致電給聲稱見過飛機的人：「從第一次目擊描述開始，飛機飛行的方向似乎或多或少是從西北至東南，而不是我們靠常識判斷的東面到西面，即飛機從亞洲飛來的應有方向。」他的看法是村民聲稱看到的，只是其中一班來往中東至澳洲的航班而已。每一天大約有 20 班國際航班，循兩條主要航道飛過馬爾代夫上空，而兩條航道向著不同方向，剛好形成一個 X 字。這兩條航道分別為：中東至澳洲，以及印度至非洲。在 2014 年 3 月 8 日，

3　馬爾代夫國防軍是一個綜合安全組織，負責國家防衛及擔當起海岸警衛隊的角色。

有 18 班國際航班飛過馬爾代夫群島的上空 [4]，從波斯灣啟程的清晨航班，會在當地時間破曉時分越過馬爾代夫上空。「當飛機飛到我們的領空時，因為機內仍然充滿燃油的關係，飛機是在 31,000 至 33,000 尺之間相對低飛，但通常在飛機離開馬爾代夫領空時，他們會要求准許爬升到 39,000 至 40,000 尺的高空，那裡的空氣更稀薄，更適合飛機飛行。」這名前機師說。然而，庫達胡瓦杜島的居民看到的飛機，是在一萬米以下低飛……這表示這名飛行行動總監對自己的解釋也不是太滿意。

另一方面，對於在 3 月 24 日於巴拉島發現的滅火器，他的語氣則十分肯定，這次發現滅火器的位置是在群島的北面。這個被發現的球狀物體，看似一個飄浮的地雷，但是其形狀與機艙內使用的某種滅火器一致。一名馬爾代夫航空工程師認出了這個球狀物體，《哈沃魯日報》網站引述他的意見，認為這物體「十分有可能是飛機的滅火器」，雖然他表示只有看過實體物件，才可以確定是不是真正的滅火器。《巴黎競賽》周報其後表示「在物件被軍方沒收之前」，已經將由巴拉島市長所拍攝的照片發送給「一家主要航空公司的維修經理以及在洛杉磯工作的一位專家……二人都表示有關物件跟波音客機的滅火器十分相似。一位不想公開名稱的馬爾代夫軍方成員，也向我們證實這絕對是一個滅火器。」《巴黎競賽》的報導，無疑令事件進一步升溫。

曾與我傾談的人都認為，這個故事中的一切都是假的，不單止有關物件並不是波音飛機的一部分（因為有人告訴我，波音或其承包商會為機上所有物件給予編號，在某些情況下連插銷也會被加上編號），而且這一次是由馬爾代夫民航局、而不是軍方就有關物件提交報告。拉希德將送交給馬來西亞的報告內所含有的 12 張照片放在桌上，他的專家證實

4　其中包括八班阿聯酋航空航班、兩班國泰航空航班、兩班卡塔爾航空航班及一班澳洲航空航班等等。

物件上並沒有波音公司一定會為物件加上的編號。對他來說,事情已經
完結,沒有甚麼再值得討論。

　　然而,雖然有關發現滅火器一事已經結束,在費薩爾的辦公室經過
1 小時 30 分的討論後,對少數島民在距離首都南面 150 海里發現的不知
名物件是甚麼,仍然充滿疑團。那份送交給馬來西亞的官方報告到底有
甚麼結論?

　　三日後我返回馬利,手持著用《世界報》的信紙列印並且由報紙總
監費諾利奧 (Jerome Fenoglio) 簽署的信件前往警察總部,希望能夠取得
報告,或至少可以閱覽。經過被不同部門推來推去後,最後只有馬爾代
夫警隊一位年輕的發言人給予我簡潔的回應:「目擊者的描述相當條理
不清,我只能告訴你這點。」而他的上司當日並不在辦公室……

一個遺世獨立的小島

　　在與費薩爾會面過後,我之後要做的事,就是找方法前往很多人談
論的小島。由於費薩爾不能前往,因此我也無法以同行者的方式前往了。

　　在地圖上,馬爾代夫就像是在斯里蘭卡左邊垂下來的一串島嶼,在
大約 1,200 個珊瑚島中,大約有 200 個是有人居住,分佈在 26 個環礁之
間,形成一條垂直的長環,同時還有一些遺世獨立的零星小島散落在南
面。「細小的小島」、「細小的環礁」,甚至是「細小的群島」,而每
個島之間即使沒有相隔數百海里,也至少是相隔數十海里。

　　我在庫達胡瓦杜島的唯一聯絡人並沒有回覆我的訊息,我所能夠聯

絡他的方式，就是通過當地幾乎人人都使用的手機通話程式。我開始思考怎樣能前去此島，所有方法都又昂貴又複雜。在達魯環礁的北面有一個度假勝地，在那兒我可以租一艘小船橫過環礁前往庫達胡瓦杜島。另外有一間七星級的酒店，在地理位置上較接近庫達胡瓦杜島，然而 45 分鐘的海上飛機收費，是我從香港到馬爾代夫的機票價錢的三倍，我實在不能將「馬爾代夫海上飛機」的收費寫在申報的費用上。我在機場瀏覽了國內的航班，看看有沒有航班可以將我送去較接近庫達胡瓦杜島的地方。在鄰近的環礁上有一個小型機場，前往提馬拉富士機場的單程票價為 1,444 拉菲亞（馬爾代夫貨幣名稱），即 85 歐元，但看起來有點困惑的櫃檯服務員暗示，從那兒前往庫達胡瓦杜島並不容易。

經過漫長勞累的一天，我在馬利的首個傍晚，對這個故事的熱誠開始減退了：當地的記者從不相信這故事，當地的民航局也不相信（縱使他們需要面對解釋那是甚麼的難題），而所有報導加起來，或許是嘗試為 MH370 的失蹤提供一個圓滿解釋，但是並沒有說服力。我在島上還可以找到甚麼線索？這個島太遙遠了，我已花了《世界報》很多錢，可以報導的東西卻不多。而令事情更糟的是，我在機場小島上入住的細小酒店，架著眼鏡、毫無幽默感的東主為我提供的微溫咖喱幾乎不能入口。然而，坐在餐廳的霓虹燈下，近乎被迫地跟這名東主交談，我意外地知道他偶然會在酒店服務台工作的侄兒，在馬利的機場控制塔工作。

第二天早上，當我開啟電話時，我終於收到在當地唯一一位聯絡人法拉赫（Shamsul Falaah）的消息。他是馬爾代夫總統的前法律顧問，目前以在新西蘭進修為藉口藏身於當地。在馬爾代夫，政治生涯的確是「變幻莫測的」。兩地的時差解釋了為何前一天整個下午以至晚上，他都沒有回覆我的訊息。他的幫助對我來說十分重要，他的一名遠房親戚侯賽因（Hussain），是庫達胡瓦杜島議會的副主席，他會為我安排交通；而且，

他其中一位好朋友也看到了飛機。突然之間，經過數小時的電話及電郵聯絡後，我到庫達胡瓦杜島的行程已安排好了。我現在有一個新的朋友網絡：法拉赫、艾哈邁德（Ahmed）、桑懷（Shawad）以及西亞姆（Siam），他們全都知道我即將到訪庫達胡瓦杜島，而庫達胡瓦杜島議會的副主席侯賽因會充當我的導遊，就是他說服我乘搭通宵渡輪的。「十分舒適的」，他如此表示，而且渡輪上有冷氣開放的美容院以及「有電源讓你插上電腦」。如果我想的話，更可以走出甲板，欣賞幾近飽滿的圓月。而為了確保一切進行順利，他的一名兄弟更會前來陪伴我。這輛橫渡馬爾代夫群島的渡輪，開始令人感覺到有如一艘詩情畫意的夏夜渡輪。不管如何，每個星期只有一班渡輪，而這班渡輪將會於今晚開出。

我不斷向我工作的報章匯報，我在前往庫達胡瓦杜島的過程中困難重重，《世界報》調查組的主管葛尼回覆我說，「盡你一切所能，但不要乘搭通宵渡輪，太危險了。」我回覆了她，並強調侯賽因對渡輪令人寬慰的描述。葛尼傳回一個很溫和的回覆：讓我自行衡量，因為我才是在當地的人。她的回覆令我鬆了一口氣。

乘坐納布拉快船的晚上

當我來到馬利北面的港口時已夜幕低垂，空氣瀰漫著海水、柴油及烤魚的氣味，在燈光昏暗的碼頭，漁船和大型的運輸工具緊緊地停泊在一起，它們用鋼板打造的船身，長年累月被海水侵蝕，明顯可以看到被塗上好多次油漆。漁民忙於收起漁網，人們也忙於將貨物搬上船，又或是從船上卸下貨物：乘客、雞籠、小型摩托車、一袋袋的白米和洋蔥、電視機又或是風扇。我終於找到了納布拉快船（Nabura Express），它跟其他船並無分別：沒有比其他船更好，也沒有比其他船更差。要爬上一條

短梯才可到達船艙，室內的空間並不容許人畢直的走進去，你要彎下身子爬進去，對於穿上裙子的我，實在有點困難。床上鋪了狹窄的墊子和細小的枕頭，告訴你應把頭放在哪個方向。

才剛剛安頓好，就有職員在左邊通道的入口大動作地向我示意，我從他的手勢明白他是跟我說：「離開這兒！」原來我應該是到上層船艙，那裡可以讓你挺直身體行走。而一如侯賽因在電話上告訴我，這裡有分開男女的洗手間，無疑是升級了。侯賽因的一名兄弟（其實是遠房親戚）在渡輪啟航前數分鐘找到我，他有點不安地與我打招呼；要陪伴一位外籍女士如我，顯然是他並不想做的事。渡輪載滿了乘客，我知道如果沒有侯賽因的幫忙，我是不能搭上這班渡輪的。渡輪在晚上十時啟航，乘客紛紛拿出度過漫漫長夜需要的東西：手電筒、食物和被子，我羨慕他們攜帶了被子，因為如果有被子，就可免卻我要經常留意自己裙子的麻煩。兩個正方形的霓虹燈，為中間的通道帶來微弱的燈光。

我這一次詩情畫意的渡輪之旅，結果變成有如馬爾代夫的政治生涯般動盪。有一次，風暴把船扔起的程度，足以令人輕微地被拋上半空，之後再砰一聲跌落床上。掛在柱子上的藍色袋子，現在可派上用場了；在渡輪剛啟航時，有些女士從柱子上拿了一些藍色的袋子，將鞋放進袋內，然而當風暴將船拋起時，這些袋子的用意就十分明顯了。這趟船程就是這麼顛簸。在整個航程中電話一直不間斷地響起，有阿拉伯舞曲、寶萊塢流行歌，在早上4時更響起了經典金曲《加州旅館》。到了正正5時，提示穆斯林教徒祈禱的聲響響遍整個船艙，不過提示聲是來自手提電話。

晨光初露時，納布拉快船第一次停站，在魚肚白的天色下，一個日立雪櫃被卸到一架等待中的手推車上。風暴大大延誤了我們的行程，庫

達胡瓦杜島這塊綠色的土地，一直到大約早上 8 時才從地平線上出現。從我的位置看過去，庫達胡瓦杜島的確是有如灑落在大海上的五彩紙屑。在 2004 年，南亞海嘯將庫達胡瓦杜島鄰近的兩個小島摧毀，無家可歸的居民來到此小島重建家園，令庫達胡瓦杜島的人口從原來約 2,300 百人，躍升到大約 3,000 人。但直到一篇文章講述在 2014 年 3 月 8 日的早上，有島上居民看到有一架飛機飛過，此小島才再一次受到全球注目。在那之後，島上居民仍然如常地平靜過活，以提示祈禱的聲響分隔一天的作息。

與目擊者會面

在碼頭我一眼就認出了侯賽因，他穿了一件淡紫色的襯衫，並結上領帶。他說他取消了所有會議，以便可以全程協助我；當天不時灑下微雨，侯賽因為了在這天氣下不能安排一輛汽車而道歉。後來我發現原來在這小島上只得四輛汽車。事實上，這小島上的統計數字十分簡單：五間清真寺、四輛汽車、兩所學校……我還想加上「一條領帶」。

曾看過飛機飛過的目擊者大點名正式開始了，這會是一個漫長的過程。

祖富利亞 (Zuhuriyya Ali) 現年 50 歲，是一名家庭主婦，她在用水泥磚塔建而成的家中的庭院，歡迎我們到訪，並且為我們奉上一杯玫瑰味道的鮮奶以及一碗新鮮芒果片。她的女兒也在屋子裡，女兒的兩名孩子十分好奇的望著這個與他們祖母傾談的白人女子，她的丈夫則坐在搖搖椅上看著我們。祖富利亞靠在自製的廚櫃上，上頭堆滿了鍋子，她揉了揉眼睛，極力在尋找最適合的言詞來描述她當天早上看到的景象。「我

站在這裡，聽到震耳欲聾的聲音，抬頭一望，看到一架大飛機從平時一貫的方向飛來，只是這飛機的高度卻低很多。」她指著波浪紋的鐵皮屋頂，並用手在空中劃出一個弧形。祖富利亞十分肯定當時的時間是早上6時15分，當中大約有一至兩分鐘的差距，因為在早上5時要進行祈禱，男性要前往清真寺，而女性則聚在一起又或在家中祈禱。到了早上6時，她就會開始打掃庭院，而她的丈夫則繼續睡覺。

是一架軍機嗎？不可能。她在馬爾代夫國防軍工作的丈夫已問了這問題，那架飛機飛得不如軍機般快，在我們到訪之前，她曾經分別向兩個陌生人談及這事，但是警察並沒有要求她的口供，她也不知道是誰向馬利的《哈沃魯日報》網站透露此事。

經過五分鐘的小型摩托車車程，一位年輕的中學生告訴我們他的故事版本。16歲的胡馬姆（Humaam Dhonmonik）穿著寫上13號的球衣，從晾衣繩上取下一些衣物。一如每個星期六一樣，他正準備上於早上7時開始的宗教指導課。他也指著兩株大樹之間的天空，這就是他最初看到飛機的位置。他在宗教課上談及此事，另一名學生告訴他，她的父親也看到這架飛機。高舉他手提電話內的指南針，胡馬姆所說的飛機飛來的方向，跟祖富利亞所說的一樣，都是西北偏西，這也是飛行行動總監所理解的方向。當我指出MH370在邏輯上應該是從相反方向（正東方向）飛來，這位16歲的少年驚訝地睜大雙眼，並決定在谷歌地圖上查看馬來西亞的位置，他顯然對這資料感到困擾。他看到飛機駕駛艙的周圍塗上了藍色和紅色油漆，但是「並沒有（馬航）標誌」。「我不知道這是不是MH370。」他對於有關飛機方向的問題有少許惱怒。

我十分期待會見阿卜杜（Abdu Rasheed Ibrahim），因為《澳洲人報》的文章將他描述成主要的目擊者，並稱他是一位「地方法院的官員」，

2015 年 4 月 4 日《澳洲人報》的頭版，就刊登了他的一張全身相片。他也可能是《巴黎競賽》周報內一篇文章提及的人物，雖然文章內沒有具名，只寫道「一名年約 50 歲的漁民，站在及腰的水中。」

阿卜杜其實是 46 歲，文章錯誤地稱他為是「地方法院的官員」，但他其實是一名雜務工。在 3 月 8 日的早上，當他聽到飛機飛過時，他正站在水中釣魚。大部分的早上，他都會在相同的地點出現，接著便於早上 7 時上班。不過由於從東北吹來的強風，他說他也只是當飛機飛到頭上時，才看到飛機。由於他是站在水邊，因此他是唯一目擊到飛機改變方向、向著東南的方向飛去的人。就是在這個時刻，當飛機轉彎時，他看到「窗口下及機門周圍的紅色」。飛機是在低飛，但沒有低到看上去快要降落或墜毀。無論如何，他並不感到害怕，事實上，他也沒有特別在意這件事。不過，當他回家後，向女兒辛尼亞（Zynia）提及這事；辛尼亞剛好與胡馬姆一同上星期六早上的宗教指導課，遂跟胡馬姆談及她的父親跟他一樣看到了飛機。庫達胡瓦杜島的居民是一直到 3 月 8 日的晚上，才從國家電視的新聞上得悉馬航客機失蹤，有些人就開始懷疑：「難道……？」

這架神秘飛機的新聞首先出現在當地報章，之後到國際傳媒，阿卜杜還記得調查員、警方及馬爾代夫國防軍都先後來到島上，要求他返回當初看到飛機的位置，並記下資料。他張開雙手，當中的距離大約為 90 厘米，以顯示在他眼中飛機有多大。自從這次會面後，我乘搭過飛機很多次，也常常嘗試——甚至包括在飛機進場跑道——測試一下究竟從甚麼距離及高度，會令飛機在我眼中看來像 90 厘米長。馬爾代夫的警方說，機場控制塔並沒有看到飛機在這裡飛過，不過當我起程前來庫達胡瓦杜島時，酒店餐廳經理其在機場控制塔工作的侄兒告訴我，馬利的雷達並不能夠看到那麼遠。

「這些事件背後必定有一個真相，但究竟是甚麼？」困惑的侯賽因在我們短暫的午膳後說。他認為，如果 MH370 是在他們的海中墜毀，那他們那些 100 尺長、每二至三星期出海捕黃鰭吞拿魚的漁船，一定會看到飄浮著的碎片。船上的漁民也有無線電及手提電話，當他們看到一些不尋常的東西時，會立即發出警報，而且也的確發生過類似情況。在2014 年 11 月，迪亞哥加西亞基地的一架美國軍機，在馬爾代夫最後一塊環礁的正南方向 300 海里處，在未經授權的情況下，飛過了馬爾代夫的中部，正正就是我們所處的位置。漁民在漁網內發現了一件奇特的物件，物件的組件中包括一個內裡全是電子零件的盒子，以及兩個連著橙色球狀浮體的感應器。這物件其後交到了馬爾代夫海岸警衛隊手上，而《哈沃魯日報》刊登了這物件的相片。國防部長後來發表聲明，表示美國已就事件道歉：是「行政上的錯誤」導致這次的誤會。

我與副主席坐在他的小型摩托車上，迂迴曲折地駛過暴雨後在泥地上出現的水坑，繼續與目擊者會面。

飛機不是 MH370

有兩個明顯的細節是我們不能忽略的。首先，飛機飛來的方向，跟MH370 假設會飛來的方向不相同，這飛機是從相反的方向飛來的；其次，居民是在馬爾代夫當地時間早上 6 時後、7 時前看到飛機，這在北京時間是早上 9 時至 10 時之間。

因此，庫達胡瓦杜島居民看到的不可能是 MH370，因為馬爾代夫當地時間 6 時 15 分，在北京與吉隆坡已是早上 9 時 15 分，飛機沒有足夠燃油飛這麼長的額外時間，這是我們確實知道的其中一點。根據馬航提

供的技術資料，以及飛機起飛時 ACARS 第一次發佈的訊息，飛機載著 49.1 或 49.2 噸的燃油。

這容量的燃油，可以讓飛機一直飛至馬來西亞或中國當地時間早上 8 時或 8 時 30 分，這是馬爾代夫當地時間早上 5 時或 5 時 30 分，飛機絕不可能再多飛一小時。再者，根據 Inmarsat 的數據，MH370 在 3 月 8 日是一直飛至澳洲的柏斯時間早上 8 時 19 分，即馬爾代夫當地時間早上 5 時 19 分。

假如飛機的確是改變了方向，從其最後為人所知的位置——凌晨 2 時 22 分在蘇門答臘北部，飛往馬爾代夫，也的確不是困難的事，因為當中只有 2,400 公里的距離。然而，若是如此，飛機應該會在馬來西亞當地時間 5 時 30 分，又或是馬爾代夫當地時間 2 時 30 分抵達。

再者，我很肯定如果一架波音 777 客機在島上低飛，大部分居民都有可能會聽到。一架重達 350 噸的巨型飛機在他們頭上飛過，這飛機遠比他們用來捕獵黃鰭吞拿魚的漁船要大得多也重得多，樹木和房屋都難免會震動。

因此，居民在 3 月 8 日早上看到的「大飛機」，不可能是 MH370。然而，居民的確是看到了既非從波斯灣飛來的客機，亦非巨大信天翁的東西。這令我想到《澳洲人報》的記者湯馬士（Hedley Thomas）在其視像報導中最後說的結語：「如果這不是 MH370，那是甚麼？」最後，是在一家教育中心教授迪維希語的老師賽爾德（Adam Saeed）的證詞，令我思考良久。

「當時我在庭院與我的兒子踢足球，他忽然指著天空對我說：『爸爸，

看，是一架飛機！」當下我以為是準備在附近的機場降落的飛機。我對飛機飛得這麼低，在周六的早上這樣打擾我們，感到有點懊惱。」他對我說。在附近機場降落的飛機？他也向警方錄取了口供。這時我腦海中想到從內陸機場而來的飛機：鄰近的環礁、新的機場、強勁的東北風——在赤道十分罕見——忽然轉變方向向東南飛去……一切似乎開始變得合理。我急不及待要返回馬利，找出更多有關這機場及其國內航班的資料。

費薩爾一隻手肘放在桌上，身體向前傾，細心傾聽我所說的話，但看似半信半疑：「我們完全同意該飛機並不是MH370，但根據你所說的，他們真的有看到飛機？」我知道他會去求證我的假設，但單純是因為他自己感興趣嗎？他送我離開時，說會看一看他可以找到甚麼資料。當我乘坐渡輪返回機場小島時，我在雜亂無章的馬利海旁，經過馬爾代夫國家航空的辦公室，辦公室的窗口貼有數張宣傳海報，海報上所示的飛機，機身是白色的，窗的周圍有鮮紅色、類似手寫字的公司名稱，而在機尾則有濺起的藍色波浪。我也留意到「機門的周圍是紅色的」，這對應了那位地方法院雜務工所說的話，而馬航波音777客機的機門周圍並不是紅色的。

我返回機場小島上我所住的小酒店，心裡疑惑著馬爾代夫國內航班是否就是這個全球都談論的謎團的最終答案？可惜在機場控制塔任職的酒店東主侄兒並不在服務台，不然我很想跟他討論此事。

到了星期四晚上，我收到費薩爾的簡短訊息，表示在3月9日早上，有一架飛機於6時01分在提馬拉富士（Thimarafushi）降落。日子錯了，時間也不吻合。如果飛機是在祈禱時間後於庫達胡瓦杜島上空出現，沒有可能於6時01分在30公里以外降落。我立即要求索取3月8日飛機在機場降落的資料，然而由於翌日是星期五，是他們的主麻日，他的辦

公室不會辦公，我要等待到星期日。

　　同時，我知道提馬拉富士機場於 2013 年 9 月才開幕，但當時仍未提供服務，馬爾代夫總統哈山（Mohammed Waheed Hassan）在其就職演講也如是說。因此一直到 2014 年 3 月，機場仍然是全新的，機場內沒有控制塔，如要飛往此機場就必須完全依賴肉眼。針對這些航程，馬爾代夫國家航空使用的是雙引擎、50 座位的龐巴迪 DCH8s 型號飛機，很多有關這款飛機的技術報告，都指出這款飛機是「以嘈吵聞名」。不會是波音 777。但必須指出，庫達胡瓦杜島居民從來沒有表示他們看到的是波音 777，又或是寬體的長途噴射客機。在迪維希語，「飛機」一詞其實與「船」字相同。他們只是說有一架大飛機低飛，並發出巨響，其餘都只是推論而已。

　　到了星期日，終於收到費薩爾以「2014 年 3 月 8 日至 9 日提馬拉富士機場飛機升降資料」為題的回覆，這一次他傳了一個完整的表格給我，上面顯示了 3 月 8 日至 9 日航班飛往及離開此機場的資料。在 3 月 8 日及 9 日這兩天，每天都有五班航班飛來及五班航班離開。在 3 月 8 日早上，馬爾代夫國家航空一班編號為 DQA149 的內陸機，在 6 時 33 分降落，完全吻合！

　　這一架嘈吵的飛機，比水上飛機要大一點，機身是白色的，在窗及機門周圍有紅色的點綴，機尾是藍色的，這是否就是在 3 月 8 日早上越過庫達胡瓦杜島的飛機？有漁民提及當時吹著強勁的東北風，是不是因此迫使機長改變航道？在機場沒有控制塔的情況下，機長要作出全部決定，他可以、也實在是有必要因應實際情況而改變飛行方向。他唯一需要做的，就是在附近所有飛機都使用的頻率上宣佈他的決定。又或許，機長在飛行時犯錯，搞錯了環礁。事實上，從群島的地圖上可以清晰看

到，提馬拉富士機場是位於一塊環礁的底部，而庫達胡瓦杜島的村落，就是位於另一塊環礁的底部。一名法國航空的機師認為這假設是可信的，他並且提及一些機長將兩個機場混淆的例子：以色列的埃拉特機場及約旦的侯賽因國王國際機場，又或是準備在摩洛哥的烏季達機場降落時急速爬升，因為機長將這個機場與阿爾及利亞的特萊姆森機場混淆了。在1980年代，這些機場有控制塔，但是沒有雷達，而提馬拉富士機場則是兩樣都沒有。

無論DQA149航班的機長在2014年3月8日早上，是基於甚麼原因而作出改變航道的決定，實際上並沒有人知道究竟發生甚麼事，也沒有人看過飛機，除了少數居於庫達胡瓦杜島的居民外。

《世界報》的調查組主管葛尼在編輯時是極度嚴謹的，我對於她的高水準感到很安心，因為我的理論只是建基於少數交錯的線索。我需要機長的證供。《世界報》的編採部認為葛尼要求整整一版的版面，只為了說「這不是MH370」是有點可笑，但是她為有關報導辯護，報導最後以「飛機並不是MH370」為題刊登了。我知道很多「馬航狂熱者」，當中包括家屬，在很大程度上堅持那架飛機就是MH370這信念。當我向年輕律師蘭加納坦（她的母親乘上了MH370）發送一個簡短訊息，告訴她在馬爾代夫上空見到的飛機並不是MH370，她只回覆了一個悲傷的表情符號給我。無可否認，這令我們更進一步接近真相，至少是消除了自事件開始以來，眾多流傳著的謠言的其中一個。

在《世界報》的文章刊登後，《媒體觀察》（Media Watch）——一個自1989年開始就在澳洲廣播公司全國電視網絡上播出、信譽良好的時事

節目，批評《澳洲人報》刊登的報導的真確性。在這個節目播出之前 [5]，
《澳洲人報》於其 2015 年 6 月 20 至 21 日的周末版中，刊登了一篇題為
「摒棄 MH370 馬爾代夫理論」的文章。

　　然而，事件的餘波仍然不時在媒體出現。在 2015 年 8 月，馬爾代
夫總統的發言人向一家主要的通訊社表示，在馬爾代夫發現「可能是
MH370 的部分碎片」，並且已將碎片送到馬來西亞當局。該發言人更斷
言，在 2014 年 3 月 8 日早上，沒有飛機飛過庫達胡瓦杜島的上空。不過
多得酒店餐廳東主在機場控制塔工作的侄兒，我知道其實總統辦公室對
此並不知情，因為馬利的民航雷達並不能看到那麼遠。到底一個謊言要
重複多少次，才會成為事實？

5　http://www.abc.net.au/mediawatch/transcripts/s4259926.htm

留尼汪島上發現的襟副翼能否解開 MH370 的謎團？

到了 2015 年 7 月 29 日星期三，MH370 失蹤事件的調查揭開了新一章。之前所有跡象都顯示 MH370 的碎片*消失得無影無蹤*，但在某天早上，這些碎片忽然就被發現沖上了留尼旺島的海灘上。

為時超過一年的調查，是否終於找到一些實質碎片？如果是的話，這將會是首次發現的確鑿證據，證明飛機的確是墜落在浩瀚的印度洋中。到目前為止，完全找不到任何碎片是這次事件的主要瑕疵，也令人對事件倍感疑惑。

完全找不到碎片——加上從 Inmarsat 偵測到的訊號所作的混亂推斷及含糊解釋，以及馬來西亞政府多次犯下的錯誤——令人不難理解家屬為何毫不相信官方那一套說法。大部分家屬甚至在飛機完全失去蹤影超過 500 日後，仍然無暇感到傷痛。當他們得悉在留尼旺島發現疑似飛機碎片後，他們的沮喪和失望可想而知。他們十分清楚，如果碎片最後被證實是來自 MH370，他們最後的希望就要幻滅。直到這一刻，有部分家屬仍然抱持著可以跟摯愛重聚的希望。「種種抑制不住的情緒以及曾經十分熟悉的震驚感覺，一下子又湧回來。但這次情況更糟，我要說服我自己，放棄過去超過 16 個月我一直都懷著的希望。」珍妮花 (Jennifer Chong) 在家屬的社交網頁上這樣留言。她的丈夫是機上乘客之一。

2015 年 7 月 29 日星期三的早上，在留尼旺島的東北海岸，負責保持海岸清潔的 3E 聯會小組組長比格 (Johnny Bègue)，乘著小休之便，前往海灘尋找一種可以作為碾碎香料的杵的石頭。當時是早上 8 時 45 分，當日是滿月前的兩天，太陽在早上 6 時 51 分升起，這將會是南半球另一個晴朗的冬日。「我就是在這裡看到這件物件，一半在沙上，一半在水中。」第二天他在多個請他講述當日發現經過的電視節目上，用他抑揚頓挫的法語如此說道。在對這次發現感到無比興奮之際，他忘記了提及

同樣在海灘上被發現的、一個已嚴重損毀的行李箱，位置與襟副翼差不多。到了第二天，他終於提及這個行李箱。

當比格在海灘上發現這件龐大的物件後，他呼喚了其他組員前來幫忙，他們一起將這件龐大的碎片拖上海灘，以防止它再次漂走。當時正值潮漲。[1]有趣的是，當比格在發現碎片當天的下午，正式向法國警方匯報事件時，他說他認為這件碎片「以待在水中的（東西）來說並不算是太濕」。「我認為碎片應該是晚上就被沖上了岸，在我們到達之前，它有時間慢慢乾。」訪問他的記者問他有沒有任何航空的專業知識，以清潔海灘為生的比格說：「沒有，我並不是飛機專家，但我第一眼就知道這是飛機的一部分。」

事實上，他亦向傳媒反覆表示，從物件的龐大體積、渾圓的角以及鉚釘並沒有生鏽來看，他深信這是飛機碎片。

在發現碎片後，他們第一個念頭是將其變成一個紀念碑，並在周圍種上鮮花，他們並沒有意識到這塊碎片的重要性。比格致電到自由電台（Radio Freedom）——島上最受歡迎的電台。「這是我們本地的通訊社。」任職於當地發行的法語報章《留尼旺島日報》(Journal de l'ile) 的德拉魯（Julien Delarue）解釋道，他在消息傳出後也第一時間親身前往看一看。「在這裡，當人們看到一些東西時，首先會致電電台，之後才會致電緊急服務。」

警方及記者很快到達。第一個報導提到這件物件長三米，初步相信是屬於機翼的末端——但是是哪一架飛機？「我們拍了大量照片，其中

---

1 2015 年 7 月 29 日的留尼旺島，第一次高潮的時間是凌晨 0 時 35 分，低潮在早上 7 時 5 分，另一次高潮是在下午 1 時，潮汐的係數很高 (81)。

包括物件的型號，657-BB。採訪部很快就將物件與 MH370 拉上關係，
但最初只是開玩笑！」德拉魯回憶著說。物件似乎是完好無缺。在法國
航空安全調查局收到通知前，物件已被交到法國國家憲兵空中運輸隊手
上。

　　數小時後，MH370 失蹤的謎團再一次成為全球傳媒的焦點，全球
不同的傳媒都以其各自的語言說著「襟副翼」一字。「襟副翼」的英文
「Flaperon」，是結合了「flap」（襟翼）及「aileron」（副翼），指在部
分飛機可找到、位於機翼後面的一部分，其中包括波音 777 客機。在留
尼旺島上找到的就是右襟副翼。

　　大量有關襟副翼的相片迅速在網上流傳，當中有很多影像更是相
當清晰。法國一位「馬航狂熱者」泰得曼（Xavier Tytelman），傳媒常常
就有關航空的事宜徵詢其意見，他在一批專家的幫忙下，確認及證實編
號 657-BB 的部分，肯定是屬於波音 777 的襟副翼。波音在兩天後表示
贊同。不過，對於碎片是否來自 2014 年 3 月 8 日早上，用作 MH370、
型號屬於 777-200ER 的波音客機，則仍然有待查證。該架飛機的編號是
28240，又或是波音編號 WB-275，馬航的註冊編號為 9M-MRO。事實上，
這不單是唯一一架失蹤的波音 777 客機，我們也時常聽到，波音公司會
將機上所有物件都加上編號，空中巴士也是如此，因此事件應該很快會
解決。

　　在天真和過早的興奮下，大家很快已經宣佈未解之謎的答案、謎團
結束等等。馬來西亞很快宣佈：「我們快將可以解開謎團。」[2] 而在沒有
等待任何技術上的調查結果的情況下，澳洲亦附和馬航的回應，澳洲運

2　由馬來西亞交通副部長阿都阿茲 (Abdul Aziz Kaprawi) 所說的評語，摘自法新社於 2014 年 7 月 31 日
　的報導。

輸安全局（ATSB）[3] 的局長杜蘭（Martin Dolan）斷言，他「愈來愈有信心碎片是來自 MH370」。而他一時興起，在提及碎片時，也一併提到之前無人提過的行李箱。

法國已為他們的服務的透明度及專業感到沾沾自喜，馬來西亞十分失望，澳洲也十分失望，中國及美國繼續保持低調。而法國會在技術上可行的最短時間內，提供一個有關這件物件所有資料的準確綜合報告。從這刻開始，一個新的篇章又開始：充滿希望。

法國負責調查

物件在法國的領土上發現令澳洲及馬來西亞感到不安，兩個國家都希望取得有關的襟副翼，我被告知他們甚至向法國施加了某程度上的非外交壓力。「要讓證人說話，沒有甚麼比用自己的方式來審問他更好了……」當我向一位法醫病理學家講述這情況時，他這樣說。

我們面對著有兩個調查（馬來西亞的官方調查以及法國的「反恐」司法調查）正在互相競爭這個前所未有的局面。法國以調查正進行中為理由，繼續管有在法國領土上發現的物件以及在法國進行的分析結果。法國絕對是有權這樣做，反對的人都是錯的。

在 MII370 失蹤後數天，事件已提交到法國司法部門。在 2014 年 3 月 11 及 14 日，分別有兩宗案件提出訴訟：第一宗是由檢察官提出，第二宗是由法國的家屬提出，控告殺人以及非法扣押飛機。在 2015 年 5 月，

3　澳洲運輸安全局自 2014 年 3 月 17 日開始，負責在印度洋的搜索行動。

隨著民事當事人 (civil party) 申請參與訴訟，第二宗訴訟修改為由恐怖組織所引致的非法扣押飛機。經過大量法律上及行政上的商討後，兩項分開進行的司法程序於 2015 年 6 月 22 日合併成為單一的訴訟，由巴黎法院反恐部門的預審法官高迪諾 (Alain Gaudino) 負責調查。如此，襟副翼的分析結果就由他的部門來管轄。調查的性質被定性為反恐有數個好處，最明顯的便是更容易跟其他國家的相關部門接觸。

不過，具體來說，除了更改名稱，以及將資料由一個法院辦公室傳給另一個、由一批律師傳給另一批外，直到事發約 500 天後出現這個意外發現之前，法國的調查幾乎是毫無寸進。超過一年後，要求錄取證供的請託書才送到馬來西亞手上，馬來西亞對此的最初回應相當圓滑。

如果這塊從印度洋漂浮了數千海里、最後被沖上法國領土的襟副翼，證實是 MH370 的一部分，對法國的調查來說就有如天賜之物。法官就可以用襟副翼作為回報 (quid pro quo)，來與其他國家交換某些資料，特別是馬來西亞。法國航空安全調查局的前局長特羅阿代克，自事件發生之初我與他在馬來西亞會面後，就一直保持聯絡；講求邏輯的他，竟然把這件事形容為法國的「奇跡」。「如果物件是沖上了馬達加斯加又或是毛里裘斯，應該會立刻被送到馬來西亞手上。而由於馬來西亞並沒有具備所需的專業知識，澳洲或美國應該會毫不猶豫地將襟副翼取去。」他說。

不過，法國即使佔著上風，但在對襟副翼進行分析時亦力求公正。她邀請所有有份參與馬來西亞官方調查的團體參與分析，分析進行地點是位於法國土魯斯區的 DGA-TA[4] 巴爾馬實驗室。這是法國分析航空機

4　法國軍備及航空技術總局 (France's Directorate-General of Armaments-Aeronautical Techniques)

件最精密的實驗室，當年由里約熱內盧飛往巴黎的法航 AF447 在墜毀後被發現的碎片，就是在這裡進行分析。[5] 留尼旺島上發現的襟副翼，於 2015 年 8 月 1 日在密封狀態下被送到巴爾馬實驗室。

在 2015 年 8 月 5 日星期三的下午，被委任處理這事件的航空事故調查專家格蘭傑爾（Francois Grangier），與法國航空安全調查局數名成員，以及來自馬來西亞、中國、美國、英國、澳洲甚至新加坡的專家，再加上兩名波音公司的代表，一起齊聚巴爾馬，在預審法官的授權下，開啟密封的木箱，審視這塊全球都在談論的襟副翼。有份參與這次審視的成員名單並沒有對外公佈，公眾人士只能從電視上看到他們進入實驗室，以及大約晚上 7 時，初步的分析完成後，他們從實驗室離開。不過，法國家屬卻被摒諸門外，不能參與這次的審視和分析。「（法國的）刑事訴訟法的條款上列明，當進行專家分析時，家屬是有權列席的。我們要求獲准列席，但卻被拒絕。」律師德里安（Pascale Beheray Derrien）說道，她的姊姊瓦特勒洛（Laurence Wattrelos）是 MH370 的其中一名乘客。她繼續說道：「只有列席觀看專家分析，我們才能真正清楚到底這件物件是甚麼。」

在審視及分析過該塊襟副翼後，檢察官於當天晚上 8 時，在巴黎司法宮召開記者會。當天我正好在巴黎，正在參與一個節目製作，內容是關於新加坡在法國網絡電台的角色。當我前去我曾工作多年的法國新聞廣播電台（France Info）向同事問好時，我一位同事給了我檢察官的新聞部門一些聯絡資料。這是一個令人心醉的炎夏晚上，聖禮拜堂的庭院仍然有一群遊客徜徉其中。我緊隨著數名記者及攝影師，他們似乎十分清楚要去的地方。經過一連串有如迷宮似的走廊，我們到達一個細小的房

5　法航 AF447 從里約熱內盧飛往巴黎的班機，於 2009 年 6 月 1 日在巴西附近的海岸墜毀，飛機的碎片至今仍然存放在這個實驗室內。

間，房間內只有少數椅子，不能讓所有人坐下。這裡是檢察官的會客室。

在助理檢察官馬科維亞克（Serge Mackowiak）來到之前，一位文員表示他將不會回答任何問題，真的嗎？在中國或馬來西亞，當舉行記者會卻拒絕回答問題時，是會被形容為公然違反新聞自由的。但在這裡，大家為著一件令全球著迷的事件，聚集在巴黎司法宮的一個房間內，一眾記者對此卻似乎沒有特別的反應，我向我的同事問道為何會如此，他們聳一聳肩，說道：「經常都是如此。」由於那位助理檢察官只是宣讀聲明，我在記者會完結後，向那位文員要求取得他宣讀的聲明的副本，這位文員傲慢地答道：「我們從來不會給予新聞稿的副本。」我簡直難以相信：不回答問題，不發新聞稿。我問她那是否能確保記者不會犯上錯誤，她回答說記者可以致電來核實查明。我在 25 年前離開法國，在那一刻，我忽然被對祖國幻想破滅的感覺深深打擊。

管它呢！這個晚上最重要的訊息，是在留尼旺島上發現的襟副翼，「很有可能」是屬於馬航失蹤的波音客機。當助理檢察官說出這訊息後，房間內發出一陣聽得到的嘆息聲音，但是他們能否提供一個清晰的答案？他們只是說「很有可能是」，這顯示一眾專家缺乏足夠的關鍵因素，確定這塊襟副翼就是來自 MH370。

馬來西亞攻法國之不備，向全球發放不一致的訊息

在助理檢察官發表對襟副翼初步分析的官方結果一小時前，馬來西亞已宣佈這是屬於 MH370 的一部分。所有事已經在之前精心安排好：在吉隆坡的國際通訊社於星期一已被告知，總理納吉布將在星期三晚上作出重要宣佈。終於，在馬來西亞當地時間凌晨 1 時 30 分，總理納吉布

無視負責這部分調查的法國，以官方發言人自居，並公然違反有份出席分析襟副翼的團體之間的約定，即所有宣佈都必須加上附帶條件的協定，他明確地宣佈「所有在法國的專家都證實襟副翼是來自 MH370。」他補充說：「我在去年（2014 年）3 月 24 日就宣佈，MH370 顯然是墜落在印度洋，我們現在有實質證據了。」真是可笑！

這是發放虛假訊息的經典鐵則。第一則訊息永遠是最值得信賴的，不單止人們較傾向接受，傳媒也會立刻作出跟進。事實上，沒有甚麼比在同一件事情上，前後所接收的訊息並不一致更令人懊惱了，即使之後所接收的訊息有更好的消息來源、更值得信賴以及比第一則更具邏輯，但是腦袋會不期然地質疑第二則的真確性，傾向接受第一則訊息。因此，全球是從馬來西亞口中首先得知這塊襟副翼「毫無疑問」是來自MH370，之後才從法國口中，知道襟副翼「很有可能」是來自 MH370。說「毫無疑問」的一方自然較佔優。

馬航完全沒有任何顧忌，在總理納吉布作出宣佈後不久，他們也向傳媒作出同樣是錯誤的聲明：「馬航就 7 月 29 日在留尼旺島上發現的襟副翼是來自 MH370 航班的消息，向航班上乘客的家屬及朋友致以最深切的慰問。有關消息已於今天在法國土魯斯區，為法國當局、法國航空安全調查局、馬來西亞調查隊、來自中國的技術代表以及澳洲運輸安全局聯合證實，並且由馬來西亞總理納吉布宣佈。」

在法國，沒有人對馬來西亞的不實宣佈作出回應，沒有人！

對家屬來說是難以接受的。法國及馬來西亞分別發表的聲明並不一致，這只會喚起他們的痛苦，並令他們再一次陷入迷茫中。「我們對（納吉布的）倉促的宣佈感到震驚。」珍妮花說，「這宣佈令家屬感到混亂

及憤怒，它帶來的是更多問題，不是答案；我們只有更感混亂，而沒有消除所有疑慮。」

為了消除家屬所有疑慮，這塊襟副翼必須要明確地被證實是來自波音編號 28420、馬航註冊編號 9M-MRO、在 2014 年 3 月 8 日用作 MH370 航班的波音客機。家屬相信法國的說法，選擇等待法國的定論。除了家屬以及一眾緊跟事態發展的人外，大部分人幾乎都已經接納馬來西亞總理的聲明，認為在留尼旺島上發現的襟副翼是來自 MH370。

襟副翼上令專家難以確定的主要瑕疵

在巴黎記者會的翌日，專家格蘭傑爾向兩個法國家屬解釋，為何分析不能絕對確定這塊襟副翼就是來自失蹤了的客機。這次的會面是在法官高迪諾位於巴黎司法宮的辦公室舉行，這一部分的巴黎司法宮由於是反恐部門所在，因此日夜都處於高度的保安監控之下。第一個也是最有問題的瑕疵，是在留尼旺島上發現的襟副翼並沒有證明其身分的牌子，而這些牌子是唯一可以百分百確定它是否來自 MH370 的關鍵。這一點在檢查過這塊襟副翼後，曾清楚地寫在初步八頁長的保密報告內，報告並附有一張顯示儀表板側面的相片，而證明襟副翼身分的牌子，應該可在這兒找到，相片並加上說明：「我們留意到證實這塊襟副翼身分的牌子並沒有找到。」對於這個異常，報告再沒有詳細解說。

我就這一點徵詢某位專家的意見，他表示，基本上海水或氧化都不可能令一塊釘牢的牌子脫落。不過，這塊牌子也有可能是用膠黏上去的，有時也會出現這情況。然而，在海中漂浮 16 個月也不足以令黏著牌子的膠溶解，因為這些膠的設計是能夠抵受無數氣壓、溫度以及濕度的變化。

這個關於遺失了的牌子的問題，將會是對馬航失蹤深感興趣的人談過不停的議題。而由於足以證明襟副翼身分的牌子失去了，這塊襟副翼是否來自 MH370 就不禁令人懷疑。

第二個問題是，馬航聲稱，在 2013 年 9 月曾經修復過有關的襟副翼，然而，他們就那一次修復所提供的資料，尤其是一些技術繪圖，跟專家在實驗室第一次檢查這塊襟副翼時所看到的並不完全吻合。《紐約時報》因此報導，無論是波音公司以至美國國家運輸安全委員會，他們也曾看過這塊襟副翼，都不相信這是屬於波音編號 28420 的客機。專家要求更多的分析，「他們的疑慮主要是基於襟副翼修復的部分，並不完全符合他們根據馬航提供的維修記錄而預期會從這塊襟副翼看到的部分。」《紐約時報》引述一名有份參與調查的消息人士說道，這名消息人士並沒有授權公開談論此事。

多個月後，我有機會看到部分關於這次初步分析的機密文件，當中曾提到有看起來相符的修復部分。「為了驗證這塊襟副翼的左邊是否曾被修復過，以及找出修復的痕跡，專家曾拆掉一塊橫杆及接合處。」之後的相片，其說明是這樣寫的：「修復是真的，的確有三層的金屬存在。」「有時，維修記錄也會出錯。」法國航空安全調查局前局長特羅阿代克說。

我致電給負責這次分析的專家格蘭傑爾，希望向他詢問更多關於這些疑點的詳情。他對我的來電感到很生氣，問我如何得知他的電話號碼，並告訴我這是屬於刑事調查，他必須嚴格遵守不向外透露任何資料的規定。我向他解釋我想寫一篇有關他與家屬會面時，他向家屬提及的資料的文章，由於當中資料可能有誤，故想向他求證。這不是他的問題！他沒有必要幫我！之後就掛線了。

　　兩個可以證實這塊襟副翼是否來自 MH370 的可靠方法——可以證實其身分的牌子以及與維修記錄的吻合之處——都消失了。而跟之前所想的相反，襟副翼上的油漆也不會對調查有太大幫助，因為航空公司並沒有將油漆私有化，對同年代的飛機來說，即使不是數以百計，也有至少幾十架飛機機身是塗上相同的油漆。然而，這無阻馬來西亞交通部長在美國 CNN 上宣佈，「襟副翼上確切的油漆顏色，跟塗在 MH370 上的油漆是完全相同的。」

　　我後來得悉，由於沒有可能以襟副翼本身來確定它是否來自 MH370，專家就轉而向襟副翼上的零件入手，下一步就是聯絡分包商。我從一些不大願意向我透露他們所知的消息人士處得知，分包商是來自西班牙，而在襟副翼內的零件上亦發現了很多編號，這些編號亦已送到位於西班牙城市塞維利亞的分包商公司，希望能夠找到零件與編號 28420、於 2002 年送到馬航的波音客機之間的聯繫。但是有與調查隊伍關係密切的人很快洩漏消息，表示分包商基本上是不能證實甚麼。事實上，這亦是可以理解的，當分包商售賣一個活塞、汽缸又或是輸送帶時，它不會向買家問道你會用來做甚麼，又或是會安裝在哪一架飛機上。分包商或許會知道零件是屬於甚麼飛機型號，但是要知道特定飛機的確切身分？似乎買家又毋須向分包商透露這點。而令情況更糟的是，馬航並沒有向調查人員展示波音公司的維修服務合約，這本可有助調查人員更準確及嚴謹的進行追蹤。然而，我無法核實這些關於襟副翼零件是否可追溯的資料。

　　另一方面，我被告知「西班牙的分包商……正在度假。」我們要等待他們重返工作崗位。《世界報》報導了這消息，很快引起了英語傳媒一些諷刺的回應。正是！專家向家屬所說的藉口實在是太薄弱了，令人感覺到他們是想爭取更多的時間。業內人士都不認為，一家國際性的高

科技公司，哪怕是間西班牙公司以及當時正值八月中，也找不到人可以簡單的搜索一下，然後回覆公司是否有出售這些零件的記錄，而如果有的話，是甚麼時候賣出、買家是誰，並且是售賣給哪一類型的飛機。再說，根據收購了這家公司的法國空中巴士集團旗下位於西班牙的太空防衛公司所印製的小冊子上，公司是強調「全天候服務」的。的確，調查現在是由國際司法調查委員會負責，因此，正常的商業又或是外交關係不再適用，反而可能會進一步拖慢調查的進度。

在等待分包商回覆之際，專家更深入地檢視及研究這塊襟副翼：他們將它浮於水中，抽取遍佈其上的藤壺的樣本，有關樣本會進行生物海洋分析以決定牠們的年齡、健康狀況，以及如果可能的話，牠們的來源以及歷史。藤壺在全球的海洋可說是無處不在的，當遇上第一塊漂浮經過的碎片時就會很快依附其上，如果這些藤壺可以準確的告訴我們，牠們是在甚麼經度和緯度依附在這塊襟副翼上，那找到飛機將會是數星期以內的事。

在留尼旺島及毛里裘斯，搜索飛機殘骸仍然繼續

同一時間，無數人在留尼旺島上的沙灘進行搜索，義工及傳媒加入了清理隊伍，執法人員也在沙灘上執行職務。在毛里裘斯以及留尼旺島，搜索飛機殘骸正式展開，法國《巴黎競賽》周報向沃德龍建議出資讓他前往留尼旺島，讓他可以在島上的沙灘參與搜索工作。然而，在事件中失去妻子、女兒以及一名兒了的他拒絕了這項建議，他是否仍然對部分傳媒不道德的行徑感到介懷？

甚至細小的、距離毛里裘斯東部 500 公里以上的羅德里格斯島，也

加入了搜索行動，在那裡發現了兩個寫有亞洲文字的水瓶，其中一個是馬來西亞品牌。根據法國電視台 BFMTV 在留尼旺島上的特派員報導，在島上也找到了「在越南製造的鞋以及產自馬來西亞的瓶子」。[6] 留尼旺島上的警署，一息間充斥著大量從沙灘上搜索回來的物品，擔心警署很快會變成所有來自沙灘上的廢物的臨時儲物室。

　　一個星期過後，留尼旺島上的地方首長宣佈，一個星期以來發現了超過 80 樣物件：一個壓爛了的茶壺、響板、帆船的一部分、「中國製造」的人字拖鞋、韓國歌手「PSY」的塑膠娃娃……島上的報章《留尼旺島報》(Clicanoo.re) 開玩笑地刊登了一張汽車殘骸的圖片，並加上「這不是來自 MH370 的碎片」的標題。

　　空中搜索也展開了。留尼旺島的巡邏機有系統地飛越大部分的印度洋，如果飛行人員看到一些東西，直昇機及船會立刻出動。毛里裘斯也在海岸附近派出空中巡邏機，但是沒有人發現甚麼可靠的物件。

　　除了馬來西亞派去留尼旺島參與搜索的隊伍。他們剛到達，就找到了「很多飛機碎片」，馬來西亞交通部長廖中萊立刻十分肯定的發佈了這消息。到了 8 月 6 日星期四，在召開完記者會、大肆吹噓公佈「馬來西亞專家」發現「很多飛機碎片」，而全球的傳媒都報導了這消息後，廖中萊又再一次在美國 CNN 重複說，馬來西亞搜索隊伍找到一些飛機窗及座椅的碎片。他不能確定這些碎片是否來自 MH370，但有一點是十分肯定：它們是飛機碎片。一位名叫史提芬斯 (Andrew Stevens) 的記者對此感到懷疑，問道為何他會這麼肯定，廖中萊只回答說馬來西亞的搜索隊伍是「來自技術範疇的專家，接受過這方面的專門訓練」，假如他

6　在 2015 年 8 月 11 日的報導。

們說這是飛機碎片，那就一定是，因為他們會知道。廖中萊補充說：「當我們搜索到（碎片）後，立刻呈交給（法國）軍警。」[7] 然而，當法國國家憲兵被法新社及美聯社[8]問及有關問題時，卻表示並不知情馬來西亞隊伍有向他們呈交任何飛機碎片。

在整個搜索飛機碎片過程中所找到的廢物中，唯一一件有可能令人誤以為是飛機窗的，其實是縫紉機的黃色塑膠底座。至於「飛機座椅的座墊」，或許只是椰子殼的纖維[9]而已。外表是可以欺騙人的，馬來西亞的航空專業知識也不過如此！

第二塊碎片？

安德里耶烏（Arnaud Andrieu）是留尼旺島上的攝影師，在發現襟副翼的十日後，即8月8日，他前往島上的聖安德烈海灘，這海灘現時已歸於平靜，因為搜索碎片的熱潮已過去。「一如以往，它被當地人丟在海灘上的垃圾，又或是被海浪沖到岸上的東西覆蓋著。」他說。輪胎、汽車座椅、汽車殘骸、一架舊單車、玩具……在這些東西之中，他看到、也拍下了一件大型的、深橙色的海棉橡膠物體，不足一米闊、約兩米長，在海棉橡膠的一面有燒過的痕跡，而物件的另一面類似黑色地氈，看起來像是地板的覆蓋物，是屬於飛機通道的地氈嗎？它不是很重，安德里耶烏很輕易就能將它翻過來。法國國家憲兵的直昇機正飛越該地區，而警員亦駕著四驅車到達。他們也是第一次看到這物件，警員解釋他們被

7　http://edition.cnn.com/videos/world/2015/08/07/lai-interview-stevens-malaysia-parts-wash-up.cnn/video/playlists/malaysia-flight-mh370/

8　法新社和美聯社是兩個主要的國際性通訊社，法新社是法國的通訊社，而美聯社則是美國的通訊社。

9　即是包裹著椰子外殼的厚厚纖維。

告知要將所有發現的物品分類，他們正在尋找一些可漂浮的大型物件，以及旁邊有黑色鉤子的白色物件，根據他們最新的資料，這些有可能是飛機的一部分。他們拿走了安德里耶烏所發現的物件，兩日後，法國報章《留尼旺日報》(Le Quotidien de la Reunion) 報導，巡邏的警員在 8 月 8 日可能發現了「一樣新物件，警方會認真對待」，而物件亦已被送到土魯斯區進行分析。

到了 8 月 10 日，當安德里耶烏致電給負責搜索行動的法國國家憲兵空中運輸隊富凱 (Fouquet) 機長時，他被告知富凱機長目前正在「度假」。這不禁令他對搜索行動留下了極度奇怪的感覺：無論是警方、國家憲兵又或是空軍，都沒有向傳媒透露過任何有關搜索的資料。另一方面，執行搜索行動所部署的資源似乎也不足夠。在 8 月 10 日，他在推特留言道：「糟糕的一天！沒有人在海岸上，有關當局也沒有任何透明度，是被審查嗎？」事實上，官方從來沒有提過第二件被發現的碎片。至於那一塊襟副翼，在數個月後，也沒有公佈過任何分析的結果或有關襟副翼的詳細資料。

澳洲被突然出現的襟副翼殺個措手不及

澳洲顯然是被突然出現在留尼旺島上的襟副翼殺個措手不及。由澳洲負責、號稱「史上搜索範圍最廣闊的行動」，在 16 個月後仍未找到任何漂浮的碎片，更不用說在海床上的飛機殘骸，這已嚴重損害了其行動的可信性。再說，由澳洲科學家在飛機失蹤後所提出的碎片漂浮及散佈研究，從來沒有將留尼旺島包括在內。

在公佈找到襟副翼的數小時後，澳洲總理阿博特沒有等待證實襟副

翼是否來自 MH370，就宣佈有關的發現「似乎證實飛機是墜落在印度洋，而發現襟副翼的位置，似乎跟澳洲在過去數個月來所進行的搜索模式吻合。」換句話說，澳洲搜索的位置從一開始就正確？真的嗎？大部分到現時為止所發表的水流流動模式，都沒有將留尼旺島包括在內。在八個月前，即 2014 年 11 月下旬，澳洲運輸安全局的調查員富利（Peter Foley）表示：「有些東西會被海浪沖上某個海灘，很可能是蘇門答臘。有很多人將所發現的東西交到當地警署。」[10] 而澳洲總理阿博特在 2014 年 4 月 28 日卻是這樣說：「我現在要跟你們說，到了這階段是沒有可能在海面上找到任何飛機碎片了。到了這階段，搜索行動進入第 52 日，大部分的碎片都已被水浸透及下沉。」

他的說話很快被其他專家引述，用來解釋為何一直以來都找不到碎片。沒有任何東西在海中經過 52 日後仍然能浮起。但自從發現了襟副翼後，大家才發現原來東西不單能在海上漂浮 52 日，甚至超過 500 日仍是有可能的。

在發現襟副翼後，澳洲開始改變立場。根據澳洲運輸安全局局長杜蘭所言，當留尼旺島發現襟副翼時，該局其實正準備發表經修訂的碎片漂流模式。在 8 月 4 日，澳洲運輸安全局發表最新的碎片漂流模式，當中巧合地提到，碎片從留尼旺島數百公里沖上岸是有可能的。而通過改變數度的角度又或是風向的影響，碎片的確是可以沖到留尼旺島上。

回到 2014 年 3 月，飛機失蹤後的數星期，由於法國擁有在印度洋

10 他在 2014 年 11 月 23 日接受英國報章《每日鏡報》（*Daily Mirror*）的訪問，http://www.mirror.co.uk/news/world-news/flight-mh370-debris-missing-jet-4679689

西南面的數個小島[11]，我嘗試碰碰運氣，致電到在留尼旺島上的法屬南部及南極領地的辦公室；確切來說，是位於柏斯西南約 2,500 公里的法屬聖保羅島以及阿姆斯特丹島。這些島上有沒有發現過甚麼？到底法國是否已準備好協助搜索行動，又或是如果飛機被發現是在離現時假設的位置以西的方向墜落，這些小島會否變身成為支援搜索的基地？「我們指定的搜索及救援地帶是局限在印度洋的西南面。」區指揮官的副手在電話上這樣告訴我。至於搜索行動，法國的研究及補給艦「杜帆妮號」（*Marion-Dufresne*），當時正在凱爾蓋朗群島以及聖保羅島之間執行補給任務，並沒有收到任何特別的指示。

在 1997 年，當杜帆妮號在新西蘭的基督城作中途停留時，我在法國古生物學家的陪同下，在艦艇上的食堂度過了一個難忘的晚上。他們非凡及總括來說艱澀難懂的講解，將我帶到天地剛開創的時候，而一切都是基於取自極地冰冠的沉積物樣本。[12] 然而，除了關於杜帆妮號、信天翁的健康以及聚集在阿姆斯特丹島上的海豹的消息外，我從電話中接收到的訊息，是法國完全不關心現正進行中的搜索行動。「再者，如果飛機是向著更南面的方向墜落，就是更接近我們的南部領地。在這南緯度的主導水流會令碎片向東面流去，甚至會在澳洲底下經過。因此，相對上是不太可能有東西來到我們附近。」這是這位區指揮官的副手最後的預測。根據這邏輯，是更加不可能有任何東西沖上留尼旺島的。

部分科學家認為，擱淺在留尼旺島上的襟副翼明顯有問題

---

11 法屬南部及南極領地屬於海外領土部門的管轄，其中包括克羅澤群島、聖保羅島及阿姆斯特丹島、凱爾蓋朗群島、法屬印度洋諸島以及阿黛利地。

12 "Les carottes du Marion-Dufresne résoudront-elles l'énigme du climat global?" (Will the Marion-Dufresne's core samples solve the climate change enigma?), *Le Monde*, 28 May 1997.

2015 年 8 月 24 日，美國主要的顧問公司米特倫科學解決方案公司（Metron Scientific Solutions）在事件發生後，向科學界發出了一份通告。在 16 頁的通告內，用充斥著數學符號的方程式來解釋其計算和方法[13]，令我回想起就讀大學預備班時的悲慘時光：函數、平方根、對數、整數、三角、餘弦……我乾脆直接翻去結論，作者斷言飛機墜落的地帶，是「十倍有可能」在現行搜索範圍更北的位置。澳洲肯定不會喜歡聽到這消息。

數日後，德國備受高度尊崇的基爾亥姆霍茲海洋研究中心（GEOMAR）也來表達意見。該中心基於他們自己的論據指出，飛機有可能是墜落在現行搜索範圍東北面數千公里以外。[14] 其中一個撰寫研究的杜爾加多（Jonathan Durgadoo），在電話上向我解釋他們的科學取向。「我在襟副翼被沖上岸的位置，用模擬碎片樣本進行了二百萬次的測試，以便觀察它們可能是從何而來。」不單只有四分之一的模擬碎片是從印度洋東面而來，而更重要的，只有極少量的碎片是來自第七弧線──這條航道與 Inmarsat 的訊號所顯示的飛機墜落路線是一致的。更糟的是，沒有一塊碎片樣本是來自目前搜索所根據的第七弧線區域，這令澳洲正緊密集中的搜索地帶面臨兩個嚴重的挑戰。然而，我聽說海洋學漂流研究大致上是挺不精確的。當然不會如馬來西亞巫師（bomoh）預測般不精確，還是會以一定程度的謹慎來看待的。

正當澳洲一直暗示或許不會找到任何碎片，另一個科學機構──澳洲的聯邦科學與工業研究組織（CSIRO），在 8 月 4 日發表研究報告，引證通常飛機墜落到海中都會有碎片。研究並引述了四宗著名的飛機墜落

13　所使用的是來自英國倫敦帝國學院的海洋學家塞比耶（Erik van Sebille）的碎片運輸模式。
14　基爾亥姆霍茲海洋研究中心是使用法國麥卡托海洋的漂浮模式。

海上事故：勝安航空 185 號航班 (1997 年 12 月 19 日)[15]、亞當航空 574 號航班 (2007 年 1 月 1 日)[16]、法國航空 447 號航班 (2009 年 6 月 1 日)[17]，以及亞洲航空 8501 號航班 (2014 年 12 月 28 日)[18]。不過，這些例子並不足以令人信服，這些例子只是進一步提醒這樣大型的碎片在墜機後那麼久仍然還未找到，又或是與飛機墜落的估計位置其實有很遠距離。反而，這些例子凸顯了這次襟副翼事件的獨特性質。

留尼旺島距離第七弧線約 4,000 公里 (2,200 海里)，哪怕碎片上安裝了小型馬達而且自動駕駛，也要每天以直線航行超過七公里，才能在 2015 年 7 月 29 日沖上島上的聖安德烈海灘。加上變幻莫測的海流和風向，以及大浪帶來的影響，碎片在航途中要熬過無數風暴。「令人驚訝的是，飛機墜落後碎片可以漂浮這麼長時間。這的確令人驚訝。」特羅阿代克在一個節目上說。[19] 如此，我們又重新回到「前所未見」的領域。

我約了特羅阿代克在布列塔尼大區的布雷斯特見面，當時是 2015 年夏天，數小時前，著名的法國護衛艦「赫米奧娜號」(*L'Hermione*)[20] 複製品剛從紐約凱旋歸來。自從 2014 年 3 月他率領法國代表團到馬來西亞處

---

15 這架波音 737 機尾的碎片掉下來並向東面飛去，而飛機其餘部分就掉進了印尼蘇門答臘的穆西河中，再沒有任何飛機殘骸浮上水面。

16 一架波音 737 在印尼東部的蘇拉威西島附近墜落，在一個月內，共找到了約 200 件物件，當中包括部分座椅、派餐的托盤、行李箱、部分飛機輪胎、救生衣以及頭枕等。

17 搜索人員一共花了五日，才找到墜落在巴西海岸附近的 A330 的第一塊碎片，而隨後的兩星期，搜救人員找到超過 700 件物件以及大約 50 具遺骸，到 6 月 20 日後就再沒有任何發現。飛機的機身是於 2011 年 4 月在 4,000 米深的深海中被發現。

18 這架 A320 墜落在爪哇海中，搜救人員在兩個星期後找到了一定數量的碎片，有些碎片甚至漂浮至 100 海里 (185 公里) 以外。

19 節目《第一個回應》(*The first response*) 是於 2015 年 8 月 6 日播出的。

20 赫米奧娜號是一艘護衛艦，拉法葉侯爵於 1780 年帶同 6,000 名法國士兵，隨艦艇前往美國參與美國的獨立戰爭，最後美國戰勝，英軍總司令投降，美國成為一個獨立國家，而拉法葉侯爵也在戰爭中立了大功。

理有關 MH370 失蹤一事後，我再沒有見過他。一如其他航空專家一樣，他對事件深感興趣，對大部分群組所報導的事態發展也瞭如指掌。從發現襟副翼的那刻開始，他已認為這並不能解開事件的疑團，極其量只能令事件終結。在搜索法航 AF447 時，逆向漂流計算導致調查人員跟飛機墜落的正確位置距離很遠，同時也令他們白白浪費了數個月的時間及大量金錢。至於這塊襟副翼，充其量只能讓調查人員對飛機最後的一刻有清晰概念：到底飛機是輕柔地觸地、俯衝，抑或是爆炸。

這塊襟副翼的大小以及完好無缺的狀況，其實可以用來支持兩個實際上對立的設想情況，而第一個設想情況是較第二個更為真實。如果飛機是以高速俯衝（大約每小時 900 公里），飛機的機翼或機尾在俯衝時有可能會折斷，這樣墜落到水中的撞擊力就會較少，獨立小組認為這是最有可能的解釋。而襟副翼邊緣上出現的裂痕，亦與獨立小組成員埃克斯納（Mike Exner）在模擬裝置複製飛機近乎垂直俯衝時，從飛機上折斷的機翼或機尾上所出現的裂痕一致。第二個設想情況是主張飛機成功降落到海上，情形就類似多年前一架美國客機降落在哈德遜河上一樣。[21] 但是熟悉印度洋和航空業的人，沒有一個認為這是有可能的。「根本難以想像機師怎樣如衝浪手般選擇適當的浪，以便與起伏的波濤在同一方向，同時要有足夠的距離讓一架波音 777 客機在海上降落。」一名十分熟悉如何在航空母艦的甲板上降落的戰鬥機飛行員解釋道。對於一架這麼龐大的飛機來說，當降落到海上時，海水就如水泥般堅硬，隨時會因為衝擊爆炸。

至於馬來西亞，則透過一名叫里達（Zaaim Redha Abdul Rahman）的衛星通訊專家作中間人，嘗試以飛機在海上降落的第二個設想情況來為

---

21 在 2009 年 1 月 15 日，一架 A320 的兩個引擎都因為遭到雀鳥撞擊而同時熄火，飛機完全失去動力，機師決定將飛機迫降在紐約的哈德遜河上，事故中所有乘客生還，只有少數乘客受傷。

事件開脫。「我相信當飛機耗盡燃油時，就會向下降，並以輕柔的撞擊力降落到海上。」他向馬來西亞國家新聞社說道。「因此我相信飛機大致上仍然是完好無缺的。」他認為，於印度洋的留尼旺島上發現的襟副翼，正好支持他的理論，即飛機有可能漂流到印度洋，再漂浮了一段時間才下沉，而不是墜落。又一個草率及幼稚的理論，這一次是由馬來西亞公開提出。

雖然馬來西亞的官方通訊社將他的說話翻譯成多國語言，但是除了由官方發出的稿件外，我再找不到有提及這人的「專家意見」的地方。

2015 年 9 月 3 日星期四：突然「確切地」證實

雖然在整個八月都沒有任何關於正在土魯斯區進行的分析的消息，但是到了九月，事情忽然又變得熱烘烘。

在 2015 年 8 月 31 日星期一及 9 月 1 日星期二，法國國防部長德里安正在馬來西亞，提交法國向馬來西亞推銷的 18 架颶風戰鬥機的「完整建議」。他會見了馬來西亞的國防部長希山慕丁，希山慕丁的職責在年多以來已被縮減為只限於國防範疇。德里安表示，這 18 架颶風戰鬥機是法國與在東南亞的「戰略夥伴」馬來西亞，商討「廣泛合作安排」的其中一個議題。這位法國國防部長向馬來西亞提到「潛艇、護衛艦、戰機……」，但是兩個政客都沒有提及 MH370、失蹤的四名法國公民或正在法國進行分析的襟副翼，又或是法國與馬來西亞仍然未就有關的襟副翼是否屬於 MH370 統一口徑？這是不是法國向馬來西亞求證的適當時機？

到了 2015 年 9 月 2 日星期三，法國的家屬與分析襟副翼的專家，在巴黎法官的辦公室再次會面，他們被告知海洋生物的分析已完成，分析結果為襟副翼上的藤壺「最少已有一歲」，而且這種小型生物只能在高於攝氏 18 度的水中存活，這樣就與假設的墜機的日期及地點吻合。法官也表示他打算在翌日前往塞維亞，與分包商見面。

第二天，即 2015 年 9 月 3 日星期四，法官與他的一位專家起程前往塞維亞，飛機於接近中午的 11 時 55 分到達，分包商法國空中巴士集團旗下的太空防衛公司，就是位於塞維亞聖巴勃羅機場的地帶內，真是一個極佳的巧合，因為兩位法國人的步伐似乎很匆忙。為兩名法國人解答問題的分包商技術員，有最低限度他們想知道的資料，他證實了在襟副翼內發現的 12 個號碼中，之前全都已被轉發到該公司，其中一個跟波音 WB-175 的襟副翼的編號完全吻合，也就是波音 28420，亦是於 2002 年賣給馬航、馬航註冊編號為 9M-MRO 的波音客機。

如果在十二個號碼中，有一個是可以跟 MH370 聯繫起來，那其餘十一個又怎樣呢？但在此情況下，還有誰會關心其餘的十一個？最重要是發現了有關聯，儘管微弱，也是一條關聯，法官十分滿意，他不要求更多的了。

等不及回到巴黎，法官在會面過後就立刻通知在巴黎的檢察官，而檢察官也迅速地預備了向傳媒發放的聲明，有關聲明在同一日下午的稍後時間發佈。當法新社在全球的編採辦公室都收到這則緊急訊息時，法官與同行的專家還在西班牙。

「今天可以確切地證實在 2015 年 7 月 29 日於留尼旺島上發現的襟副翼，與用作 MH370 的波音客機相符。」巴黎檢察官在向傳媒發放的聲

明中這樣寫道。傳媒只對聲明中的三個字感興趣:「確切地」。

事實上,檢察官對向傳媒發放的新聞稿也作出了修改,當中提到利用內窺鏡探視襟副翼之內,發現了三個號碼。「有關這個飛機組件的訂購及生產的數據所帶出的訊息,經過分包商的技術員解釋後,正式確定三個在襟副翼內發現的號碼中,有一個是跟用作 MH370 的波音 777 客機的襟副翼有著相同的編號。」然而,專家在調查剛開始時,已清楚向家屬表明已將在襟副翼內發現的 12 個號碼發送至分包商,而另一個身處調查中的主要消息人士亦向我證實,西班牙的分包商是被要求就 12 個編號提供意見,而不是三個。

如果「內窺鏡在襟副翼內發現」的號碼一共有 12 個,當中只有一個是與 MH370 相符,那這個「確定」就會立即變得不那麼確定。無可否認,「三個中的一個」肯定較「12 個中的一個」令人信服得多,這麼一來就再沒有人會理會其餘兩個號碼。管他呢,12 個號碼也可以變成三個,只要這塊襟副翼是真正屬於 MH370 就好。

後來我有機會看到法國法官用來「確切地」證實,在留尼旺島上發現的襟副翼是來自 MH370 的機密文件,我發現文件並不是那麼有說服力。我不會吹毛求疵的斟酌寫在這份官方文件上,發現襟副翼的日期其實是 2015 年 7 月 29 日,而不是 2015 年 7 月 31 日。最令我感到驚訝的是,唯一將被確定的組件的編號 (3FZG81) 與襟副翼編號 RH405(用在波音 MSN404)拉上關係的文件,當中決定性的號碼是用手寫的。再者,另一份文件提到「襟副翼號碼 404」(這是飛機的編號而不是襟副翼的編號)。根據在檔案內列出相符地方的列表,襟副翼 404 是安裝在波音 MSN400,而不是波音 MSN404,不過這看來真的是輸入時犯的錯誤。專家竟然會將襟副翼的號碼與波音客機的號碼混淆。而更重要的是,文件

顯示 MH370 的襟副翼還包括其餘五個組件編號（也是用手寫的），為何沒有人嘗試將這其餘的五個組件號碼，跟在留尼旺島上發現的襟副翼的號碼核實一下？整件事給人的感覺就是在匆忙中完成。

到底是否可以想像，即使是聲譽良好的公司，接受了一個大客戶甚至一個國家的小恩惠，在訂購線上又或是在編號上做些少手腳，以便達到所期望的效果，同時又不會賠上安全或公司的聲譽？這問題的答案會有相當大的差別，視乎你發問的對象。從一個極端：「絕對不會！沒有可能的！我們有十分嚴格的程序。」到另一個極端：「當然了！甚麼？你以為航空業內的人是聖人嗎？」我沒有假設甚麼，我只是問問題。

事實上，即使如此，其中一個我信任的專家後來看了這份機密文件，並認為「十分有說服力」。他告訴我他大概也會跟法官得出同一個結論，就是有關的襟副翼是來自 MH370。不過，他承認襟副翼上沒有了查證其身分的牌子是「有問題的」。

從一開始，MH370 事件最大的問題，也是最異常的問題，是找不到任何碎片。因此，這塊碎片不單迎合了馬來西亞的需要，更是迎合了所有人的需要。這是所有人都渴望見到的碎片，可以令這件糾纏已久的事情終於落幕。

2015 年 9 月 4 日星期五，家屬與法國總統奧朗德（François Hollande）在愛麗舍宮的總統官邸會面，奧朗德對整件事的來龍去脈十分清楚，他對每個人的說話都細心聆聽，而他所表現出的人性及仁慈，也令家屬留下深刻印象。他指示接替特羅阿代克的現任法國航空安全調查局局長、也有參與這次會議的朱提（Remi Jouty），向家屬提供在 2014 年 3 月他們到馬來西亞一行的報告的副本，如果有的話。他也答應為家屬

安排與法國對外安全總局 (DGSE) 的局長巴若來 (Bernard Bajolet) 會面。最後，他宣佈他計劃在 2016 年訪問馬來西亞，這引起了他的職員一瞬間的慌張，他們顯然對這消息感到愕然。

　　總統遵守他的承諾，家屬於 2015 年 10 月 9 日與巴若來 (Bernard Bajolet) 會面，這名局長以可以與法國總統直接聯絡著稱，甚至到了他時常忘記知會他的官員的程度。[22] 即使如此，這次會面對家屬來說也只是多一次的失望。這名局長理應是對一切都知情，但原來是「甚麼都不知道」。「對！真的甚麼也沒有……」除了提及到家屬從未聽過的恐怖份子的宣言以外，不過即使如此，法國特工對此也沒有認真對待過。其中一個恐襲宣言是來自某個印尼的組織，而根據 DGSE，這個組織缺乏足夠的資金進行恐襲行動，因此只能在其網頁上作出宣言。另一個是來自某個不知名的維吾爾族 [23] 組織。總括來說，這位特工首長自搜索展開以來，都沒有掌握事情的最新發展：乘客當中沒有可疑、沒有可能遙遠控制一架飛機；也難以想像一個法國特工，會對沃德龍談及美國有份參與事件。「不要相信別人告訴你的，這裡的人不會談及這些。」這位特工首長說。

　　在這些情況下，馬來西亞人會用一句他們常說的諺語：「當你不想跳舞的時候，你就說地上是濕的。」

　　從事情的發展來看，法國一直善待馬來西亞；是不是因為一直都陰魂不散的潛艇醜聞所致？是不是因為法國要向馬來西亞推銷 18 架颯風戰鬥機？是不是因為其他公眾不知道的原因？無論如何，這件事被歸類為

---

22 法國新聞雜誌《觀點》(Le Point)，2014 年 12 月 5 日。

23 維吾爾族是信奉伊斯蘭教遜尼派的中國少數民族。

「敏感事件」，為甚麼會這樣？從 MH370 失蹤一開始，就應該被視為是一宗民航事件，應該由工程師、技術人員以及科學家來處理，而不應該由軍事人員、政府以及官員處理。

一眾家屬反正從來沒有期望會從跟法國特工的會面中知道真相，他們離開巴黎特工的總部，更加相信法國是無意幫助他們尋找真相。

事情一開始就缺乏透明度，這是整件事裡最負面的地方，而法國所進行的調查，並沒有增加事件的透明度。哪怕法國只是公開分析襟副翼的部分結果，也足夠向世界展示其專門技術的效能，然而法國卻選擇躲在保密的簾幕背後。雖然考慮到調查的司法及反恐方面的情況，法國是沒有義務公佈任何資料，但這並不代表法國被禁止這樣做；又或者法國認為這並不關乎她的利益？但是天知道法國在事件中真正的利益是甚麼？

要是襟副翼一早放在那裡，再「假裝」成失蹤的碎片又如何？

在 2015 年 10 月初，美國記者韋斯的部落格[24] 刊登了一篇長文，文中引述了幾位科學家對藤壺（茗荷屬）[25] 的研究，並訪問了他們。文中提出了一個可能性，就是襟副翼有可能是一早「預備好」，為事件提供所需的「失蹤碎片」。

首先，接受訪問的海洋生物學家從相片估計，襟副翼上藤壺的年齡

---

24 "How the flaperon floated", jeffwise.net, 9 October 2015.

25 韋斯特別引述了賓夕法利亞州布魯斯堡大學海洋學及地質學教授維恩博士的論據，她研究茗荷超過 20 年；以及日本奈良女子大學的研究員遊佐陽一。

是「在數星期至數個月之間」，無論如何是「少於六個月」。假設飛機
是在 2014 年 3 月 8 日墜落在印度洋，藤壺的體積應該跟 16 個月時相符，
而不是只有六個月。

另一方面，法國在 2015 年 8 月 12 日所寫而一直保密至今的官方報
告，當中提到從襟副翼上收集到的最大藤壺樣本 (36 毫米長的頭狀花序，
即殼) 可能是「大約 476 日大」，這非常接近飛機失蹤後 (515 日)，襟
副翼理應留在水裡的時間；然而，計算出藤壺的年齡的方法，卻似乎並
不足以令人信服。有關研究的作者，布列斯特海事學校的普潘 (Joseph
Poupin) 教授，利用通常用來估計增長速度的迴歸方程式來計算藤壺的
年齡，但是他卻是以一個很久之前對另一種類的藤壺[26]的研究（埃文斯，
1985 年）作為藍本，而研究中的藤壺是於不同時候、在不同的情況下、
在不同的海洋（大西洋而不是印度洋）生長。再者，普潘教授在他的研
究中提到，他曾經徵詢過澳洲專家鍾斯 (Diana S. Jones) 的意見，而她並
不同意他對藤壺的年齡的分析。法國的報告並沒有提到這名澳洲專家的
分析是如何。

再者，根據從 1993 年開始研究浮游藤壺在熱帶太平洋的分佈的海洋
學家維恩 (Cynthia Venn) 博士所言，這些生物可以在少於 515 日間，即
假設中襟副翼留在水中的時間，生長至比襟副翼上找到最大的樣本 (36
毫米) 更大的體積，達到 45 至 50 毫米。「全視乎牠們可以獲得多少食
物而已。」維恩博士評論道。在她於 2005 年對茗荷屬的研究中，估計最
少的生長速度是每天 0.35 毫米。她總結法國的報告是「對估計的基礎太
有信心而數據太少」。

---

26 埃文斯的研究 (1958 年) 測試了兩種茗荷，但兩種都不屬於在襟副翼上找到的茗荷。

此外，分佈在襟副翼上的茗荷亦說明了一點，就是牠們必須要泡在水中，因為這些甲殼類動物只有在水中才會生長，雖然根據維恩博士，牠們可以在水線又或略高於水線上生長，只要頻密地泡在水中就可以。而襟副翼必然是漂浮了數千海里。根據專家格蘭傑爾[27]，襟副翼是浮在「稍稍略低於水面」。浮在水面以下的狀態不但難以做到，而且很短暫：第一個拍打襟副翼的巨浪，會將襟副翼推低至平衡點以下，於是其浮力會逐步降低，最終會阻止它浮上水面。[28] 換句話說，沒有任何設想情況，可以容許在襟副翼上觀察到的藤壺，與襟副翼的漂浮方式同時共存。

法國氣象局的報告進一步證實這點。韋斯取得這份報告，並於2016年5月2日上載到他的部落格內，報告中表示：「襟副翼在被發現時的浮力如何是十分重要的。由法國政府武器裝備總指揮部（DGA）所作的水力工程測試顯示，在持續的風向下，這塊襟副翼似乎會以兩種不同的方式漂浮：以後緣（trailing edge，即機翼末端的位置）漂浮，又或是以前緣（leading edge，即機翼的最前端），面對著風漂浮。」但是在第二段補充說：「在襟副翼的上下兩面都出現藤壺，顯示出不同的水線，也代表襟副翼是完全泡在水中。在這情況下，我們得出相等於百分之零的風速。襟副翼是僅僅利用水面的水流漂浮的。」

這基本上是說，襟副翼漂浮的方式，與所觀察到藤壺的生長並不一致。如果它是以DGA所觀察到並寫在報告上的方式漂浮，藤壺就不可能以它們的方式生長；而如果藤壺可以以它們的方式生長，襟副翼就不會是以正常的方式漂浮，這的確是一個難題！當被記者問及這問題時，法國氣象局報告的撰寫人同意這並不符合常理。

---

27 2015年9月2日，專家格蘭傑爾向家屬作口頭上的簡介。

28 高級流體動力學者凱里 (Sean Kery) 在韋斯的文章內解釋，出處同上。

　　在發現襟副翼事件之初，一位與調查關係密切的消息人士告訴我有
關的浮力研究是「不能用的」，或許這就是原因。在發現襟副翼接近一
年後，家屬仍然沒有機會看到由 DGA 所做的浮力研究。當襟副翼被送
到土魯斯區兩個月後，法國航空安全調查局前局長特羅阿代克曾批評說
這花了很多時間，但是事件到現在又多久了？

　　因此，不論在留尼旺島上發現的襟副翼是否屬於 MH370，都不能解
開其所存在的不一致問題。它不能以本該有的方式漂浮，這衍生出事情
另有干預的假設，而事情最新的局面也打開了另一個潘朵拉的盒子。有
鑑於圍繞著襟副翼實在有太多議題，這是值得繼續探索下去的線索。

　　不難理解為何馬來西亞甚至是調查人員對終於有一塊碎片出現感興
趣：它可以證實官方所說的飛機是在印度洋墜落的說法，而且也可以令
家屬感到事情終於告一段落。在人類歷史中，有沒有曾經出現過一些情
況，是有一些人捏造一些證據來加快調查進度並得出結論？

　　不過，要實行這個假想情況，只有兩種方法：取得另一塊波音 777
的襟副翼（可以的話最好是來自馬航），又或是真正來自 MH370 的襟副
翼。而無論是前者或後者，總之令襟副翼要以最自然的方式出現在海灘
上。

　　而當襟副翼被發現後，我們全都見證到以下推論的出現：這是波音
777 的襟副翼；只有一架波音 777 失蹤了（就是用作 MH370 的波音客機），
因此，這一定就是用作 MH370 的波音 777 客機的襟副翼。然而，這論
據的邏輯仍然有瑕疵，飛機及其組件的清單並不如我們想像中般有系統，
也沒有想像中那麼容易追蹤。

一如 2008 年《世界報》一篇文章解釋[29]，「在過去十多年來，波音及空中巴士在飛機不能再提供服務時，往往是『拆解』而不是『銷毀』它們。」回收重用「已變成了一門專門行業」，法國波音的行政總裁加蘭（Yves Galland）在 2008 年發表的《航空革命：環境挑戰》（*Aeronautical revolution: the environmental challenge*）一文中這樣寫道，《世界報》引述了文章部分內容。「根據空中巴士，在之後的 20 年，有不少於 6,000 架飛機不能再繼續提供服務，而波音所預測同期不能繼續提供服務的飛機為數更多，約有 7,000 至 8,500 架飛機會從機隊中退役。」而文章亦補充，不論波音又或是空中巴士，都積極阻止飛機零件黑市的出現及發展。

波音及空中巴士將飛機拆開，並回收重用相當大比例的組件。每一年，有數百架波音客機，其中包括數架波音 777，要從機隊中退役，因此飛機會*被拆解而不是銷毀*，而在這情況下，要取得一塊襟副翼並不是沒有可能的。而馬航波音 777 客機的情況就更容易，因為很多都早已從機隊中退役，被儲藏起來，又或甚至是報廢，我們之前已發現了這情況（第五章第 112 頁）。甚至當馬航 MH17 在烏克蘭上空被擊落，而在碎片中找到一塊近似的襟副翼照片在網上流傳時，有一些「馬航狂熱者」亦提出一個理論，指這塊襟副翼有可能是來自 MH17 被發現的碎片。

在 2015 年 12 月某天發生的事件，更加凸顯飛機組件甚至整架飛機並沒有被妥為監管。當日吉隆坡機場在馬來西亞報章《星報》刊登了一則廣告，要求*被遺棄在停機坪數年*的三架波音 747 客機的物主回來認領飛機，否則會將它們處分掉。這則廣告引來一些諷刺的回應，例如「有沒有人遺失了三架波音 747 客機？」以及「無人認領的波音 747 客機會被銷毀！」

---

29 "Ces avions que l'on désosse"(These planes we hack up), *Le Monde*, 8 October 2008.

找另一塊襟副翼替代,這個設想情況的另一個版本,是有人擁有真正來自 MH370 的襟副翼,而這塊襟副翼當然是遭受過跟官方解釋的版本完全不同的命運。如果飛機是在未知的地方墜毀了又或是被劫機,而整架飛機及大部分組件都被尋回,他們所需要做的是偽造一塊看似漂浮了很久的襟副翼。只要將襟副翼泡在海中數星期或數個月,讓藤壺有足夠時間在其上生長,之後就隨意將它放在一個會有誠信地處理事件的國家的海灘上,這樣就可以將更加複雜的事情真相保密。換句話說,就是完全捏造證據。

無論這塊襟副翼是否真的來自 MH370(而我們仍然在為襟副翼上為何會失去證明其身分的牌子等待一個合理解釋),又或是這是來自另一架波音 777 客機的襟副翼,事件本質上的不一致,令我們要以最謹慎的態度來考慮整件事的真實性。

數個月過去了,法國專家依然沒有公佈過其分析結果的詳情。終於在 2016 年底,在這次謎一般的發現超過一年後,部分法國家屬終於可以接近收藏在法國陸軍實驗室內的襟副翼,然而即使他們要求,他們也不被容許觀察襟副翼在水中的情況。在我看來,家屬是應該被准許觀察襟副翼泡在一池海水中的狀況,這是可以讓家屬看到襟副翼是怎樣漂浮的唯一方法。然而,除了容許家屬可以遠距離窺看這塊襟副翼外,這塊獨特的襟副翼仍然隱藏在最高的保密級別中。

對於這塊襟副翼的實際大小及重量,我們仍然一無所知,很多「馬航狂熱者」都渴望知道這方面的資料,如此他們就可以將這些資料,加入他們各自的逆向漂流模型中。而由於他們沒有這方面的資料,只好依賴在網上流傳、質素甚高的圖片。法國從沒有就發現襟副翼舉行過記者會,參與分析襟副翼的有哪些專家也從沒有對外公佈,而且也從沒安排

他們解答有關襟副翼的問題。

　　此外，這塊襟副翼也應該可以讓我們知道飛機最後一刻的情況，以及它是怎樣墜落海中：是在接觸水面時爆炸、俯衝時解體，又或是當引擎失去動力時徐徐下降，這些分析對確定搜索範圍十分重要。而在 2015 年 12 月，發現襟副翼的四個月後，當澳洲宣佈他們新的搜索策略時，他們絲毫沒有提及這塊 MH370 的碎片。

　　在 2015 年 12 月 7 日，來自加拿大的「馬航狂熱者」、精算數學家麥克尤恩，根據主要的科學組織[30]比較分析了襟副翼 11 個不同的漂流研究結果，發表了 30 頁的研究。[31]他總結說如果碎片可以在 508 日到達留尼旺島，其他碎片理應可以更早被沖上西澳洲以及其他印度洋的海岸。「所有研究模式都顯示出，只有在顯著的風壓差幫助下，襟副翼才有可能從目前的優先搜索地帶漂浮到留尼旺島，而從土魯斯區的報告以及專家針對藤壺／水藻生長發表過的意見，要說襟副翼的發現『確證』了優先搜索地帶，是太早下定論。」

　　麥克尤恩最後為他的報告總結，表示對土魯斯區襟副翼的浮力研究結果仍然未與科學界又或是負責搜索的澳洲隊伍分享，感到遺憾。「襟副翼浮力測試結果應該在數個月前已經有，然而，這重要的資料顯然並沒有與指揮著深海搜索的人分享。很難想像為何會有這情況出現，又或是搜索效率緩慢對家屬來說是可接受的？他們在 21 個月以來，都拒絕放手讓事情告終。」

30　當中包括：聯邦科學與工業研究組織 (CSIRO)、西澳大學 (UWA)、全球環境模型系統 (GEMS)、數學科學學院 (ICMAT) 以及國際太平洋研究中心 (IPRC)。

31　"MH370 Debris Drift Studies – A Comparative Analysis", 7 December 2015.

　　換句話說，要麼就是這塊襟副翼並不屬於 MH370，要麼就是搜索並不是集中在找到殘骸的地帶。

　　這些都令你感到疑惑。最終，這塊襟副翼並沒有起到甚麼作用。它並沒有解答任何問題，反而令人的腦海中出現更多問題。它甚至不能達到當初希望藉此說服公眾 MH370 的確是墜落在印度洋的目的。家屬根本完全不相信。

　　以下一個例子可以說明為何發現襟副翼一事難以令人信服。在 2015 年 10 月 10 日，傳媒大肆報導法國「確切地」證實襟副翼是 MH370 一部分的一個多月後，馬來西亞的寰宇電視台 (Astro Awani) 報導，在菲律賓南部塔威塔威省上的素貝島上打獵的馬來西亞人，發現了一架有馬航標誌的飛機，駕駛艙仍然有人類遺骸以及機師的骸骨。年約 40 歲的電氣技工奧馬爾 (Jamil Omar)，已就此事向婆羅州沙巴的一間警署報告，他的侄兒據稱是在森林的邊陲捕捉雀鳥時發現飛機殘骸的。整件事最令人感到奇怪的，是在馬來西亞電視台報導後的數天內，傳媒一窩蜂湧到據稱發現飛機殘骸的地點，並將這事與 MH370 拉扯在一起，但從來沒有人認為這有問題。

　　我們不是剛在一個月之前，才終於等到飛機被證實是墜落在印度洋的消息？而假如基於一塊沖上留尼旺島的碎片，而證實飛機是墜落在印度洋，為何我們忽然又認為 MH370 是墜落在菲律賓一個森林內？這是不是告訴了我們傳媒對地理知識的貧乏？又或是傳媒只有很短暫的記憶？

　　數日後，菲律賓海軍在據稱發現飛機殘骸的小島巡邏，並向島上居民查問，但是沒有人能證實那位年輕捕鳥者的發現。而當菲律賓警方想

向這位捕鳥者了解詳情時，他顯然也飛走了。

第 九 章

在非洲東岸出現新一波的碎片

　　這段關於碎片的長篇故事，並沒有隨著襟副翼被證實是來自 MH370 而告一段落。儘管澳洲總理阿博特曾經表示：「經過 52 日後……，大部分碎片已經沉沒」；儘管人類歷史上最大規模的海上搜索行動，仍然沒有發現任何碎片；儘管在西澳洲以及印尼曾進行廣泛的海灘搜索，但兩年以來仍然沒有帶來任何線索。然而，自 2016 年 3 月初開始，在南印度洋的西面又出現了新一波「疑似飛機碎片」：首先是莫桑比克，之後是南非洲、毛里裘斯、羅德里格斯島，再一次是莫桑比克、馬達加斯加……到後來已經很難記得清楚，也只有很少人認真去記。

　　首先發現的新一波碎片的第一塊，澳洲運輸安全局將其形容為「一塊大約一米長的金屬」，於 2016 年 3 月初被發現。碎片呈三角形，其上印有「不要踐踏」字眼。這是在很多東西的表面上，都可找到的統一警告告示。以飛機的情況來說，這是提醒技術人員某一個範圍的飛機外殼並不堅固，不要踏在其上。

　　在莫桑比克發現的碎片瞬即成為全球新聞報導的焦點，對於大部分不是太深入留意 MH370 的故事的人來說，再次發現碎片只是為飛機是在「某處」墜落的一般說法提供更多憑證；但是對深入留意事件的人來說，這塊碎片也有很多疑問，例如它的乾淨程度、發現的時間及環境等。

　　發現第一塊「新一波」碎片的人是吉遜（Blaine Gibson），他是曾在之前（第五章）提到的美國冒險家，由於他將大部分時間貢獻在到全球搜尋 MH370 上，因此放棄了在埃塞俄比亞的沙漠及其他地方尋找「失落的約櫃」。他甚至想嘗試解開瑪雅文明沒落的原因。吉遜沒有家庭、沒有工作，而他從小的目標，是到訪全球每一個國家。根據他在英國 BBC 上的訪問，他「賣了房子」來資助他四處旅遊、歷險及解謎的生活方式。

他對環遊全球及尋找 MH370 的雙重熱愛令他來到澳洲，並跟澳洲副總理特拉斯（Warren Truss）會面，這次會面是由一位家屬安排的。而在柏斯（西澳洲）時，在「飛機支援群組澳洲」（ASGA）的協助下，他會見了兩個致力於解開 MH370 事件的科學家，其中包括海洋學家柏提亞齊（Charitha Pattiaratchi），她是少數說碎片會沖上地球某個角落的科學家，而後來碎片亦的確沖上了她所說的位置。柏提亞齊向吉遜提議嘗試到莫桑比亞尋找碎片，而吉遜亦的確在 2016 年 2 月前往了莫桑比亞。「（在莫桑比亞）我花了一天向當地人問道：碎片通常會沖上哪裡？當地人通常會到哪裡打撈沖上岸的東西？」吉遜回憶著說。當地人向他提到通向莫桑比亞海峽的沙丘，吉遜於是向一間位於繼蘭庫洛、安排一日狩獵團的公司租了一艘快艇，並在此與船長班圖（Bento）以及租船公司的東主小蘇萊曼（Sulaiman Junior）一起啟程前往該沙丘。由於潮汐關係，三人在沙丘只能逗留很短時間。「只能逗留少於兩小時。」吉遜的導遊向他說。然而，在他們抵達沙丘並展開搜索行動數分鐘後，小蘇萊曼發現了一塊很大的灰色三角形碎片，他大叫：「吉遜，快來看！」「我看到碎片上寫著『不要踐踏』，我當時想，這是來自飛機的，而且有可能就是來自『那一架』飛機。」吉遜向英國 BBC 說。他向澳洲運輸安全局發送了一張相片，該局很快回覆，而且似乎「極度感興趣」。美聯社在數天後報導了這件事，並引述了一名「匿名的美國官員」說這塊碎片有可能是來自波音 777。馬來西亞交通部長廖中萊也表示，碎片「很有可能」是來自 MH370。很快，全球都知道，又找到一塊 MH370 的碎片了。

莫桑比亞的海岸線大約長 2,500 公里，這次的發現，只是在到達沙丘後數分鐘就發生，並且是在 MH370 失蹤兩周年的數天前，對我來說是介乎極度幸運及不可思議之間。

當時唯一看過碎片又有資格下定論的人，就是莫桑比亞國家民航學

院院長阿布雷烏（Joao de Abreu），然而他對此卻沒多大信心。他對莫桑比亞通訊社 AIM 說，任何認為碎片是屬於失蹤了的 MH370 的說法，是「言之尚早」及「都是猜測」。他也質疑碎片到底是不是來自失蹤了的波音 777 客機。他認為，假如碎片是在海上漂浮了兩年，不該會如此乾淨。無論如何，吉遜的發現所引起的迴響，令來自南非的青少年洛迪（Liam Lotter）想起，他於數個月前在莫桑比亞南面的一個海灘上，找到一塊很大、頗乾淨、內裡有一層很厚的蜂巢的白色鑲板，有可能也是來自 MH370。於是，一如於九個月前，在留尼旺島上尋找飛機碎片的情況，又再一次出現。

當這兩塊碎片於 2016 年 3 月 21 日被送到澳洲時，基建及交通部長切斯特（Darren Chester）表示，他們會在坎培拉檢查這塊碎片，由來自澳洲及馬來西亞的調查員，以及來自波音公司、澳洲地球科學局和澳洲國立大學的專家負責。「由於分析將會十分嚴謹，因此難以推測何時會有分析結果。」切斯特說。三日後，他宣佈初步的分析已完成，碎片「很有可能」是來自 MH370。一個月後，澳洲運輸安全局技術檢查報告就這兩塊碎片寫道：「刻在碎片上的字，有兩個部分令調查人員認為與 MH370 是有關聯的。首先數字的字體及顏色與馬航所使用的一致；其次是印有『不准踐踏』的字眼，也與馬航所使用的相符。而附著這部分的扣件，也為將這部分與飛機的生產線連繫起來提供了證據。」其實這兩個論據都不大令人信服，飛機有很多不同的字樣，而大部分航空公司，甚至包括軍方的飛機，會用上一種或有時數種字樣。而根據韋斯於 2016 年 3 月 17 日上載的文章，連繫著碎片的扣件，其上有一個識別號碼是與波音 777 相符，但並不是波音 777 獨有。最終，沒有更多證據證明這塊飛機碎片「很有可能」是來自 MH370。

假如，有份參與這次*嚴謹分析*的波音公司，證實在莫桑比亞發現的

碎片的原料，百分百是屬於波音 777-200ER 的原料，這就會更加令人信服，但波音公司並沒有這樣做。而同樣更加令人信服的，是馬航提供一張另一架波音 777-200ER 型號飛機的相片，而相片中同樣有著跟碎片一模一樣的「不要踐踏」字眼，那就毫無疑問能證實碎片是來自 MH370，但是馬航也沒有這樣做。

其實自 MH17 在烏克蘭上空被擊落後，由於 MH17 與 MH370 是來自同一個訂購批次的飛機，一些「馬航狂熱者」的中堅分子便花了好些時間，瀏覽數千張有時令人傷神的 MH17 碎片的相片，以便尋找跟在莫桑比亞找到、上有「不准踐踏」的字眼的相同碎片，而他們也的確找到這些相片。我看過兩張，如果正確的話，MH17 的機翼穩定器與吉遜到莫桑比克的沙丘搜索時所發現的碎片有數處不同，其上的字樣與螺栓孔的相對位置並不相符。而在莫桑比亞發現的碎片外殼，其原料似乎與 MH17 的不同，而莫桑比亞的碎片上的字樣，也似乎較 MH17 上的字樣小。

至於另外一件由南非青少年發現的碎片，甚至沒有人嘗試解釋為何這塊潔淨無瑕的混合材料碎片，內裡滿是蜂巢，還可以在地球上其中一個最凶險的海洋，以直線漂浮 6,000 公里，700 多日後以如此良好的狀態到達非洲。大家甚至沒有可行的設想情況解釋為何會出現這情況。至於這塊碎片的混合材料包括了甚麼，其正確成分是完全可以找出來的。一如後來發現的塑膠碎片一樣，只需要磨碎一些，之後與一些化學品混合，便能確定這是波音抑或是製造飛機這部分的分包商所使用的塑膠。但再一次，有沒有人這樣做？從來沒有聽說過。

到了 2016 年 3 月下旬，在南非發現了一個有部分勞斯萊斯標誌的引擎罩，這個引擎罩同樣是沒有藤壺附在其上，很多人都對此感到疑惑及

費解，直至南非的報章出現了一張同一塊碎片、但在數個月前拍攝的照片，但這次碎片卻是佈滿了沙及藤壺，令整件事顯得怪異不已。澳洲運輸安全局表示：「在南非找到的第三號碎片，已被證實是飛機引擎罩的一部分，這是根據勞斯萊斯的標誌得到證實的，並且已證實與馬航所使用的引擎罩相符。」而「第四號碎片」是於四月在毛里裘斯找到，後來被確定是來自機艙內的鑲板。「這塊鑲板被證實與馬航波音777上近右邊的門的層壓板工作枱相符。」

到了五月，再多四塊看似是屬於飛機的碎片在毛里裘斯及莫桑比克被發現，其中一塊經檢查後便被排除，其餘都被界定為「幾乎肯定」又或是「很有可能」是來自MH370。在5月22日，雙親住在莫桑比克首都馬布多的德國學生布格斯多夫 (Luca Kuhn von Burgsdorff)，在莫桑比克一個海灘上散步時，看到一塊頗大的碎片。「我就是在一間叫克里斯蒂娜 (Cristina) 的小屋旁發現這塊碎片的。」布格斯多夫告訴我。他說碎片大概是1米乘1.5米，以及大概15厘米厚。「不是太重，碎片上沒有金屬，同時內裡有很多蜂巢，看起來不是很殘舊，似乎在海灘上只有少於一星期。」布格斯多夫於是在5月26日星期四聯絡英國BBC，而BBC因此將他與澳洲運輸安全局聯繫起來。他後來將他發現的碎片交給位於馬布多的民航中心一位技術行政人員。這塊碎片沒有提供任何值得信賴的證據，也從來沒有獲得確定或被否定。而全球媒體對這塊碎片的報導，也令公眾有一個籠統但錯誤的認知，以為陸續找到飛機碎片了。

在2016年6月初，吉遜到了馬達加斯加，這一次有法國某電視台的工作人員隨行拍攝，他們約好在聖瑪麗島見面。法國電視台的記者告訴我，地點是由他揀選的，以避免有任何做假的情況發生。然而，幸運之神似乎又再一次眷顧他們，就在鏡頭前，吉遜找到兩塊有潛在可能的碎片，而法國記者則認出了一些東西，十分近似馬航經濟艙內椅背上的電

視螢幕。然而，馬來西亞的調查人員似乎並不急著要接收這些東西。多個星期後，總數共五塊有潛在可能屬於 MH370 的碎片，仍然被放在馬達加斯加的飛機庫內一個角落。之後吉遜開始製作「在馬達加斯加的瑞阿克海灘上找到，有潛在可能是 MH370 乘客的私人物品的照片」目錄，以便讓家屬查看帽子、塑膠涼鞋以及背包等是否屬於他們失去的親人的。

從一個定點將一堆水樽拋落海中，它們會迅速向各個方向分散；同樣，即使一堆密集的飛機碎片，在一段時間後也會向各方漂浮。基於這原因，幾乎不可能想像兩塊碎片，更不要說五塊，在海中漂浮約 800 日後，會從一個偏遠的地方漂浮到同一個海灘，而兩塊碎片只相隔數米。如果有任何連貫的邏輯或科學適用於這次的碎片搜索上，我們對審視每一塊新找到的碎片更應該倍加謹慎。但是一如之前在印度洋找到訊號的戲碼一樣，人們的反應都是剛好相反：著迷、興奮，以及沒有跟進。

到了 2016 年 6 月，數間傳媒對碎片的報導已從「很有可能」及「幾乎肯定」演變到「證實碎片」，而無視當中的差別。傳媒在報導好消息的同時，卻沒有問一條最簡單的問題：我們怎麼知道找到的碎片，真的是來自 MH370 ？事實是，我們不知道。如果澳洲當局是肯定的話，他們不是會強調「肯定」嗎？「幾乎肯定」其實是代表「不肯定」。這些碎片在海上漂浮了 800 多天後，怎可能沒有一些海洋生物在其上生長？根據維恩博士所說，這是「幾乎沒有可能的」。這或許只顯示碎片是在很久之前已沖上了海灘，而至於看上去很新的碎片，它們有可能是來自其他墜機意外的碎片。

或許是因為我較其他人更多接觸海洋，而且對海洋污染的議題亦十分感興趣。但是這最新一輪的碎片戲碼，在我看來，是一如其他我聽到有關 MH370 失蹤的篇章般，雜亂無章又不可信。

正如「十分可能」已變成最常用來形容深海搜索的語句（直至 2016 年 3 月，澳洲仍然將找到飛機視為「十分可能」），「很有可能」及「幾乎肯定」已變成適用於形容任何種類的碎片的常用語句，哪怕那塊從印度洋西南面搜索而來的碎片，來自 MH370 的可能性是微乎其微。

在 2016 年 9 月，當吉遜返回馬達加斯加時（他的旅遊資金似乎有如印度洋般浩瀚），一位當地漁民給了他兩塊有可能曾被燒過的碎片。碎片被燒過令事情變得更峰迴路轉，因為這引發了對飛機命運的新一輪臆測；但正如吉遜他自己指出，碎片被燒過有可能是飛機墜落後，碎片被拋進火中。在全球很多地方，焚燒海灘上的碎片是慣常做法。《衛報》報導吉遜（再一次）飛到澳洲，親自將他最新找到的碎片交給當地的部門。[1] 最後，根據澳洲運輸安全局，這些並不是屬於 MH370 的碎片。事實上，它們甚至沒有被燒過。在 2016 年 9 月 22 日發出的聲明中表示：「在這階段沒有可能決定碎片是否屬於 MH370、甚至是否屬於一架波音 777 客機。而已知的事實是，跟所猜測的相反，沒有證據顯示碎片曾接觸過火或熱力。」[2]

這新一輪的碎片旋風令人對碎片來自哪裡、何時來及怎樣來感到迷茫不已。到了 2016 年 11 月底，其中兩塊碎片終於確實地被證實與 MH370 有關。在 9 月 15 日，澳洲運輸安全局證實於六月在坦桑尼亞海岸附近的奔巴島發現的襟翼，是「來自註冊編號 9M-MRO，並用作 MH370 航班的飛機。」澳洲運輸安全局並且辨認出其中的組件，是屬於「接近波音 777 客機右邊外側襟翼的機艙內的部分」。其後到 10 月 7 日，另一塊在 2016 年 5 月於毛里裘斯發現的機翼部分，是「毋庸置疑地

1　https://www.theguardian.com/world/2016/sep/14/scorched-debris-missing-mh370-plane-fire

2　http://minister.infrastructure.gov.au/chester/releases/2016/September/dc123_2016.aspx

證實是來自失蹤的馬航 MH370。」「檢查顯示碎片上獨一無二的識別號碼，可以跟這部分的結構連繫上，令其毫無疑問地可以確定是來自失蹤的 MH370。」

至於其他引起無限揣測的碎片，更大可能是來自多年來在接近南印度洋海岸線墜毀的其他飛機的殘餘碎片。在位於莫桑比克海峽頂端的葛摩（非洲一個位於印度洋上的島國），曾發生數宗災難性的墜機事故。在 1996 年，一架被挾持的埃塞俄比亞航空 961 的波音 767 客機，於葛摩附近墜毀，機上共 175 名乘客及機組人員當中，共有 125 人喪生。在 2009 年，也門航空 626 的空中巴士 A300，在前往葛摩首都莫洛尼途中引擎死火，飛機剛好墜落在馬達加斯加與莫桑比克之間。而沿著非洲東海岸的莫桑比克海峽向南流的著名莫桑比克水流，會將所有來自葛摩的漂浮碎片帶到莫桑比克及南非沿岸。在 1987 年，另一架波音 747 客機在毛里裘斯東面墜毀，分別有三處不同位置確認到有碎片，而當中有一些肯定會墜落到馬達加斯加的東面海岸。2006 年，有兩架小型飛機墜毀，一架於留尼旺島附近的海岸墜毀，而另一架則於馬達加斯加的西南面墜毀。所有這些墜機意外都會帶來無數的飛機碎片，當中有一些肯定會沖上鄰國的海岸。然而，當搜索人員仍然極度渴望找到來自 MH370 的碎片時，又有誰會需要這些過去發生的墜機意外的碎片？

或許，這「新一波」的碎片，只是要進一步加深公眾人士對飛機毫無疑問是墜落在南印度洋的印象。

而這似乎是所有有份參與搜索的國家極力想傳達的訊息。一如襟副翼在留尼旺島上出現的情況一樣，每一次當有碎片在地球某個角落出現，澳洲的首個回應都一定會是：「碎片再一次印證 MH370 是在南印度洋的搜索範圍。」以及「碎片的出現是符合了漂流模式。」

關於澳洲搜索的最新消息

到了 2016 年初，隨著時日過去，無論是官方的調查還是海上搜索，都仍然沒有進展。在負責進行搜索的荷蘭公司「輝固發現號」艦艇上的工作人員，士氣十分低落，而澳洲人對搜索亦愈來愈質疑，其中包括來自參議院的質疑聲音。在 2015 年 10 月中旬，來自澳洲工黨的參議員加拉赫（Alex Gallacher）要求知道投標過程、技術建議以及搜索行動共耗資多少。[3] 他對澳洲運輸安全局局長杜蘭說：「很多人對不同的參議員，就你們正在做的事給予非常不同的意見，這些參議員有來自同盟的，有來自反對黨的，也有中立的。」我聯絡了參議員加拉赫，想向他了解他所指的不同意見是甚麼，但不成功。其中一個在深海搜索專家之間討論的技術論據是，有一種在高於海床處拖曳的低頻率聲波探測儀器，更加適合掃瞄未知的領域，而且也可以掃瞄更寬廣的範圍，所需費用也更低。不過整體而言，熟悉這類行動的人向我保證，參與搜索 MH370 的專家，包括聲納專家謝里爾（Andrew Sherrel），是「行內最好的」。「是次搜索行動本來有可能很完美的。它最根本的問題，是搜索範圍完全是隨機的。」經驗豐富的深海搜索專家納爾若萊總結說。2015 年 11 月是特別多災多難的一個月，成員之間分別出現了一個盲腸炎個案以及其他意外，這代表輝固發現號失去了大半個月時間，而且要快速地返回港口。

然而，這卻無阻全球傳媒對找到 MH370 發出新一輪樂觀聲音，英國《每日快報》（Daily Express）的網站 [4] 在 2015 年 11 月 11 日上載的文章，標題是《MH370 的墜機位置找到了》，另一標題是《數星期內可找到殘骸》。而湯瑪士（Geoffery Thomas）在《西澳洲人報》（The West

---

3 這條第 114 條問題，是於 2015 年 10 月 19 日的的農村及地區事務和交通立法委員會會議上夫出的。

4 www.express.co.uk

Australian) 寫道：「航空新聞網站Flightglobal的顧問編輯利爾蒙特（David Learmount）表示，那些對於海上搜索 20 個月仍然一無所獲而感到失望的人，這一次找到令他們重燃希望的原因了。」「到了 12 月 3 日（2015 年），輝固發現號可望完成搜索 MH370 殘骸的藏身範圍，即根據哈汀（Hardy）的計算而劃定的範圍。」到了 12 月 3 日，真的嗎？可惜的是，到了 12 月 3 日，這個由數個對 Inmarsat 的計算極度著迷的獨立小組成員強烈建議的搜索範圍，最終仍然是找不到 MH370 的殘骸。

在澳洲運輸安全局於 12 月 3 日召開的記者會上，澳洲基建及地區發展部部長特拉斯（Warren Truss）表示，他請來了防衛科學技術小組（DSTG）幫忙。這隊小組的最新研究，顯示了一個可能性很高的最新「熱點」。他並且宣佈，搜索行動將會提升到四艘艦艇，而新增的艦艇會配備拖曳的合成孔徑聲納（Towed Synthetic Aperture Sonar）。「我們對於在尚未被搜索的 44,000 平方公里之內可找到飛機，仍然感到樂觀及抱有希望。」這位部長說。他補充，中國會為澳洲的搜索行動提供 2,000 萬澳元（1,300 萬歐元），澳洲對此當然十分歡迎，因為搜索行動的總開支已上升到一億八千萬澳元（一億二千萬歐元），當中澳洲共支付了 6,000 萬澳元（4,000 萬歐元），差額則由馬來西亞承擔。

然而，前線的搜索不斷傳來壞消息。在 2016 年 1 月 24 日，當搜索行動在南印度洋進行時，輝固發現號用來搜索海床的拖曳聲納儀器由於碰觸到一個海底火山，跟艦艇分離了。到了 2016 年 5 月底，一個高達 18 米的巨浪迎面撲向輝固發現號，迫使艦艇進一步向北退，並離開了搜索範圍。由於極端天氣的關係，終止搜索的日期被迫延遲至 2016 年 8 月。在 2016 年 6 月底，馬來西亞交通部長廖中萊在到訪北京時宣佈，由於不利的天氣情況，搜索或許會延長至 2016 年 10 月。

　　不過，公眾從來不會得知這些稍微複雜的問題，而澳洲所進行的搜索仍然給予公眾一個印象，覺得政府正努力為謎團尋找答案，並且支持及認同其所說的 MH370 墜落位置。畢竟，如果他們一直在那個指定範圍尋找飛機，肯定是因為他們真正相信飛機是在那裡吧！搜索很明顯是集中在印度洋，這麼一來就令官方的版本顯得更可信及一致。然而，經過長久的搜索，是否該是時候接受一個事實，就是即使有一天在印度洋的海底找到了飛機及兩個黑盒——雖然這似乎愈來愈沒有可能——我們仍然不大可能從中得知是誰劫機，又或為甚麼劫機。再者，駕駛艙通話記錄儀只能保存最後兩小時在駕駛艙內出現的聲音，其中包括機師的對話；假如 MH370 在墜毀之前是利用自動駕駛導航飛行，在這情況下，機艙內的乘客及機師不是已死亡，就是瀕臨死亡邊緣，那即使尋回駕駛艙通話記錄儀，也無法從中得知駕駛艙在臨墜毀前的情況。至於飛行數據記錄儀所記錄的技術資料，也只能告訴我們飛機的高度及確切的航道。那即使找到又如何？

　　在 2016 年 7 月 22 日，另一次三方部長（馬來西亞、中國、澳洲）會議在吉隆坡召開。「今晚 MH370 的搜索夥伴——澳洲、中國及馬來西亞三方召開了會議。這三方實在有必要分道揚鑣，以便排除所有古怪的和誤導的元素。」資深的航空專家桑迪蘭茲（Ben Sandilands）在他的部落格寫道。他特別強調負責航空事宜的澳洲部長切斯特所謂的「新宣佈」——在南印度洋的優先搜索範圍沒有找到可靠的線索，三個國家都同意暫停搜索行動——其實早在 2016 年 1 月 13 日開始，這個所謂的「新宣佈」已出現在澳洲運輸安全局的網頁上。「在三方所同意的聲明中，之前沒有提及過的，是在原來 12 萬平方公里的優先搜索範圍中，餘下的少於一萬平方公里進行掃瞄，而這可能需要用上 10 個月、11 個月甚至 12 個月進行，因為之前因天氣又或是儀器故障而延誤了。」他補充。

　　MH370 乘客的家屬聯合起來，在「370 之聲」(Voice 370) 的旗號下舉行記者會，促請各方政府不要終止搜索行動，要求搜索行動是「暫停而不是終止」。曾在吉隆坡見過面的蘭加納坦向我說：「我們只是不想搜索結束，不管搜索是不是在正確的範圍進行。因為假如停止搜索，就代表了事情已正式劃上句號。」

　　在 2016 年 12 月，為了紀念飛機失蹤一千日，六位家屬決定前往馬達加斯加親自尋找碎片，並請當地人留意一下疑似飛機碎片的東西。「因為各國政府向我們隱瞞真相，我們只好親自前去搜尋碎片。」沃德龍表示。他向公司請了一星期假，以便參與這次行程。他們在馬達加斯加並沒有找到甚麼，但就成功令全球再度關注他們失去親人的不幸，而他們的行動也獲得傳媒廣泛報導。事實上，世人並沒有忘記這件不可思議的事件，也同情他們在事件中失去至親。

　　在 2016 年 7 月的三方會議舉行時，荷蘭船公司輝固的項目總監甘乃迪 (Paul Kennedy) 向路透社 (Reuters) 表示：「如果（殘骸）不在那裡，就代表一定是在其他地方。」這訊息已頗為清楚明確，而路透社以《我們一直在錯誤的地方搜索》為題，報導了甘乃迪的訪問內容，有關報導瞬即傳遍全球。輝固隨即回應，並發出聲明：「路透社在 2016 年 7 月 21 日有關搜索 MH370 的文章，以《我們一直在錯誤的地方搜索》為題，推斷輝固是說『我們一直在錯誤的地方尋找』。輝固在此明確地表示，搜索範圍是基於所有的科學數據而清楚界定的。總括來說，我們是在最有可能的正確地方搜索。」

　　即使 MH370 的殘骸永遠都找不到，澳洲也不是平白浪費了資源，這次的搜索有助她勘察海床上完全未探索過的地方，「考慮到過去數年國家的預算，政府不可能獲得進行海深測量研究的資金，而海深測量研

究是將來探測石油的關鍵第一步。因此，以搜尋 MH370 作為掩飾以取
得這些資料，無疑是極好的主意，特別是這些搜索（大部分）是由馬來
西亞資助的。」一名澳洲商人嘲諷地指出。

　　石油業應該會同意的一點，就是業界的將來取決於「近海的深處」。
如果這屬實的話，那麼在搜尋 MH370 的幌子下，在暫時仍未屬於任何
國家的水域進行海深測量研究，所得的資料遲早對石油業會十分有用。

　　當找到殘骸、讓家屬感覺事情終於告一段落，仍然是目前相當重要
的目標時，這些枝節根本完全無助找出問題的真正答案。

第 十 章

機 長 有 沒 有 可 能 發 狂 ？

我研究了其他飛機失事事故（參看附錄：幾個〔極〕具指導意義的空難例子），嘗試從中找出一些線索，或是與 MH370 失蹤相似的地方。其中我留意到，調查人員最常用的解決方法，就是怪罪於機長。一個有罪的機長，就是調查人員對解不開的謎團最喜歡歸咎的對象。

2015 年底，我覺得有需要澄清機長在這一連串荒謬又不可思議的事件中的角色。在不清楚機長的角色時，一切對任何假設情況的闡述都是徒然的。究竟他是誰？當他在當天晚上踏進駕駛艙，準備作另一次常規飛行時，他腦海中想的是甚麼？

讓我們想像一下，正機長札哈里，一名飛行熱愛者及技術良好的機師，在踏入駕駛艙的一刻決定終結生命，但他想以一如其人的浮誇之姿來達成此事；不單止他自己離開，他更要將政府當局愚弄一番，智勝控制塔人員，將馬來西亞軍方置於不利境地，戲弄波音公司以及凸顯空中通訊技術的盲點。總括來說，他要做從來沒有人做過的事：令飛機及機上所有乘客永遠消失，不留一絲可追蹤的痕跡。他肯定是選擇了一個適當的時間，展開他的行動。在飛行了 40 分鐘後，飛機已完成爬升，並且已離開馬來西亞的領空，但尚未進入越南領空。不用急，慢慢來。這時機長札哈里向副機長說他可以暫時離開崗位，到外面與頭等艙的乘客寒暄，這情況在馬航的航班常常會發生。接著機長將自己反鎖在駕駛艙內，現在剩下他獨自一人掌舵了，於是他便將他的驚天計劃付諸行動：將飛機向左轉，飛越馬來西亞與泰國的邊界，以便不要讓任何人有所警惕，繞道向北面避過印尼，將航向設定為正南方，他要做一件沒有任何經驗豐富的機長認為可以做到的事：在海上輕柔地降落，讓飛機整架沉沒。這個故事雖然牽強，但卻易於描述、易於明白，也易於複述。

這個假設情況更可以加上一點本地色彩，令內容變得更豐富：想像

一下機師突然狂性大發（run amok），忽然湧起一股殺人念頭，在瘋狂殺人後，最後以自己被殺告終。「Amok」一詞源自馬來語，形容一種伴隨著釋放殺人欲望的自殺行徑，這種行為在馬來西亞及印尼尤其著名，不少對這地方深深著迷的作家，在著作中都有提及這情況，例如茨威格（Stefan Zweig）、吉卜林（Rudyard Kipling）、福科尼埃（Henri Fauconnier）以及加里（Romain Gary）等等。這類施襲者傳統上都愛使用匕首，但是人種學家及精神病醫生都同意，患者有時會使用其他方法。在大多數情況下，這類施襲者都面對著被壓抑的挫折，因而令他們萌生報復的欲望——尤其是對貶低和詆毀他們的人。這個狂性大發的假設情況，似乎可以完美地用來形容機長札哈里。

機長的模擬訓練裝置內的被刪除檔案，引人爭議

在 2015 年的某個時候，有兩個美國記者公開質疑從美國聯邦調查局洩漏的資料，這些資料指稱機長曾模擬飛機飛到南印度洋告終。後來我取得了由馬來西亞皇家警察就 MH370 所做的報告，馬來西亞皇家警察就機長的模擬飛行裝置[1] 的初步研究結論是：「從法庭的檢驗顯示，沒有發現有任何活動……是毋庸置疑地顯示任何與 MH370 有關的有預謀行為。」這是持「不同意」意見的記者所持的論據。然而，在報告內所包括的數之不盡的數據中，當中的確有一頁（其實是兩頁）在不同的檔案內，顯示出模擬飛行裝置內的飛行航道跟官方所說的極度相似。這個檔案的結論部分顯示：「由馬來西亞通訊與多媒體委員會中，負責數碼鑑

1　根據警方報告，這系統曾經癱瘓兩次，第一次是在 2013 年 12 月；而到了 2014 年 1 月 23 日，亦接連癱瘓了三次。根據馬來西亞警方調查，機長曾在 2013 年 12 月為問題嘗試尋找解決方法，但是到了 2014 年 1 月發生了接連三次癱瘓後，機長便再沒有嘗試找出解決辦法。「所記錄的數據顯示飛行模擬裝置在 2014 年 2 月 1 日，由下午 2 時 45 分至 3 時 2 分，曾先後四次被使用過。」

證的部門所修復及檢驗的飛行模擬數據顯示,我們發現了一條飛往南印度洋的飛行航道。不過,要留意一點,就是飛往南印度洋的飛行航道,只是從飛行模擬數據所修復的多條飛行航道中的其中一條。」報告甚至在谷歌地圖中,繪畫了顯示飛機飛行航道的圖表,驟眼看上去,這一定是持「同意」意見的記者所持的論據。

我更詳細地檢視這份報告,並且將報告分享給一名我希望能信任的美國科學家看,他的意見是數據的確顯示機長札哈里在2014年2月21日,在自己的私人模擬飛行裝置模擬了飛往南印度洋的飛行航道。但他忘記了強調一點,就是這條所謂的模擬飛行航道,是基於在模擬飛行裝置內,數個彼此之間沒有明確關聯的座標重塑出來的,有點類似從數千個字彙中揀選其中一些,從而重塑出一句有意義的句子⋯⋯

我也就這份皇家警察的報告,徵詢另一位馬來西亞法證律師的意見,他十分堅持這兩頁顯示飛機飛往南印度洋航道的報告是偽造的。他指出報告中許多前後矛盾的地方來說明他的觀點,例如警方報告內有關機長的總結(暫且稱它為檔案一)很清楚說明,飛行模擬裝置內並沒有數據解釋究竟發生了甚麼事。在報告的第三頁列為「秘密」的部分則寫道:「分析的重點是重建飛行模擬裝置,以及分析六個關於飛行座標及飛行計劃的硬碟圖像,同時亦會分析機長瀏覽過的網頁資料,以便尋找出MH370的線索。有關調查顯示沒有決定性的資料可解釋MH370失蹤的原因。」這結論顯然跟繪畫在谷歌地圖上的圖表自相矛盾。

此外,在報告中顯示飛往南印度洋這條可疑航道的兩頁,是插入在探究正機長與副機長對外聯絡的檔案內。這個檔案詳細地研究他們的社交網站帳戶、他們網上的社交生活的各方面、他們的朋友以及踏入駕駛艙前曾致電的電話號碼等;然而這檔案卻沒有關於模擬飛行裝置的詳細

資料，反而在檔案一中（標題是機長）卻詳細講述了模擬飛行裝置，包括其特點、用法以及硬碟等。感覺就像有關的繪圖，即那張在谷歌地圖中繪畫了顯示飛機飛行航道的圖表，是放錯了檔案似的。

無論是真還是假，這條無從證實、飛往南印度洋的模擬航道引申出幾個問題。就像科學家常說的「假如是確鑿的話」，這將會成為指控機長的大量證據，令他瞬間成為疑犯。然而，「假如是確鑿的話」，為何搜索卻而完全置這些資料於不顧？模擬裝置所顯示的位置（南緯 29.2 度，東緯 98.8 度），距離主要的搜索範圍 1,300 公里⋯⋯而再一次，「假如是確鑿的話」，為何在 2015 年 3 月發表的官方報告卻隻字不提？

數名獨立小組的成員曾詢問澳洲運輸安全局，有沒有收過據稱是從機長家中的電腦提取、與南印度洋飛行航道近似的模擬飛行航道資料。「如果有的話，這條模擬航道的座標有沒有提供給澳洲運輸安全局？這些座標是甚麼？澳洲運輸安全局又有沒有利用這些座標，來幫助確定搜索範圍？」獨立小組問道。澳洲運輸安全局回覆說，該局「詳細調查過這些報告，沒有找到任何數據可以直接有助於確定搜索範圍。」這聲明明顯是駁回這條引起人無限興趣的模擬飛行航道的價值。

我當時想到，如果這條據稱是在機長的模擬飛行裝置內找到、飛往南印度洋的飛行航道一旦被公開，肯定會是支持「壞人機長」理論的最佳理據。一些與調查關係密切的人猜測，這將會留待最終的報告公佈。不過要留意一點是，美國聯邦調查局最初曾表示模擬飛行裝置並沒有包含「任何犯罪的資料」，那為何這條飛行航道後來又出現在警方有關 MH370 的報告中？

最終，我認為這份拙劣及不完整的文件並不適宜發表。它只證明

了調查人員可能使用的卑鄙手段。美國《紐約》雜誌的網站單憑這兩頁報告，於 2016 年 7 月 22 日上載了一篇標題聳人聽聞的文章：《獨家：MH370 機長在家中模擬飛行裝置模擬自殺路線，與其最後航程十分相似》。文章寫道：「馬來西亞在詳盡的報告中極力隱瞞真相，是指證機長札哈里盜取飛機、進行有預謀的大規模謀殺式自殺行為的最有力證據。」只有少數顯著的國際性傳媒跟進了有關報導而沒有質疑報告中的資料來源，又或是事件作為證據的真實性。事實是，沒有人質疑為何一切似乎都剛好符合官方報告中的雷達數據。總括而言，它為一個複雜的故事提供了簡單的解釋，你還可以要求甚麼？

不用多說，這為機長的家人又帶來另一次重大的打擊。

另一方面，如果機長真的有罪，便可以令機長以外其餘所有人都成功開脫，還可以符合官方版本所稱的「蓄意的行為」，以及由 Inmarsat 偵測到的訊號所顯示，飛機採取了一條既奇怪又複雜的航線，直至墜落在印度洋中。這甚至可以解釋為何一直都找不到碎片，以及讓人相信飛機是在印度洋的中心墜落，哪怕這說法完全脫離現實。在《紐約》雜誌發表其虛構的獨家新聞前，已經有數以百計的文章以及最少兩本書，聲稱一切都是機長策劃的，他是唯一一個要為飛機及機上所有乘客失蹤負責的人。這樣的故事亦是調查人員極力想寫在關於 MH370 失蹤的最終報告內的。客觀上來說，假如一切都是機長札哈里策劃的話，這的確可以解釋所有發生的事。

在我調查 MH370 失蹤的過程中，所建立的聯繫網絡包括德國犯罪心理學家李契費爾德（Sabine Lechtenfeld），她告訴我作為一名犯罪心理學家，機長札哈里的個性是她對 MH370 失蹤事件深感興趣的原因。「我曾對機長札哈里進行廣泛及深入的研究，並閱讀所有在他的社交網頁上

所能看到的東西，例如他在 Facebook 上的貼文，以及上載到 YouTube 的影片，以便深入了解他的個性。我得出的結論是，他應該是個好人，同時是一名技術精湛的機師。不過我的經驗告訴我：即使是一個好人，在他的人生中也可能有 180 度的災難性逆轉，尤其是對一些友善、堅持己見、把作出改變視為自己的責任的人而言，而機長札哈里就類似這樣的人。因為他是個好人，因此他想作出改變。」

不過，要證明或反駁一個建基於機師有罪的假設情況，必須有充分的證據證明機長的個性又或是其動機。經過多次失敗的嘗試後，在 2015 年 10 月，數名與機長相熟的人終於答應跟我見面。

挽救機長的聲譽

在吉隆坡一間很大的酒店的大堂會見我、臉上掛著親切笑容的女士，是機長札哈里最年長的姊姊。跟所有馬來西亞人一樣，她與我握手後，將手放在心口上，這是馬來西亞人一個簡單又常見的動作，令我十分欣賞。在 MH370 失蹤超過一年半後，薩金納卜（Sakinab Shah）仍然深受困擾，不單止因為她失去了弟弟，也因為所有文字上及言語上對她弟弟所作的批評。薩金納卜是九名兄弟姊妹中最年長的，而札哈里排行第八，比薩金納卜小 17 歲。札哈里是薩金納卜喜愛的小弟弟，他們十分親密，薩金納卜「基本上知道任何關於他的事」。

在 1950 年代，對於這個居住在檳城[2]的大家庭來說是艱苦的歲月。他們的父親是一名警員，孩子們十分清楚要有良好的學業成績，薩金納

2　檳城是馬來西亞西北海岸附近的一個島嶼。

卜提到有一位妹妹目前正在愛爾蘭任職精神科醫生，另一位則是馬來西亞的社會學教授。「後來，我們常常取笑札哈里，因為他是眾兄弟姊妹當中唯一沒有上大學的人。」她告訴我。

侯斯博士 (Dr. Ghouse) 當年是他們的鄰居，現在是成功的商人，仍然記得較他年長數年的札哈里是十分聰明的人。我跟他約好一起喝拉茶[3]，侯斯博士告訴我他們年輕時的一些故事，他們在學校內差不多屬於同一個圈子。他們就讀的學校以「堅強及忠誠」作為格言，是馬來西亞歷史最悠久的學校，畢業生當中有不少成為了蘇丹 (Sultan)[4] 及部長。侯斯在功課上有疑難時，札哈里會立刻丟下單車來教他，但同時亦會取笑他。

年少時，札哈里已熱愛飛行。他最初在菲律賓接受機師訓練，之後立即加入了馬航。札哈里是在 1981 年 6 月 15 日獲馬航聘用，在他漫長的機師生涯中，他擠上了馬航機師級別中其中一個最高的職位：波音 777 機師、導師以及督學。當他沒有航班時，他會教授飛行課程、把玩他的遙控模擬飛機和模擬飛行裝置，又或是製作短片上載到網上。他所製作的短片，是其開朗及熱情個性的最佳證明。飛行不單是他的職業，更是他的嗜好及熱愛的事。

「作為機師，他有很高的薪酬，同時有很多空餘時間讓他製作各式各樣的東西。他幾乎可以製作出任何東西，他最後一項發明，是可以控制其家中吊燈升高或下降的遙控器。當他嘗試新菜式時，又會帶來讓我們品嚐。有一天他嘗試令我的丈夫相信，加在湯裡的蒸餃子是他製作的，

3　拉茶是馬來西亞的特產，用紅茶加上煉奶調配而成。

4　蘇丹是馬來西亞大部分州的統治者的稱號。

但我的丈夫是一名中國人，當然沒有被他愚弄到。」薩金納卜在歡笑與淚水之間回憶道。

「人人都喜愛他，當他來到診所時，他對任何人都很友善，並且每次都有新故事講述。」馬利克醫生（Dr. Resha Malik）說，她是札哈里的牙醫。她答應跟我見面，我們約好在她工作的診所附近會面。我打趣這名外表迷人的女士有個很伊拉克的名字，如果英國一些小報得知札哈里的牙醫是一名伊拉克人，他們一定會將這列為其中一項疑點。馬利克醫生告訴我在 3 月 8 日前數天，她曾經致電給札哈里，說他的人造牙冠已經準備好了。當時札哈里正在杜拜，因此他的牙冠就一直留在櫃內的架子上。這資料至少可以平息認為機師在 3 月 8 日後已沒有任何約會的傳聞。「空白的日記」（an empty diary）是不少媒體都提及的字眼，但他至少有一個重要的約會：跟他的牙醫的約會。

我也向薩金納卜詢問傳媒廣泛報導札哈里的妻子法伊扎（Faizah）離他而去一事，據稱法伊扎也是在 3 月 8 日的晚上，離開他們一家居住的屋子。薩金納卜向我解釋，他們有兩間屋子。「有鑑於他在馬航顯著的職位，札哈里一直都想買一間比現在的住所更大的屋子。之前的屋子確實不算大，在所有兄弟姊妹的屋子中，他的屋是最小的；但是他的妻子法伊扎一直都不想搬家或佈置新屋子。」因此，當札哈里在吉隆坡時，他們都會住在新家，而當札哈里要執勤時，他的妻子就會返回舊居。「這是他們慣常的做法。」薩金納卜向我解釋。引起很多揣測的傳聞，在技術上來說是真的，卻不是其他人所想像的那樣。現實往往是不會讓你有任何情感上的想像空間。

馬來西亞皇家警察分析過札哈里用手機打出的電話後，發現他的妻子是他經常致電的對象（自 2014 年一月起共致電 46 次），而且她也是在

MH370 起飛前他最後致電的人，但馬來西亞警方從來沒有公佈這項資料。

至於那張札哈里與一名戴著面紗的不知名年輕女子和小朋友坐在沙發上的相片，在刊登出來時並沒有加上任何說明，而大家的注意力都集中在機長身上；薩金納卜向我解釋該名女子是札哈里的外甥女，而相片是攝於開齋節 [5] 當天。當她看到相片後，立即致電向這名外甥女了解詳情，這名當時在美國的年輕女子稱，是她親自將相片張貼在自己的社交網頁上，以紀念她的舅舅，完全沒有料到這張相片會損害了舅舅的名聲。

我想跟機長的妻子法伊扎會面，但是薩金納卜告訴我她的健康不是太好，她的孩子很擔心她。「她的家庭正在經歷一個噩夢。」薩金納卜說。時間並沒有將一切治癒，反而令他們一家的傷口更痛。事件令我看到一些誠實的人本來過著簡單又平淡的生活，但寧靜的生活卻一息間被飛機事故破壞，精神上及情感上也日復日的被事件的謎團吞噬，因而令我更加堅定要繼續追查事件。而薩金納卜她自己也在經歷著困難的時期，她的朋友告訴她，她的名字被一個活躍的 Twitter 帳號使用，但她對此卻一無所知，而那個帳號很明顯是與 MH370 有關，因為所有關注這個假的薩金納卜 Twitter 帳號的人，都是活躍的「馬航狂熱者」。

雖然侯斯博士長大後就沒有跟札哈里見過面，但就是他這個札哈里在孩童時代的好友，在 Facebook 上開設了「MH370 機師札哈里的朋友」的專頁。但在不清楚原因的情況下，這件事令侯斯博士要到馬來西亞負責國內情報的部門走一趟。「我告訴他們，去確保所有事情都是真實是他們的職責，如果不是有這麼多謠言損害札哈里的名聲，我也不需要這

5　開齋節是慶祝齋戒月結束的節日。

樣做。」在開設了這個專頁來維護札哈里後，有很多札哈里的朋友、同事及鄰居聯絡侯斯博士。「沒有一個與我談論札哈里的人對他的行為表示困擾，他的精神狀態很穩定。再說，一名調查過札哈里一生的記者告訴我，他曾經慷慨捐款給一個幫助父母有愛滋病的兒童的機構。」侯斯博士說。其後在 2016 年，有人向我展示了正機長張貼在一個飛行模擬裝置愛好者論壇上的訊息，日期是 2012 年 11 月 17 日星期六，時間是中午 1 時 19 分，有關訊息寫道：「大家好，我是札哈里⋯⋯很高興加入 x-sim（論壇的名稱）。大約一個月前，我用六個螢幕，完成了 FSX 以及 FS9 的裝配⋯⋯並在一個中央處理器上用上最新的顯示卡（兩張 Asus 7970），在三個樂聲牌 32 吋 LCD HDMI 上的畫面真令人讚嘆，另外還有三個戴爾 21 吋觸控式螢幕，分別作為主控制盤、中央操縱台及頂置面板。是時候進入新階段的模擬了。來吧！正尋找可以分享這份熱情的夥伴。」最後他以「機長札哈里，馬航波音 777」來結束這訊息，並且附上他的電郵地址。

接著輪到札哈里的政治取向，在得悉馬來西亞的反對派領袖安華上訴失敗，再次被判監禁五年後，一直都有傳言說札哈里感到十分失望，並且渴望作出政治報復。安華上訴失敗並再次被判監禁的裁決，是在 2014 年 3 月 8 日宣判的，即飛機啟程當日。馬來西亞反對派的政客張福明，於兩年前在因緣際會下認識了機長札哈里，他當時留意到在會議結束後，「這個人留了下來幫忙收拾椅子」，他嘗試說服札哈里加入由安華領導的人民公正黨。不過，根據在 MH370 啟程一星期前曾見過札哈里的張福明所說，他在最近數個月對政治已失去興趣，他寧願討論關於他的最新發明以及飛行模擬裝置。「假如當我乘坐飛機時有甚麼意外發生，我希望在駕駛艙內的機長會是札哈里；假如有任何人能夠在危險的情況下挽救飛機，一定會是札哈里，他花上很多時間為此作準備。」張福明最後說。

　　在看過很多損害機師札哈里名聲的報導，又跟一連串認識札哈里的人會面過後，我很驚訝地發現他顯然是一個對工作、對自己以及對人生都感到舒適自在的人。首次的調查並沒有發現他可疑的地方。我嘗試聯絡一名新西蘭記者，他曾經寫道札哈里決定終止自己的人生，以及他「面對著嚴重的家庭問題，並且與妻子分居。」但是我完全沒有收到他回覆我發出的電郵，又或是我致電到奧克蘭的《新西蘭先驅報》(The New Zealand Herald) 所留下的留言。

　　如果這真的是他們的意圖，調查人員怎樣將我從其他人口中所認識的札哈里，塑造成一個狂熱、有自殺傾向以及精神錯亂的機長？現在似乎不可能想像機長有半點自毀的意圖。然而，在排除機長責任的同時，亦將一個最鮮明的假設情況排除了。我們現在面對著的情況是，飛機自雷達螢幕上消失，機上發生了無法挽救的事，哪怕有一名極度稱職且神智完全正常的機長在駕駛艙內也一樣。這進一步令人質疑官方對事件的解釋，也顯著地收窄了潛在的假設情況的範圍。

第 十 一 章

官方版本站不住腳

　　事實是，一架波音 777 客機不可能突然消失。這架飛機可能是被騎劫，可能是恐怖襲擊的對象，可能是放置在機上的炸彈爆炸，可能成為正機長或副機長精神失常下的犧牲品，可能飛機上出現嚴重錯誤而機長無法修正，也可能是意外地被擊落——釀成無法挽回的大錯——或故意被擊落，藉此宣戰。

　　然而，要怎麼去說服活在 21 世紀的群眾，一架在美國製造、如兩條藍鯨頭尾並列般長的客機，機上有無數電子儀器，同時無數乘客都有攜帶可追蹤的手提電話，會有可能突然「神秘地失蹤」？這個「失蹤」的假設情況，放在這個四面八方都有超強監察儀器的世代，的確是難以令人信服，特別是從太空收集情報的技術（例如衛星），自 1950 年代末「史普尼克」及「探險者一號」的世代開始已經有非凡的發展。

　　眾多跟我一樣對這謎團深深著迷的人，很多只是糾纏於某一個假設情況，而放棄認真地面對事實真相。在 2015 年底，一位在香港的同事向我提出一個簡單明確的解釋：飛機發生了一些嚴重的損壞，負責的機長決定掉頭，飛往最近的機場。然而，憑著記憶，機長本來是要輸入國際民用航空組織對馬來西亞浮羅交怡國際機場的代號，即他正打算飛往的機場，但是卻錯誤地輸入了另一個在南極地區的機場代號。「兩個機場的代號只有兩個字母不同。」他告訴我。數分鐘後，機長與副機長都已進入缺氧狀態，而飛機則繼續飛往南極地區。輸入錯誤加上由於不為意的降壓而引致缺氧，在其他飛機事故中也出現過（詳見附錄）——這個假設既簡單又可信。不過，其後當我查核國際民用航空組織的代號時，我發現浮羅交怡國際機場的代號是 WMKL，而在南極洲布德海岸澳洲基地的機場，代號卻是 YWKS，只有一個字母是在同一個位置相同。在統計學上來說，根據這幅度的誤差，飛機的確可以飛往地球上任何方向的機場……這終究不是合理的假設。

一位熟悉 1995 年一架「獵神式」（Nimrod）反潛機在受控的情況下迫降蘇格蘭海上的事件的前英國皇家空軍機師，告訴我另一個可行的設想情況。他想起 1965 年的占士邦（James Bond）電影《鐵金剛勇戰魔鬼黨》（Thunderball，台譯《霹靂彈》）的其中一幕，並相信 MH370 也同樣是以緩慢的速度，成功輕輕地在平靜的水面上迫降，之後緩緩沉落。之後某些團體便可以輕鬆地立刻進行海底軍事行動，尋回不想讓其到達北京的東西，之後對飛機作出一些掩飾，又或甚至是將其埋藏在沙堆及混凝土中，令其無法被偵測得到。再一次，這的確如一部分假設情況般引人入勝，如果可以跟一些線索連繫起來或有實質的證據支持，這個假設情況甚至有可能是真的。

調查到了這階段，很多錯誤的線索已被消除，而我們相信在駕駛艙內掌舵的，是一位優秀及盡責的機長。在深入檢視餘下有可能的線索前，讓我們再來看一看官方解釋的版本。官方的版本可以分為三個階段，首先，是「蓄意的行為」；之後，飛機左轉及返回，隨後越過馬來西亞，飛到馬六甲海峽上空；最後，飛到沒有人知道的地方，並墜落在南印度洋。

在 2014 年 3 月 15 日星期六，當馬來西亞總理納吉布指事件是「蓄意的行為」時，他顯然是將茅頭指向機上的某人。他的主要論據是這個導致飛機失蹤的人，接連將飛機的 ACARS 及應答器關上了，之後徹底地將飛機的航線改道，最後迫降在印度洋的海中心。

毫無疑問我們已經證實了，沒有任何情況可以找到理由為關上 ACARS 辯解，那我們要如何證實這系統的確是故意被關上？我曾就此事詢問數位專家，他們表示事實上並沒有任何證據證明這系統是被人主動關上。這個會自動把飛機的表現化成訊息並發送的系統，在被關上的情況下是不會發出任何訊息的。2015 年 3 月 8 日的臨時官方報告完全沒有

給予任何解釋，也再沒有重複「ACARS被關上」的說法。從被證實的資料中，我們只知道這系統最後一次發出訊息是凌晨1時7分，其後我們知道Inmarsat沒有接收到系統本該於1時37分發出的訊息，而Inmarsat會將接收到的訊息再發送到馬航及波音，就是這樣。這至關重要並且對官方版本來說有著象徵意義的資料，其實是完全沒有根據的。有關ACARS被故意關上一事，其實純粹是馬來西亞總理納吉布的猜測。大家可以理解得到，這欺詐是有多嚴重嗎？可以想像，當一個國家元首堂而皇之地說出關於失蹤客機的失實資料時，公眾以及傳媒都會檢視他所說的話，並且狠批一番⋯⋯但這只是故事的一部分。

至於應答器，馬來西亞、越南以及泰國的雷達都同意，於大約凌晨1時21分，當飛機飛過航點IGARI[1]（即馬來西亞和越南的交接處）時，A2157（MH370的應答代號）的訊號失去了。在那一刻，MH370從雷達螢幕上消失了，而將應答器關上無疑可以做到此效果。但在一年後發表的官方報告中所詳述的一連串事件，與這方面的描述並不一致。現實而言，如果是有人故意將應答器關上，控制塔人員螢幕上的飛機訊號也會在同一時間消失，但事實並非如此。

官方報告是十分清楚：

「雷達顯示MH370在01:20:31飛過航點IGARI，MH370的Mode S標誌於01:20:36從雷達顯示消失，而MH370的最後第二雷達位置標誌是於01:21:13錄得。馬來西亞空中交通控制中心，於01:21:13發現MH370的雷達位置標誌失去蹤影，軍方雷達以及兩個國家的雷達，即越南及泰國，亦在大約相同時間發現MH370的雷達位置標誌失去蹤影。」

---

1   在馬航的第一份報告其實是寫道：「MH370⋯⋯在2時40分與梳邦空中交通控制中心失去聯絡。」
    當中出現的一小時差異，馬航從來沒有解釋過。

　　換句話說，飛機的訊號分為兩個步驟消失，首先，Mode S 標誌的訊號於 01:20:36，從空中交通控制中心的螢幕消失，這是飛機飛過航點 IGARI 五秒過後。應答機的 Mode S 是最完整的，它會顯示出飛機的速度、高度和應答代號。因此，所有與 Mode S 有關的資料首先消失但是應答代號（Mode C）留下來，這是很異常的。37 秒過後，MH370 的應答代號（A2157）同時消失。這一連串事件應該排除了官方所說的「有人將應答器關上」。我就這一連串事件徵詢過的數名波音 777 機師，他們都對此感到大惑不解。整體上來說，他們似乎都一致同意：「如果你關上了應答器，我不認為應答代號仍然會出現。」這情形暗示了另一個假設情況，就是不尋常的電力故障，又或是一些外來的干預——即不是預先策劃的。

　　因此，跟馬來西亞總理所說的相反，沒有證據顯示 ACARS 或是應答器被人預先關上。也因為這原因，沒有實質證據顯示有任何「蓄意的行為」出現。這被視為是官方解釋版本的第一個重要瑕疵。

　　再者，即使飛機是將應答器關上了，並且從第二（所謂的「民間」）雷達螢幕消失，仍然可以在主要的（所謂的「軍方」）雷達螢幕上見到（雖然不能被辨別得到）。另外，在很多國家，包括馬來西亞，民航公司都會擁有主要的雷達，但一般來說它們不會如軍方所用般精密。

　　因此，MH370 在該區內的主要雷達所留下的痕跡，就成為了證實（或排除）飛機放棄其原來飛往北京的航程後，改道飛往其他地方的主要證據。在飛機失蹤一年後所發表的《真實訊息》報告中，其中包括「哪一個雷達看到甚麼」的詳細描述。很少人留意這方面的資料。無可否認，我也忽略了。

　　在 MH370 失蹤後，只有一個雷達圖像曾於 2014 年 3 月 21 日，在

北京一間酒店向中國的家屬展示，雷達的標題是「於 2 時 22 分霹靂島的軍方雷達偵測到的最後標示」。然而，很多在雷達圖像上所顯示出的瑕疵，已令其完全失去可信性。「所有由馬來西亞發放、以及在那天放映的雷達圖像，上面的詮釋都是錯的，而且放映機也調得很差，部分影像甚至是看不到的。」英國天體物理學家斯蒂爾後來跟我說。新西蘭的「馬航狂熱者」根辛，將這圖像與來自民間雷達的圖像比較，得出的結論是這毫無疑問是由受聘來與家屬周旋的公關公司製造出來的拙劣圖像。當圖像發表後，這是唯一能證明飛機的確是轉向西面飛去的證據，但這證據無疑是很薄弱。

　　早於 2014 年 8 月，作為獨立小組一員的斯蒂爾就製作了一張地圖 [2]，顯示所有有可能看到 MH370 的軍方雷達位置。他發現了一共 13 個有可能看到飛機的軍方雷達。[3] 根據他所說，即使飛機離開了馬來西亞的法國及英國雷達範圍，也仍然在最少兩個印尼雷達及一個泰國雷達的偵測範圍之內。在爪哇南部，澳洲在科科斯（基林）群島以及聖誕島上都有雷達。至於很多人談論的澳洲金達利雷達網（JORN）又怎樣？這個超視距雷達網可以監測橫跨三萬七千平方公里的海空活動，其技術描述表示，這個雷達是設計成主要用作空中偵測的。在朗芮（昆士蘭）、愛麗斯泉（北領地）以及萊沃頓（西澳洲）的金達利雷達，可以讓澳洲的軍方指揮官監視澳洲以北至少 3,000 公里以內的所有海空活動，這範圍包括爪哇島、巴布亞省、巴布亞新畿內亞、所羅門群島，以及一半印度洋。根據官方及民間的文件，早於 2000 年，這雷達網甚至可以發現隱形戰機。然而我們卻要相信，在 2014 年 3 月 8 日的清晨，金達利雷達並沒有在正

2　以湯遜 (Don Thompson) 最初所做的研究作藍本。

3　http://www.duncansteel.com/archives/930

確的方向進行偵測？[4] 而同樣在區內參與「天虎」軍事演習的美國艦艇，也沒有跟任何國家分享資料。

在 2015 年的夏天，另一個獨立小組成員楊內洛再一次檢視澳洲及馬來西亞官方報告內的雷達數據[5]，但報告內卻沒有附上任何圖像。他翻閱之前對此所進行的調查，因而發現了數處不一致及錯誤的地方，尤其是官方對外公佈的文件中所形容、後來被多次引述的，飛機所作的「半左轉」(left half-turn)。根據這位核科學工程師，這樣的轉向已經超越了波音 777 的技術能力。他對此的解釋是，兩個雷達圖像重疊了，一個是 MH370，而另一個是另一架飛機的雷達圖像，因而或多或少令航道有所改變。「從根本上來說，我得出一個結論就是，有可能根本沒有雷達追蹤到 MH370。」他在電話上對我說。他向官方調查人員發送了一連串問題，他們答覆他在 2016 年 3 月發表的第二個調查報告，會加入有關的答案及數據。當報告在六個月後發表，當中並沒有對楊內洛就有關雷達所提出的問題提供任何答案。

而另一位獨立小組的美國成員亦告訴我，馬來西亞只分享了很少雷達的資料，「甚至是跟澳洲搜索人員……澳洲運輸安全局不能理解，為何馬來西亞不能分享更多資料。」法國一個龐大的代表團，其中包括三名被委任調查此事的法官，在負責反恐的法官高迪諾的帶領下，加上數名法國情報部門的特工，在 2015 年 12 月啟程前往馬來西亞。他們最初計劃在 2015 年 10 月前往，其後在不為人知的原因下在最後一刻取消行程，官方解釋是與襟副翼有關，但更有可能是由於其他原因。很明顯，法國代表團這次前往馬來西亞，是想從馬來西亞取得資料，而其中一樣

4　根據《澳洲人報》2014 年 3 月 18 日的報導，「系統在 MH370 起飛的早上，並沒有給予朝西向著印度洋偵測的任務，因為沒有這樣做的理由。」

5　Victor Iannello, ScD, "Some Observations on the Radar Data for MH370", 18 August 2015.

就是第一手及未經加工的雷達圖像：民間及軍方的圖像，一切能夠支持MH370左轉及飛過馬來西亞上空的論述的證據。但據我所知，馬來西亞並沒有跟法國司法調查人員分享任何第一手的雷達圖像。

最後，只有印尼空軍證實當MH370起飛前往北京時，曾經在其雷達上見過飛機，直到航點IGARI；但是當MH370掉頭再飛過—— 根據官方所說的版本—— 馬來半島上空，雷達卻探測不到任何訊號。經常聽到的藉口是，印尼基於防衛原因，是不會分享這些資料的，然而，當目的是尋找機上有239名乘客的噴射客機時，這論據是否仍然合理及令人信服？

又或者，這些國家沒有分享MH370的雷達圖像，純粹是因為他們手上根本就沒有？而假如他們並沒有，是不是因為當時在區內的所有雷達都沒有發揮作用，或是被關上？又或者，MH370根本沒有一如官方報告所說地掉頭？

在這階段，我們明確知道一個事實：沒有一個在區內的國家或艦艇，分享了任何雷達圖像是可以顯示MH370的古怪航道的。這令我再一次想到斯蒂爾所說的：「沒有證據並不代表能證明它不存在。」然而，缺乏雷達證據（圖像）的情況理應受到質疑。

在飛機失蹤超過兩年後，我終於有機會跟馬航的一名雷達專家傾談，他告訴我兩個重點。首先，他向我證實馬來西亞民航局，無從肯定其所偵測的雷達圖像（顯示一架飛機在2014年3月8日清晨飛過馬來西亞）可能與MH370有關，他們只能假設這是一架回航的大飛機。他補充說，在這些圖像中，不是一切都跟一架回航的波音777吻合。第二點是馬來西亞皇家空軍，拒絕與馬來西亞民航局分享他們就同一架飛機錄

得的雷達圖像。「他們的雷達較我們（民航局）的優勝得多，他們對飛機所知的也肯定較我們多。」我問他，馬來西亞軍方這樣的態度是不是很可疑或不尋常，他回答：「十分可疑！」

這令我再一次重新翻看官方報告。在報告中的第二頁，標題「從預定的飛行航線中改道」之下，就可以找到有關哪一個雷達看到甚麼的資料。

報告提到在區內有五個主要的雷達，但是唯一一個探測到飛機從東至西飛過馬來西亞的，是馬來西亞的主要雷達，而區內其他雷達（印尼、泰國及越南）都看到飛機向著航點 IGARI 飛去，卻沒有看到之後折返。這應該是調查人員質疑的地方，並嘗試找出答案。

官方報告述說了這樣的次序：在當地時間 1 時 21 分，主要雷達看到 MH370 微微向右轉，這完全吻合飛機將要飛往另一個新航點 BITOD；然而就在此時，飛機向西南方作了一個平穩的左轉。到了 1 時 30 分，飛機以 496 節[6]及 35,700 尺的地面速度，向西面飛去（231 度）。六分鐘後的 1 時 36 分，飛機的速度由 494 節變為 525 節，而高度就在 31,100 與 33,000 尺之間波動。到了 1 時 39 分，飛機的航向大致上仍然是西南偏西，但是地面速度增加至 529 節，而這時飛機的高度是 32,800 尺。最後一次雷達圖像是 1 時 52 分，這時飛機是在檳城南部，而不知道為甚麼，報告並沒有顯示飛機這時的航向、高度或速度。

其後，當飛機向著位於馬六甲海峽的霹靂島飛去時，仍然可被追蹤得到，飛機最後於 2 時 3 分到達霹靂島。之後，飛機於 2 時 22 分在航點

6　節 (knot)，航速和流速單位；一節約等於每小時 1.85 公里。

MEKAR 十海里處突然消失。

官方報告中提到的第二個雷達圖像,是來自位於哥打巴魯的民用雷達。根據雷達顯示,在 1 時 30 分至 1 時 52 分[7]之間,有一架飛機出現及消失了四次,而飛機每一次的出現都有不同的代號,彷彿有如應答代號似的:P3362、P3401、P3415 以及 P3426,但再一次,這個雷達圖像並沒有提供飛機的速度、高度或航向的資料。

這些雷達數據的確有很多問題,而在報告內提到這些數據的方式也是。

其中一點是,雷達數據將飛機界定為「MH370」,但事實上根本無從肯定這就是 MH370,就跟那位馬來西亞的雷達專家跟我說的一樣。來自主要雷達的圖像並沒有顯示出這是屬於哪一架飛機,這是主要雷達和第二雷達關鍵性的不同。一如這位雷達專家所說:「我們只知道這是一架很大的飛機。」再一次,有關當局只是假定,就從中斷言這就是 MH370。

另外,在報告內還有一個很重要的、有關連貫性的問題。

在第 97 頁寫道:

「在凌晨 01:39:03,胡志明市空中交通控制中心首先向 MH370 查詢,並通知吉隆坡空中交通控制中心無法與 MH370 通話,而最後一次看到

7　在 01:30:37 至 01:37:22 之間,有一架代號 P3362 的飛機;在 01:38:56 至 01:44:52 之間,有一架代號 P3401 的飛機;四分鐘後,在 01:47:02,代號 P3415 的飛機出現,之後在 01:48:39 從雷達上消失;到了 01:51:45,代號 P3426 的飛機出現在吉隆坡空中交通控制中心的雷達螢幕上,但是在 01:52:35 消失。

的雷達目標是在航點 BITOD（……）

「在 01:46:47，胡志明市空中交通控制中心再一次向 MH370 查詢，表示在航點 IGARI 曾建立雷達聯繫，但並沒有通話。胡志明市空中交通控制中心提出，在雷達螢幕上的光點在航點 BITOD 消失。」

事實上，胡志明市空中交通控制中心在大約 1 時 30 分，曾經超過 20 次提及在航點 BITOD 看到 MH370。然而，在報告中概述雷達圖像時，卻絲毫沒有提到這點，為甚麼？因為即使胡志明市空中交通控制中心的資料是真的有紀錄，卻會跟官方論述有出入。想像一下，當天晚上分別有馬來西亞及越南的空中交通控制中心負責追蹤 MH370，兩個中心都表示 MH370 在大約 1 時 30 分仍然在航點 BITOD，這代表根本不可能有雷達會在 2 時 22 分於航點 MEKAR 看到 MH370。而與其將 MH370 最後被雷達偵測到在越南的天空上出現作為參考，官方的論述只是摒棄了這資料，以便讓看似偽造的新論述顯得一致。

另外，報告中有些部分有更為技術上的問題。我就此再次徵詢了我的波音 777 機師朋友的專業意見。事實上，馬來西亞雷達上看到的飛機，以及報告內描述的資料，是異常混亂及不統一的，例如其高度及速度不斷更改。所描述的飛機速度高於平均的巡航速度，甚至是高於波音 777 所可能的最大速度 [8]，但這本身並不一定是個問題，我的機師朋友告訴我：「地面速度並不代表甚麼。如果有很強的順風（tailwind），飛機可以作出更高的地面速度而毋須實際地飛快一點。」奇怪的反而是不斷變更的高度。從馬來西亞雷達上看到的飛機，是在 31,100 到 35,700 尺之間上下擺動，當中有 1,500 米的差距，而這一切都是在數分鐘內發生，這對

---

8 波音 777 客機典型的巡航速度是 0.84 馬赫（飛行速度與音速之比值），即是 35,000 尺的巡航高度，490 節又是每小時 905 公里；而在 35,000 尺的最佳高度，最高巡航速度是 0.89 馬赫，或 512 節。

波音 777 來說是聞所未聞的。「針對這點我只看過兩個解釋，要麼雷達沒有正確地校準，以致數據並不準確，要麼飛機是遇上很厲害的風暴。如果飛機面對著強勁的順風卻突然停下，在這情況下飛機就會下墜。但即使如此，飛機也不會在數分鐘內下降 4,000 尺（1,200 米），這是沒有可能的！」我的機師朋友說。

　　然而，當飛機由東至西飛過馬來西亞上空的時候，區內的衛星圖像顯示並沒有任何風暴，連雲也沒有。根據報告所說，附近的機場並沒有報告「有任何顯著或異常的天氣現象」。[9]而另外一些資料也很奇怪，假設 MH370 將應答器關上了，那為何在哥打巴魯的雷達上看到的飛機又附上了代號？「你是不會更改應答代號的，除非空中交通控制中心指示你要這樣做，而你在駕駛艙內用人手更改就可以。」我的機師朋友說。考慮到這些數據的異常，實在令人禁不住想總結不管這一架是甚麼航機，其飛行模式與一架波音 777 都不吻合，而且從飛機所發出的代號，也不符合 MH370 已將應答器關上這個假設的情況。

　　換句話說，所有這些證據都指出了一個可能性，就是雷達數據所描述的飛機，很大可能並不是 MH370。

　　在 MH370 失蹤接近三年後，我在印尼跟某個人會面，他曾經在亞洲及歐洲的民航部門工作過，他告訴我曾看過原來的馬來西亞雷達圖像。他堅稱他看到這架神秘的飛機是在 47,500 尺，之後墜落到 2,700 尺。這資料並沒有在官方報告中提及，但是《紐約時報》在飛機失蹤一星

9　在世界協調時間 1600、1700 以及 1800 從哥打巴魯機場 (WMKC)、瓜拉登嘉樓機場 (WMKN)、檳城國際機場 (WMKP) 以及吉隆坡國際機場 (WMKK) 所發出的航空例行天氣報告 (METAR)，並沒有報告任何天氣異常情況。

期後卻有報導。[10] 這資料卻為獨立小組成員質疑，也不禁令人想像一個有絕對高超技術的機長，可以將飛機高飛至盡可能的高度，令機上所有乘客陷於昏迷，之後就盡可能低飛，以避開雷達偵測。這也是為甚麼此刻我身在印尼一間嬉皮士咖啡店，處在滿佈灰塵的風扇以及一個小魚缸之間，聽著另一個聲稱曾從馬來西亞雷達圖像看過飛機飛至很高的人，說著我之前不予考慮的資料，而情況仍舊是波音 777 假設的高度上限是 43,100 尺，而機長似乎是認為飛機不能飛至接近這高度，更不要說是高於 45,000 尺。這亦是另一個跡象顯示那架飛回馬來西亞並高飛至 47,500 尺的飛機，不會是波音 777。至於在雷達螢幕上出現的雙光點，這人告訴我飛機是沒有可能在瞬間就飛至很高或很低的。那一刻雷達看到的，一定是兩架飛機，而這亦跟獨立小組成員楊內洛的假設吻合。他假設往馬來西亞方向折返的 MH370，很可能只是另一架飛機，這也符合了馬來西亞東岸一些人所形容的：一架大飛機在相反方向比平常更低處低飛。

飛過馬來西亞的「MH370」是否只是新加坡的空中預警及控制機？

不久之前，有一個來自中東、似乎可靠的消息來源指出，有兩架空中預警及控制機牽涉入 MH370 失蹤一事，而另一個消息來源（也是來自中東）表示飛過馬來西亞上空的飛機並不是 MH370，而是新加坡的空中預警及控制機。自 2007 年開始，新加坡購入了四架改裝的商務噴射機灣流 G550，以便作為預警和及控制之用，它們是新加坡的「空中眼線」。有數篇刊載在媒體《馬來西亞局內人》(*Malaysian Insiders*) 的文章提到，「新加坡空中交通監察及控制單位」發現了訊號，顯示 MH370 掉頭，

---

10 在 2014 年 3 月 15 日，《紐約時報》刊登了一篇題為《雷達顯示飛機曾超過一次改變航道》(Radar Suggests Jet Shifted Path More Than Once) 的文章。

之後從原來的一萬米爬升了一千米。由於從航點IGARI到新加坡的距離，對任何一個地面雷達來說都是太遙遠了，因此有人猜測這個監察單位其實是一個「飛行雷達」。在 MH370 失蹤之前及之後的日子，區內其實有很多軍機正在進行軍事行動，例如之前已提及過，由美國、新加坡及泰國三方所進行的「天虎」聯合軍演正準備展開。但同時我也收到位於曼谷北部的巴吞他尼府的雷達檔案，顯示 3 月 7 日晚上之前及之後數日飛機飛過的資料。檔案顯示在 24 小時內，有超過 1,600 架飛機飛過，其中大部分是進出曼谷的商業航班，但同時也有進出吉隆坡及新加坡的。另外，至少有一架新加坡的空中預警及控制機出現在檔案內，其代碼是76E304。很多在檔案內出現的飛機並沒有清晰地辨認出來，需要花上一點時間找出這些飛機的身分。

　　其中一架清晰地辨認出來的美國空軍軍機是 C-17，名單上顯示的代碼是 AE0805。C-17 常常被形容為美國空軍中負荷重的戰機，它是體積龐大的運輸工具，曾經在泰國上空逗留了兩次，每一次的逗留時間分別是兩個半及三個半小時。它於 2014 年 3 月 7 日離開巴吞他尼府的雷達螢幕，時間是 23:35:35。一小時後，MH370 從吉隆坡國際機場起飛。而在 MH370 失蹤當天，在泰國上空飛過的眾多美國空軍軍機中亦有一架C-146A，它主要是用作「為美國特種作戰司令部，提供需要為戰區特種作戰司令部作支援的靈活及敏捷的小隊」，換句話說，它在有需要時，會盡可能在秘密的情況下派遣突擊隊隊員。檔案內也提到在米拉馬（加州）註冊的 C-130 以及 C5-B 銀河，C-5 是全球最大的軍機，據說可以運載超大的負重，在洲際範圍內提供空運補給。此外，名單也包括了 KC-135 空中加油機，以及其他來自泰國、美國及新加坡的軍機，我甚至沒有每一架都查看過⋯⋯但這些資料肯定地指出一點，就是在 MH370 失蹤的前後數天，區內的天空曾經有無數軍機出現。

　　值得再次強調一點是，馬六甲海峽，亦即根據官方報告 MH370 最後出現的地方，是世上其中一個最繁忙、以及具戰略價值的海上走廊，所有運送至中國及日本的石油都會經過此海峽。我曾經因為要參與製作一套有關海盜的紀錄片而深入研究過這區域，有關紀錄片於 2006 年在德法公共電視台 (ARTE) 播出。[11] 印尼、馬來西亞以及新加坡的海軍，都密切監視著這區域，而美國的海軍軍艦也總是在附近。除了美國第七艦隊（200 艘艦艇及潛艇、14 萬名軍事人員及超過 1,000 架戰機）覆蓋範圍達到整個太平洋以及印度洋東半部的規模外，美國在新加坡也實際上長駐了海軍及空軍。自從九一一發生後，新加坡作為美國中央情報局及英國秘密情報局在亞洲的基地的角色愈來愈重要。一名定期飛到這區域的國泰機師告訴我，他最近被控制塔人員提醒有「不明的交通」。「他們給我們發送的訊息是『在你之上某個未知的高度』。我們向上望，你猜我們看到甚麼：無人機，就在我們數千尺之上。」他說。

　　海空都駐了重兵，同時有雷達、無人機、空中預警及控制機，再加上衛星，令馬六甲海峽客觀上來說，成為世上其中一個最糟糕的失蹤地方。

「將它擊落？美國就會這樣做！」

　　無論如何，我們被告知，馬來西亞容許一架不再跟其控制塔聯絡的波音 777 經過，並反方向飛過馬來西亞上空，按著已偏離的航道飛去。MH370 失蹤數星期後，馬來西亞國防部長希山慕丁在澳洲廣播公司

---

11 "Malacca, le détroit de tous les dangers" (Malacca, the strait of all dangers), ARTE, 2006, 52mins.

(ABC) 的節目上 [12]，為馬來西亞讓飛機飛過而不採取行動辯護，「這是一架屬於我們的商業航班，在我們的國土之上，我們又沒有在跟任何人開戰，我們該做甚麼？」他反問道，「將它擊落？美國就會這樣做！」這的確是一個驚人的回應！然而，暫且將他驚人的回應放在一旁，這位國防部長也暗示了他們是看到了飛機，並且沒有將之視為威脅。然而，假如應答器是關上的話，他又是如何知道這就是 MH370？而假如他們知道這就是 MH370，並且完全偏離了原來的航道，是不是已經足夠——或許不是要「將它擊落」，因為「美國就會這樣做」——但至少該發出警報？這解釋完全站不住腳。

事實上，希山慕丁的回應是異常不嚴謹的，即使以馬來西亞的標準來說也是一樣，尤其馬來西亞是於 1971 年簽訂了五國聯防協議 [13]（FPDA）的成員國之一。協議規定，當有違反領空的情況出現時，正確的做法是戰機於數分鐘內就要起飛進行攔截。自從九一一發生後，馬來西亞的雙峰塔 [14] 成為了恐怖襲擊的理想目標，促使多國要對協議內容進行全面修訂。

而更令人意外的是，根據官方報告，MH370 還飛過了檳城的北海空軍基地，而五國聯防協議的綜合空中防衛系統是設在哪裡？就在北海！而又是誰負責這個防衛系統？是澳洲的一名空軍少將。

馬來西亞被大肆批評對不明飛機飛過其領空時態度寬鬆、不採取行動、缺乏專業判斷。一架身分不明的飛機飛過區內領空，這不正正就是

---

12 Australian Broadcasting Corporation, "LOST: MH370", 19 May 2014.

13 五國聯防協議是英國、澳洲、新西蘭、馬來西亞以及新加坡，於 1971 年簽訂的多方互相合作及防衛協議。

14 馬來西亞雙峰塔於 1998 年開幕，直至 2004 年之前是全球最高的摩天大樓。

綜合空中防衛系統要應對的情況嗎？這系統更是由*真正的專業*——澳洲在進行海底搜索行動時是這樣形容自己的——所帶領。若真是如此的話，為何有不明飛機飛過，在澳洲指揮下的北海空軍基地卻沒有任何行動？是不是一如馬來西亞雷達的情況一樣，人人都睡著了？又或者飛機並沒有飛過「五國」空中防衛基地的上空？這條鮮為人知的軍事協議的實際情況是：在飛機失蹤少於三個月後，澳洲就「五國之盾 2014」（Bersama Shield 2014）軍事演習與區內安全夥伴（新西蘭、馬來西亞、新加坡及英國）會面，這個軍事演習被形容為「東南亞其中一個最顯著的區內軍演」（5 月 22 日至 6 月 4 日）。到了 6 月 1 日，同樣五個國家的國防部長，在馬來西亞的新山會面，並且到訪位於檳城的北海空軍基地。

　　一如沒有任何證據支持「蓄意的行為」理論，同樣也沒有任何實質證據，證明 MH370 曾經折返及飛過馬來西亞的上空。相反，被認為是 MH370 的飛機，反而與一架戰機有更多相似的地方。再者，從來沒有任何未經加工的雷達圖像向外發佈，證實 MH370 的確曾折返及飛過馬來西亞上空，甚至是在 2015 年 12 月到訪馬來西亞的法國龐大司法代表團，也沒有取得任何雷達圖像。同時也沒有任何理由，可以為一架波音 777 客機飛過北海的五國防衛基地領空而不啟動綜合空中防衛系統辯解，除非這其實並不是不明的波音 777 客機，而是正在進行任務及與北海基地有充分聯絡的 GF550S。

　　在 MH370 失蹤後數天，有消息說從副機長的手提電話偵測到飛機是飛過檳城上空。在 2014 年 4 月 12 日，美國 CNN 引述一名「美國官員」證實這項消息。當然有很多人會問：如果有一個手提電話被偵測到訊號，那機上數以百計的人都攜帶手提電話，為何其他手提電話又沒有被偵測到？但無論如何，這似乎是很好的證據，證明 MH370 的確曾經折返及飛過馬來西亞的上空。然而，有關副機長的手提電話被偵測到一事，從來

沒有被證實或被清楚確認過,卻被傳媒廣泛報導。根據馬來西亞皇家警察就此事的機密檔案,一如傳媒報導中所形容,現實中嘗試與機艙內的手提電話連接訊號的行動都失敗了,有關檔案的名稱是「SKMM 分析」,SKMM 是馬來西亞通訊與多媒體委員會 (Malaysia Communications and Multimedia Commission) 的簡寫,這個委員會的另一個簡寫是 MCMC。檔案中寫道:「在 2014 年 3 月 8 日,時間為 01:52:57,MH370 副機長的手提電話,據報被檳城一個電話網絡偵測到。我們模擬了一個相同情況,以便測試這個電話網絡的偵測能力,特別是其中一個偵測站。在完成了於機艙內進行的模擬情況後,所記錄的數據顯示,電話訊號在沿著航道的不同偵測站都偵測得到,然而,據報偵測到副機長電話訊號的偵測站,卻在這次的模擬中沒有偵測到任何訊號。」因此,即使這在當時屬於爆炸性的新聞,可以強烈地支持飛機曾左轉及飛過馬來西亞上空的論據,但這項資料其實從來沒有經過證實。而且在一年後的官方報告中也沒有再提及這事。事後回想整件事,加上 MH370 從來沒有被馬來西亞雷達發現過一事,這件副機長的電話訊號被偵測到的趣事,似乎更有可能是流於虛構,預早植入到人們的腦海中,以便令人進一步相信飛機的確曾經飛過馬來西亞上空。

沒有顯示「蓄意的行為」的證據,沒有雷達追蹤到 MH370 曾飛越馬來西亞,現在唯一剩下的,就只有 Inmarsat 的訊號來支持官方解釋的版本。

Inmarsat 的角色以及誠信倍添疑問

Inmarsat 在業內一向享有良好的聲譽:可靠、有效率及先進。這間公司甚至有資源去追蹤一架已關上所有通訊系統的飛機。

　　然而，從一開始，一些 Inmarsat 的工程師已表達了他們的憂慮，其中一名工程師甚至認為「這可能是有人利用 Inmarsat 來進行的一個大騙局」以及「飛機實際上是墜落了，卻同時有人偽裝出那架飛機」。他的意見甚至出現在英國 BBC 就 MH370 所製作的紀錄片中。[15] 因此，Inmarsat 的訊號——整個飛機墜落在印度洋的理論依據，其真實性及可靠性從一開始就受到質疑，甚至在 Inmarsat 的工程師隊伍內，也有相同質疑。

　　我在雅加達會見了一名前 Inmarsat 的僱員，我當時正在雅加達報導 2016 年 1 月發生的恐怖襲擊的後續。這名 Inmarsat 的前僱員跟我說，Inmarsat 擁有的技術，能找出攜帶了它們的儀器的飛機。他告訴我，在數年前他們已經能做到這點，只是他們的客戶並不知情而已。

　　Inmarsat 工程師的質疑，我從一些家屬那兒也聽過。某次與一群年輕人吃晚飯時，其中一人表示他對整個飛機失蹤的故事感到著迷：只憑一間衛星公司所偵測到的數個訊號，就追蹤到飛機是在印度洋的海中心。不過，他其中一個朋友打斷了他的說話：「忘了它吧！我的父親是在 Inmarsat 工作的，他們全都清楚知道究竟發生了甚麼事，飛機根本不在他們尋找的地方。」如果這是真的話，後果真是不堪設想。對我講述此事的人只是在跟我一同吃晚飯，而我也沒有理由懷疑他所說的話。至於他的父親在其後被問及更多詳情時，就極力否認一切。他明顯感到恐慌，說道：「這一切從沒有人提及或聽聞過，而且也絕對不能再討論。」

　　由於 Inmarsat 理論上可以追蹤到任何一架機上有他們儀器的飛機，在飛機失聯的一刻，Inmarsat 是可以立刻查看數據，從而知道飛機

15　BBC Horizon documentary, "Where Is Flight MH370?". *Ibid.*

在哪裡的；這理應只需要 Inmarsat 花上數分鐘或數小時就能做到，而不是數天、更不要說數星期，才能證實飛機的大概位置。然而，Inmarsat 在事發後數天都保持沉默、不發一言。他們數天以來的沉默，或許是同意了搜索範圍正確。「他們最初保持沉默，因為初時在南海進行的搜索，似乎跟他們所知的吻合。如果飛機是真的去了南印度洋，他們一定會立刻出來發言。」一位對整件事有自己一套解釋的「馬航狂熱者」說。我之後會詳細講述他的看法。

其後在 2016 年，我看到其中一名乘客的姊妹在事發時與馬航公司之間的電郵往來，內容令人相當不安。在 2014 年 3 月 13 日，那位姊妹發了一通電郵給馬航在法國的某位員工，內容表達了她的苦惱，並要求馬航澄清一連串由媒體所提出的論點，這些論點令乘客家屬相當困惑。她提及從南海發射導彈的可能性、3 月 8 日在馬來西亞東海岸發現的飛機碎片、漂浮的油污、中國衛星偵測到的大型碎片，以及關於飛機可能在最後一次被偵測到後繼續飛行數小時的最新新聞。該位馬航員工回以一則深表同情的訊息，當中包括這段不尋常的段落：

> 關於媒體的報告：
> ·對於有消息指出，有數據顯示飛機在 1 時 07 分最後一次聯絡後曾繼續飛行四小時，純屬虛構。此則消息已由波音公司及勞斯萊斯公司否認。

這實在令人困惑。白宮正準備宣佈 MH370 從雷達上消失後曾繼續飛行多個小時這則消息，從而鞏固《華爾街日報》稍早之前的報導，一個馬航職員卻在宣佈的數小時前，為了安撫乘客家屬而透露了內部資料。問題是，這則波音公司及勞斯萊斯最初否認的虛構消息，卻變成了……「屬實」。波音公司及勞斯萊斯當時明顯是還未收到通報，才會告知馬

航他們手上的資料與飛機曾多飛行數小時的說法並不符合……當這個說法變成官方版本後，兩間公司都沒再發表意見了。一如我們所見，波音公司在事件中的沉默本身就是一個謎團，又或者更像是要以不尋常來迷惑整個航空界。

而可以肯定的是，Inmarsat 從不想與獨立小組的科學家，又或是要求進行獨立調查的家屬，分享它手上所有經常被引述的數據（在第六章曾詳細談及）。

照常理來說，Inmarsat 應該渴望全球都知道它對解開謎團做出了非凡貢獻，就像所有科學家都會發表他們的理論及計算，以便讓同儕參考。然而，Inmarsat 卻反其道而行，不公開發表任何東西，並聲稱因為要對馬來西亞負責，而由始至終都保持沉默。即使在四日內共收到約 3,000 個傳媒訪問要求 [16]，Inmarsat 都一律拒絕了；之後對所有提出有關要求的傳媒，該公司都只提供兩個他們真正答應參與的節目予以參考：一個在英國 BBC，另一個在美國 CNN。在 2014 年 12 月，Inmarsat 衛星運作的副主席迪根辛（Mark Dickinson），接受了業內雜誌《今日衛星》（Satellite Today）的訪問。當我在 2015 年夏天提出訪問要求時，該公司的新聞部門建議我將有關 Inmarsat 的問題改向馬來西亞或澳洲查詢；Inmarsat 甚至完全漠視法國司法提出獲取官方資料的要求。他們究竟在害怕甚麼？敏銳的眼睛是否能夠觀察到事件中的破綻？事實上，有些人的確觀察到當中的異常，其中最明顯的是官方論述以及 Inmarsat 的精密計算，都指出飛機在航點 IGARI 折返，但我們前面就提到，在大約十分鐘後，飛機仍然被胡志明市的控制塔偵察到在控制塔東面 37 海里處的航點 BITOD 出現。

---

16 http://interactive.satellitetoday.com/inmarsat-exec-talks-about-operators-role-in-search-for-mh370

再者，最後證實與 MH370 通話的時間是剛剛過了 1 時 30 分不久，MH88 的機師說他在剛過了 1 時 30 分不久，便與 MH370 取得聯繫，並聽到一些他認為是來自副機長的含糊說話聲。這次通話在 3 月 9 日凌晨 2 時 28 分向傳媒發放的第六份聲明中證實了，當中提到：「自從我們在 1 時 30 分最後一次收到 MH370 的訊息後，已超過 24 小時再無收到任何消息。」

「當 Inmarsat 公佈數據時有數處出錯，而當數據公佈後，唯一令數據維持不變的方法，就是假裝 MH370 並沒有到達航點 BITOD……但這已被胡志明市的空中交通控制中心記錄在案。」一名熱心的「馬航狂熱者」向我強調。換句話說，要接受 Inmarsat 的故事，你必須先要摒棄越南空中交通控制中心記錄在官方報告內的記錄，因為兩者根本是互相矛盾的，就正如那 2 時 22 分的雷達圖像。如果越南空中交通控制中心所報告的是真實及正確的，那 Inmarsat 所說的版本就完全是錯的，這是不是需要作出解釋的重大問題？

Inmarsat 是一間欠缺敏感度的公司，這已是人所共知，在這間公司的政府分支中，其客戶包括全球最大的軍隊。「盡心盡力為美國政府服務」是 Inmarsat 美國政府分支在其網頁上對自己的描述，Inmarsat 美國政府分支的忠誠在哪裡，實在已毋須多說了。

而直到 2011 年為止，有很多年，Inmarsat 的其中一個主要股東，是擁有百分之二十七股份的哈賓格集團（Harbinger Group），這是一家美國公司，由美國前總統老布殊及一名前中情局特工聯合創立，已有多次事件顯示哈賓格集團與美國情報機構有聯繫。另外還有其他跡象顯示 Inmarsat 與美國國防部關係密切。在 2014 年 3 月 20 日，Inmarsat 宣佈美國空軍的凱勒將軍（C. Robert Kehler）將會加入董事會。直至 2013 年

底為止，凱勒將軍一直掌管美國的戰略指揮，他就所有牽涉美國武裝部隊、太空以及網絡的事宜，可以直接向美國總統以及美國國防部長匯報。

中國國家主席習近平於 2015 年 10 月官式訪問英國，在他訪英期間，曾到訪過一間英國公司：Inmarsat。[17] 他這次到訪令業界感到意外及憂慮，因為「人人都知道，Inmarsat 為美國及英國做了很多事」，一位業內人士如此告訴我。根據《金融時報》（Financial Times）報導，在習近平到訪期間，中國政府與 Inmarsat 簽署了總值數億美元的合約。

有部分「馬航狂熱者」對 Inmarsat 有僱員突然離世一事感到疑惑，該名僱員曾參與過 MH370 飛行數據的分析工作。他的上司形容這名僱員為「行動小組內的主要成員」。[18]「馬航狂熱者」邁爾（Rand Mayer）告訴我，他在好奇心驅使下，巧妙地在辦公時間過後致電到 Inmarsat，發現這名據報是死於心臟病的僱員名為費爾貝恩（Stuart James Fairbairn），是名衛星控制員，年齡大約 50 多歲，在 2014 年 3 月 17 日死亡，正正就是馬來西亞正準備公佈 MH370 是墜落在印度洋的時間。他的訃聞上寫道：他是「突然而安詳地離世」。

整體而言，官方解釋的版本還剩下甚麼？所謂的「蓄意的行為」，這技倆之前已經使用過，埃及航空曾經不公平地將航班 990 的副機長牽連在內，以掩飾飛機技術上的失誤。不過，所謂的「蓄意的行為」也純粹是總理納吉布的猜測，沒有一張未經加工的雷達圖像，能夠證實 MH370 是採取了官方報告內所說的航道。此外，在一個可能性高達百分之九十七的潛在 MH370 墜落範圍內所進行的海底搜索又一無所獲，即

---

17 習近平在 2015 年 10 月 22 日，到訪 Inmarsat 在英國倫敦的總部。

18 http://interactive.satellitetoday.com/inmarsat-exec-talks-about-operators-role-in-search-for-mh370/

使是獨立小組內最偏執的理性主義者及死硬派，都開始對 Inmarsat 的數據失去信心。在飛機失蹤兩年後，「馬航狂熱者」普遍對事件分為兩種看法：那些仍然相信——因為到了這一刻，已經是基於信念的問題—— Inmarsat 所偵測到的訊號的真實性的人，以及那些已不再相信 Inmarsat 的訊號的人。

到了現在，官方解釋的版本愈來愈像是個圈套，很多我們被告知的事都是未經證實的、不可靠甚至是偽造的，那到底還有甚麼我們是肯定的？

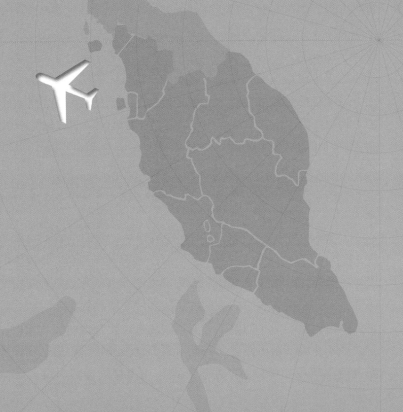

第 十 二 章
簡單的設想

假如我們基於很多之前分析過的原因而拒絕相信官方版本，又假如我們選擇相信機長不單是一個正派善良的人，完全不會做出如此荒謬及瘋狂的行為，甚至是一個優秀出眾的機長，終其一生就是為這樣的最壞情況作準備。若真是如此的話，那我們又重新回到起點——飛機最後是在哪裡出現？

套用美國陸軍「愈簡單愈好，蠢蛋」（Keep It Simple, Stupid，簡稱KISS）的準則，最簡單及最明顯的假設情況就會變成最有可能的，即使實際上對此並沒有任何飛行時間的紀錄可以佐證：當飛機從越南的雷達上消失時，即是在泰國灣、越南以南剛剛經過航點 IGARI（又或是剛剛經過航點 BITOD，視乎你所引用的是報告的哪一部分）時，遇上災難性的事故。「導致飛機從雷達螢幕上消失的唯一方法，就是飛機真的消失了。可能是機艙發生爆炸，又或是撞機。」一位經驗豐富的馬來西亞海軍上將對我說，他的一生都花在觀看雷達螢幕上，而我是在 2014 年 3 月在吉隆坡的國會跟他見面。

最初，飛機在空中解體是最多人支持的假設情況。

「到現在為止，我們都找不到任何碎片，這似乎表示飛機有可能是在 35,000 尺的高空上解體。」一位有份參與馬來西亞初步調查的消息人士，在飛機失蹤數日後向路透社說。[1] 如果飛機在接近巡航高度時整架墜落海中，只在接觸水面的一刻解體，碎片應該相對上來說會比較集中。這位消息人士解釋，他以匿名方式評論，是因為他並沒有獲得授權公開討論調查進度。在事件發生初期，路透社引述了兩位最初同樣支持在機艙內發生無可逆轉情況的專家所說：「這樣的突然失蹤，只顯示出要

---

1 《南華早報》引述，2014 年 3 月 10 日。

麼機艙內發生了突發情況，令機組人員來不及發出求救訊息，在這情況下，『蓄意的行為』是其中一個考慮的可能性；又或者機組人員忙於應付這個突發情況。」Flightglobal 航空顧問公司安全及保險總監希斯（Paul Hayes）如是說。「缺乏求救訊號，只代表飛機若不是經歷了一觸即發的降壓，就是被爆炸裝置摧毀了。」美國國家運輸安全委員會前董事會成員戈亞（John Goglia）說，他並且補充：「這必須要很快，因為當時對外通訊系統已失靈。」

很多在馬來西亞東北海岸沿岸的人所提供的報告，以及一名在鑽油平台上的新西蘭人，都提及「爆炸」、「不尋常的光」、「一架往錯誤的方向低飛的飛機」，甚至是「一架飛機尾隨着一道長長的橙色火光」——全都是在 2014 年 3 月 8 日的晚上，在 MH370 失蹤後的數分鐘內出現的。

我曾經簡略地提及（第二章），57 歲的鑽油工人麥基（Mike McKay）的目擊描述，他明確地表示在他的位置的正西方向，曾看到天空上有一架着火的飛機，當時是半夜，他外出「並像往常一樣流連在後面的地方，以便抽根煙、喝杯咖啡。」在一年後一個訪問中，麥基再一次複述他當時看到的 [2]：「在地平線上忽然出現一團火球，即時引起我的注意。」這飛機比他每天看到的低飛得多，而且偏離了飛機的正常航道。「從我看到（飛機）着火到火焰熄滅（飛機仍然在高空）約 10 至 15 秒，飛機並沒有轉向，因此飛機要不是向着我的方向飛來，就是靜止的（下降），又或是與我的位置反方向離開。」他對來到他位於奧克蘭的家中訪問他的記者進一步說明，當他看到這架着火的飛機時，飛機仍然是完整的，沒

2　http://www.dailymail.co.uk/news/article-2951991/Search-MH370-taking-place-thousands-miles-away-wrong-direction-insists-oil-rig-worker-notoriously-fired-reporting-believed-saw-jet-fire.html#ixzz3woqWyACu

有解體。他隨即把他所見到的通知越南及馬來西亞當局，之後通知他的僱主。之後，他就因為「個人使用專業電腦」而被解僱了。我聯絡不到麥基，但我十分讚賞他的證言，因為我絕對相信他看到的就是他所描述的。

「飛機是在 1 時 40 分墜落，距離土珠島 153 海里」

飛機是在泰國灣又或是在南海墜落的假設情況，最初獲得越南國防部支持。越南國防部在 MH370 失蹤後的數小時內所公佈的資料，清楚顯示出 3 月 8 日清晨飛機墜落的時間及位置。當我認真地檢視越南所公佈的資料時，我很驚訝地發現在飛機失蹤的 48 小時內，越南就確定了MH370 是在其領海墜落。越南傳媒《青年日報》的網站於 3 月 8 日早上10 時 16 分就 MH370 失蹤所發表的第一則新聞報導，引述了越南海軍公報當中所說的「飛機在 1 時 40 分墜落，距離土珠島 153 海里（280 公里）。」越南國防部救援及打撈部門主管、陸軍少將范懷江（Pham Hoai Giang）表示「如果馬來西亞當局提出要求，越南搜索及救援部隊會參與搜索墜落的馬航客機。」

此外，我從《越南快報》（*Vietnam Express*）的資料庫中發現，在3 月 8 日早上 9 時 50 分，越南緊急救援中心發現，MH370 在金甌角西南面 120 海里發出求救訊號。而航空業網站《航空先驅》（*Aviation Herald*）也提到在當時「越南搜救人員偵測到緊急定位發報機（Emergency Locator Transmitter），在金甌角海岸以南約 20 海里發出的訊號。」這資料是極度重要的，因為緊急定位發報機所發出的訊號是獨特而可辨認的，低極軌道搜救衛星監察系統完全清楚哪一個訊號是屬於哪一架飛機，換句話說，被發現的訊號絕不會是來自另一架飛機。假如這資料屬實的話，

已足以證實 MH370 正正就是在這位置墜落，中國中央電視台及新華社都有報導這消息，但如常地，這則新聞又被西方傳媒忽略。

越南當局當然以一貫方式回應。事實上，在這情況下，也沒有人期望越南當局會做到甚麼。在 3 月 8 日的 4 時 3 分（世界協調時間，越南當地時間 11 時 3 分），越南海防市的（衛星傳播）地面站 (LES) 通過 EGC 訊息[3]，發送了無線電求救訊號，一名海員用手機將電傳 (telex) 拍下並讓我看。

訊息內容是這樣的：

程度：遇險

無線電求救訊號

這裡是海防市 LES

致所有地面站

以下訊息來自頭頓市海事救援協調中心

在 1720（世界協調時間）

2014 年 3 月 7 日，馬航 370 的飛機，馬來西亞國旗，失去聯絡及有可能在最後聯絡的位置北緯 06-56 度、東緯 103-35 度墜毀，機上乘客 239 人

要求在附近的船隻緊密注意和觀察，並提供支援

有任何相關資料，請直接向頭頓市海事救援協調中心報告

海防市地面站是 Inmarsat 在全球營運的 29 個地面站的其中之一，

3　EGC 訊息是來自 Inmarsat-C 的安全網服務 (Safety NET service)，它們是用來廣播海事安全訊息 (MSI)，例如天氣預測、導航及氣象警告、岸對船遇險警報、搜索及救援協調資訊，以及對在固定的地理及沿海範圍的船隻發出與安全有關的資料。

與 MH370 失去聯絡的地區，位於兩個重疊的 Inmarsat 衛星的覆蓋範圍：太平洋地區衛星以及印度洋地區衛星，而這訊息的接收方應該就是這範圍內的船隻。頭頓市海事救援協調中心位於胡志明市附近，在越南的最南端。

此外，另一名也在他船上的馬來西亞水手，也拍下了航行警告電傳 (Navtex)[4] 的螢幕截圖，當中的內容與海防市地面站所發出的無線電求救訊號的內容相同。從訊息顯示，接收到此訊息的船隻，位置是在登嘉樓海岸附近，而且很有可能當時是正在拋錨停泊，因為顯示的速度是零點二節。這船收到的國際航行警告電傳，再加上海防市地面站所發出的無線電求救訊息，似乎都證實了頭頓市海事救援協調中心的確是收到了 MH370 的緊急定位發報機所發出的訊號，並作出相應行動，時間上也吻合。如果一如報導所說，頭頓市海事救援協調中心是於 9 時 50 分，收到 MH370 的緊急定位發報機所發出的訊號，然後在約一小時多後的 11 時 3 分發出無線電求救訊號，這延誤對熟悉該區搜索及救援行動的人來說是合理的。

事實上，根據《中國時報》（台灣報章但立場親中）在飛機失蹤當日所刊登的資料顯示，MH370 的機師的確有提出要緊急降落的要求。有關這消息的不同版本在網上廣泛流傳，我一名在《中國時報》工作數年的台灣朋友吳戴青（譯音），終於給了我報導中這數句的英文翻譯：「另外，美國駐華大使館稱，凌晨 2 時 43 分美軍駐紮在泰國烏塔堡軍事基地曾監聽到一段馬來西亞航空公司 MH370 航班緊急呼叫的 SOS 信號，客機駕駛員呼叫稱機艙面臨解體，他們要迫降。目前駐泰美軍已向馬來西亞方面提供這段信號。」然而，《中國時報》負責整理這篇稿件的編輯，

4　航行警告電傳 (Navtex) 是國際自動化中頻 (518 kHz) 直接印字電報，用來對海上船舶發佈導航及氣象警告和預測，以及緊急的海事安全訊息。

拒絕透露消息來源：究竟是來自使館公報、通訊社所發出的新聞稿件、抑或是直接從消息人士漏出的資料？他只是不停重複說「不方便」討論這稿件，到最後他甚至說「已忘記了一切」。他迴避的態度只進一步令人對這資料感到可疑；另一方面，這亦可能是關鍵性的資料。如果這資料是錯的話，為何《中國時報》的網站仍然保留這項資料？[5] 假如資料是來自可靠的消息來源，為何不說清楚及承擔後果？我後來要求一位來自新華社的中國同事，查證這幾乎是同一時間刊登在 China.com（一個中國新聞網站）的資料，是不是由新華社發稿，這位同事基於兩點感到疑惑：首先是他自己想不起有這件事，而當時是他為新華社報導馬航失蹤的新聞的；其次是這則新聞並沒有被新華社認可。

記者是不會這樣捏造資訊的，在稿件內有清楚明確的資料，例如在泰國相對上來說比較少人知道的烏塔堡空軍基地，以及確切的時間——凌晨 2 時 43 分。驟眼看來，這時間顯得有問題，MH370 是在凌晨 1 時 30 分到達航點 BITOD 後，從越南空中交通控制中心的雷達螢幕消失的，如果有求救訊息提及飛機快將解體，有關訊息應該會在數秒或數分鐘後發出；假如 MH370 的求救訊號是在凌晨 1 時 43 分收到，那這假設情況的餘下部分就變得有可能；但假如是直到 2 時 43 分才收到求救訊號，就似乎不再可信，除非當中提到的時間，是以總部設在日本的美國太平洋司令部時區作依據，這樣就會跟當地時間 1 時 43 分完全吻合（馬來西亞和中國時間，是格林威治時間加八，而越南及泰國時間則是格林威治時間加七）。一位曾經在伊拉克服役的美軍告訴我，據他所知，在美國軍隊的溝通中引用時間時，一般來說會在時間後面加上軍用語音字母表（例如：Alpha、Bravo、Charlie……）的字母來顯示時區。[6] 或許記者或北京

---

5 http://www.chinatimes.com/realtimenews/20140308003502-260401。在 2015 年底，這資料仍然可以在報章的網頁上找到。

6 在時間之後加上「Zulu」或 Z，表示這是格林威治時間或世界協調時間，而 L 則代表當地。

美國使館內的職員不知道這點，因此在稿件中就遺漏了？

在 2016 年大概 4 月左右，另一名中國記者向我證實，這訊息並不是由新華社發出的，而是由一個名為「美國駐華使館」的微博帳號發出的。他留意到，即使帳號用了一支美國國旗以及「美國駐華使館」的帳號名稱，這帳號卻並非真正的美國大使館帳號：當中所使用的字眼是不同的（美國駐華使館而不是美國駐華大使館），而且這也不是一個獲認證的帳號。我感到很疑惑，不管發出這訊息的人是誰，都顯示出對方是刻意要在事件發生的最初數小時誤導傳媒乃至社會大眾。當然，除非這是有人刻意洩漏資料，以將人引導去有關的假設情況？到底這訊息是線索還是陷阱？

不過，這項資料仍然有一個好處，就是讓我們認識到區內另一個軍事基地。位於泰國南部的烏塔堡是一個泰國空軍基地，而且似乎會偶爾被美軍作臨時用途。在越戰期間，這兒是美國軍事行動的核心；而在美國參與阿富汗及伊拉克戰事期間，雖然泰國在戰事中是保持中立，但基地亦再次為美國部隊使用。據稱這基地還是美國中央情報局的「秘密監獄」。基地的機場有一條達 3,000 米長的跑道，足以讓一架波音 777 降落。

讓我們重新回到在收到飛機最後發出的訊號後，越南展開的搜索行動。在 3 月 8 日星期六的下午，越南展開行動：CSB 2001 海岸防衛艦艇以及 SAR 413 搜索及救援艦艇被召喚展開行動，而一架 AN26 的戰機，也從胡志明市的軍民兩用新山一國際機場起飛。根據越南傳媒《青年日報》在當天下午的簡報，「它們朝著南面，往飛機在當地時間 1 時 40 分（格林威治時間星期五 1840）墜落的位置飛去。」另外還有一架 AN26、六架直昇機以及九艘越南艦艇在候命。越南當局在星期六宣佈，有數艘艦艇會「在墜落範圍」通宵守候。

後來，我發現有另一篇新聞報導寫道：「在中國及美國的要求下，越南授權三艘中國艦艇以及一艘美國艦艇，進入其領海範圍協助搜索行動。」國家的領海只包括從岸邊延伸的 12 海里，這似乎顯示搜索或許是在十分接近越南海岸或越南某個小島處進行，否則毋須要授權中國及美國艦艇進入其領海。然而，在吉隆坡的記者會上，我們聽到來自不同國家的船隊以及戰機，正在泰國灣進行搜索。這是否代表最初在南海進行搜索行動時，中美以外其他提出協助的艦艇，全都被越南當局禁止進入其領海範圍？這是否解釋了為甚麼在吉隆坡危機行動中心內，瀰漫著一片顯而易見的挫折情緒？實際上這代表了有無數艦艇準備就緒，隨時候命，但只有少數獲准進入被劃定的飛機墜落範圍。或許這一定程度上解釋了為何會有人投訴搜索行動缺乏協調。

在 2014 年 3 月 9 日星期日的早上，《青年日報》的攝影師登上越南 AN26 軍機，拍攝了一張海面上大範圍泛起油污的相片，軍機的機師認為這是「到現時為止第一及唯一可能的失蹤飛機踪跡」。這裡距離假設的飛機墜落位置約 80 公里，令事情似乎顯得更合理。AN26 的機師補充說，「油污的顏色已褪減了，在風力影響下，油污可能在數日之後就會消失。」事實上，當 MH370 飛過越南的水面時，機上仍然有大約 40 噸的燃油，而有數家傳媒亦曾經報導過，在飛機最後一次與外間聯絡的位置附近，發現了兩塊大面積的油污，而其中一塊油污含有飛機燃油。

此外，在 3 月 9 日早上 11 時，中國衛星發現了三個 18 至 24 米長的大型漂浮物件，不過奇怪地，這資料要到三天後才公佈。這三個由中國國家國防科技及工業局公佈、由衛星拍攝到圖像的大型物件，體積是 13 x 18 米、14 x 19 米以及 24 x 22 米，在航點 IGARI 東南偏東 121 海里發現，三件物件各自相距大約 20 公里（11 海里）的半徑範圍以內。中國在三日後公佈這資料，越南因此派出兩架戰機到達中國國家國防科技及工業局

所確定的範圍，並對有關範圍檢視了數小時，但沒有任何發現。航空業網站《航空先驅》就此事件作了一個時序：「中國政府首長命令中國艦艇前往被確定的位置，『更努力嘗試』找出中國衛星看到的碎片。而中國民用航空局的局長則表示，中國國家國防科技及工業局的衛星圖像顯示了有濃煙及漂浮的物件。然而，中國民用航空局當時不能證實這些漂浮的物件是與 MH370 有關。」

在 3 月 9 日星期日的下午，事件紛至沓來，在下午 2 時 40 分，一架新加坡軍機——在當時除了越南 AN26 外，唯一一架在假定事發範圍上空飛行的軍機——通知越南當局它在距離土珠島東南面一百公里發現可疑碎片，而這範圍仍然是屬於懷疑飛機墜落的範圍之內。

到了下午 4 時 30 分，越南派出海岸防衛的雙水獺軍機，到距離土珠島西南偏南 31 海里、北緯 8.792、東緯 103.374 的位置進行搜索。其他傳媒報導，在星期日的下午[7]，機上載有記者的越南 DHC6 海上飛機，發現了機尾的碎片以及一塊長方形的合成材料，中間有一個長方形、圓角的開口。根據圖片，它看起來像是機艙的門。控制中心斷言這部分一定是由合成材料製成，因此有可能是飛機的一部分。然而，當時天色已經漸黑了。一艘註冊編號 KN774 的艦艇被派到現場進行調查。

第二天，3 月 10 日星期一，一架飛往香港的國泰商業航班的機師，據稱在越南海岸東南面發現「大量金屬碎片」，航空業網站《航空先驅》這樣寫道：「香港空中交通控制中心在 2014 年 3 月 10 日，當地時間大約下午 5 時 30 分，收到一架在飛行路線 L642 途中的班機透過高頻無線電報告，表示他們在胡志明市東南面大約 80 海里，位置是北緯 9.72、東

---

7   "Vietnam Searchers Report Spotting Plane Debris", *The Wall Street Journal*, 9 March 2014.

緯 107.02，發現大量碎片。那裡是在南海的越南海岸東南面 50 海里，以及最後所知的雷達位置的東北面大約 281 海里⋯⋯。一艘在這範圍內的泰國貨船被要求前往協助，但卻沒有發現有任何不尋常的物件。第二艘被要求前往協助的船卻發現了一些碎片。在發現碎片後，越南海事搜索及救援服務派出了一艘船前往發現碎片的位置。」彭博新聞社也報導了：「一艘在這範圍內的船也證實，距離南海的越南海岸東南面大約 92 公里，發現了漂浮的物件。」

這亦跟我之前（第二章）提到，張福明曾與我分享的一件事吻合。他說他在 3 月 10 日星期一晚上乘坐馬航由曼谷到吉隆坡的班機，當飛機飛過泰國灣上空時，他曾經就慘劇向機長致以慰問，其後機長給了他一段訊息，說道：「(MH370) 墜落的位置就在你左面」。張福明望向窗外，的確看到海上有一處充滿燈光，「顯示出有密集的活動」。

對於這個我一早已憑邏輯推斷到、簡單又明顯的假設，竟然有這麼多資料支持，我對此感到震驚。事實上，這是唯一有大量證據支持的假設情況，即使這個假設來得太快、實在太快，以至被忽略、反駁及埋藏。看似出現大量碎片的情況，很快就被美國駐越南的使館以及馬來西亞和越南當局否認了。在星期日晚上 6 時，美國搜索及救援部隊宣佈，新加坡航空班機所發現的漂浮物件，「決不可能是與 MH370 有關」；在這之前，完全沒有人知道這部隊有參與搜索行動。美國駐越南大使館負責國防合作的官員也明確地表示這件物件「無關重要」。這事件在開始之前就已經結束了。在泰國灣載浮載沉的疑似橡皮救生艇，變成了一個「大箱子的蓋子」；根據其他傳媒報導，「根據河內航空搜索及救援協調中心表示，在越南土珠島西南面 140 公里發現的疑似灰色橡皮救生艇的物件，其實是一條滿佈苔蘚的電纜。」而之前在泰國灣被誤以為是漂浮的機尾，原來是「被綁在一起的木頭」。我嘗試努力聯想，綑綁在一起的

木頭究竟怎樣才會看起來像一塊白色的機身，但這確實是由一名馬來西亞官員口中說出，而傳媒也毫不猶豫地寫進報導裡。而根據馬來西亞國防及交通部長所言，中國衛星的圖像是「錯誤地」被發放。至於海面上泛起油污的情況，根據個別文章，是沿著水流漂浮的珊瑚礁；但也有其他資料[8] 聲稱這些是船用燃料。在這兩種情況下，任何有關這是來自MH370 的燃料的念頭，都一概被消除。至於 MH370 的緊急定位發報機所發出的訊號，這項資料已經消失，再不可能在網上找到。最後，眾多關於親眼目睹碎片的消息，大體上也完全被漠視了。

事實上，當馬來西亞當局帶着大批西方傳媒來到吉隆坡時，飛機在最後跟外界聯絡的位置墜落這*簡單又明顯*的假設情況，也已經如海面上泛起的油污般迅速褪去。伊朗乘客的假護照事件，以及副機長邀請美女進入駕駛艙的事件，成為了大家的注目點，令大家分心之餘，也滿足了傳媒在等待官方報告期間，希望有話題性新聞的欲望。

到 2016 年 1 月底，在沒有人有任何期望的情況下，一塊大碎片被沖上了泰國南部洛坤省的海灘上，幾乎就是越南當局在接近兩年前公佈的MH370 墜落位置的對面。這塊碎片是兩米乘三米，其上的編號清晰可見，而碎片上也有一個大的插銷，上面還有編號。從依附在碎片上的藤壺推斷，泰國漁民估計碎片在水中已有約一年。法新社引述泰國皇家空軍發言人所說，「泰國陸軍航空專家已檢查過這塊碎片，並同意碎片有可能是來自一架飛機……一隊泰國專家小隊……會在星期一前往巴蘭縣收集這塊碎片。」法新社也引述了巴蘭縣的首長稱，他認為這塊碎片有可能是飛機鼻的一部分「因為其上有電線以及絕緣體。」他又補充：「碎片上的編號可以有助確認。」

8　根據馬來西亞海事執法局 (MMEA) 的化學部門的發言人所說。

到了 2016 年 1 月 25 日，《曼谷郵報》(*Bangkok Post*) 很快報導了：「泰國航空專家檢查了這塊飛機殘骸，並於星期日證實了插銷上發現的編號是屬於波音 777 客機。」[9] 我致電給寫這篇報導的記者，這位記者證實了有關消息，但是想保護消息來源。我被告知他是來自泰國皇家空軍的軍方人員，以匿名方式提供其意見。

正當這則新聞開始流傳時，來自《華爾街日報》的美國記者奧彩華 (Jon Ostrower)，在他的 Twitter 帳號上表示這資料是錯的，碎片其實是來自一支日本火箭，他甚至上載了一張相片。第一眼看來，相片似乎印證了他的說法，他上載的整流罩 (fairing)[10] 與在泰國發現的碎片，看起來的確很相似。但其後另一位認真的「馬航狂熱者」蘇查特曼 (Gerry Soejatman)，提供更多的相片及論據，表示另一個型號的日本火箭跟所發現的碎片更相關。「雖然我們並不是絕對肯定，但我們相信這有可能是來自 H-IIA 或 H-IIB 火箭的碎片。」火箭生產商三菱重工的發言人其後對法新社說。

數天後，在同一海岸線的更南方，接近馬來西亞登嘉樓的勿述 (Besut) 區，一位名為扎克里亞 (Zakaria Muhammad) 的年輕人，發現了一件很大的物件，他相信是屬於飛機的一部分。他當時帶著小孩在甘榜拉惹 (Kampung Raja) 附近的一個海灘上。「在仔細檢查過這塊兩米長的物件後，我腦海中忽然想到，它可能是來自失蹤了的飛機。當我從海中將物件拉上來時，我就知道這是不鏽鋼鋁金屬。」扎克里亞對馬來西亞國家新聞社說。勿述區的警察總長證實了這次的發現，但馬來西亞交通

9　http://www.bangkokpost.com/news/general/837316/air-force-to-examine-jet-debris-amidst-mh370-conjecture

10　火箭整流罩由高強度、輕巧及耐高溫的材料製成，位於火箭的頂部，可保持火箭的氣動外形。而當火箭在大氣中飛行時，整流罩可以保護火箭，以防止火箭受氣動力、氣動加熱以及聲振等有害因素影響，是火箭的重要組成部分。

部長廖中萊不到一天就宣佈：「經過評估後，這塊碎片跟波音777並不匹配，因此我們證實碎片並不是來自MH370。」但如果這是一塊飛機碎片，一如交通部長的聲明內似乎有所暗示的，那又應該是屬於哪一架墜落了的飛機？

以上這些事例全都顯示出，或許我們值得花上一些時間，深入細看所有關於這個*簡單的*假設情況的證據以及目擊者的描述。在摒棄目擊者的描述前，得先將這些目擊情報與客觀現實聯繫在一起。如果馬來西亞東岸的村民，在晚上聽到奇怪的聲音（爆炸聲、像海嘯的聲音、發動機風扇聲，等等）與MH370失蹤無關，那聽到的又是甚麼？如果一架飛行中的飛機著火，而且正正就發生在MH370失去聯絡的一刻，被一名57歲、正在鑽油台工作的新西蘭人所目擊，而那不是MH370，那又是甚麼？南海向來並非以有不明飛行物件在夜空橫過聞名，假如MH370沒有發出求救訊息，為何海防市的衛星傳播地面站，會將其轉發給所有駐紮在區內的船隻，而訊息中更包括與MH370相關的準確資料？如果MH370並不是在泰國灣墜毀，為何越南海軍會發表公報，當中準確地指出墜毀的時間和地點？為何越南緊急救援中心又會發現由MH370的緊急定位發報機所發出的訊息，並且由海防市的Inmarsat衛星傳播地面站所轉發？根據紀錄，緊急定位發報機曾出現過的主要紕漏，是它受到衝擊或接觸水面時，並沒有如預期地啟動，但它一旦啟動了，是決不可能發出錯誤數據的。奇怪地是，在網上基本上再找不到這方面的資料，除了一些由「馬航狂熱者」在資料公佈時所拍下的螢幕截圖。還有一個可能是，所提及的「緊急定位發報機發出訊息」這項資料本身就是錯誤的。越南的翻譯往往令人頭痛，或許我是被誤導了，在越南文只提及「一個訊號」的句子，有可能在英文就變成了「由緊急定位發報機所發出的訊號」……

對於如此大量的線索被不假思索地忽略或完全不予考慮，我感到很困惑。比較之下，在超過 5,000 公里以外的印度洋——直至 2016 年底為止，搜索飛機殘骸的行動仍然在該處進行——從來沒有人目擊過任何東西：黎明時分（大約當日早上六時，而根據 Inmarsat 偵測到的訊號顯示，飛機是於 8 時 19 分墜落），沒有船員、漁民又或是貨船或其他船隻的船員，看到一架飛機怪異地向著南極方向飛去，或俯衝墜落海中，又或是在海上迫降。在白天接近兩個半小時內，沒有一個目擊者看到這架朝著不尋常方向飛去的飛機，最後墜落海中。

甚麼都沒有——沒有目擊者，沒有雷達，沒有船隻，沒有衛星，沒有軍事基地，沒有另一架飛機——在南印度洋上看到 MH370。其後，當大家假設 MH370 是墜落在那裡，並展開了數星期的有史以來最大規模海上搜索行動後，仍然是沒有找到一絲證據，哪怕有 24 個國家共派出超過一百艘艦艇及多架軍機參與搜索行動，所配備的優秀專業人員達一萬名。

銷毀痕跡因而留下痕跡

在整件事中，官方論述缺乏任何明顯及確鑿的證據支持，不管證據是被隱瞞了，又或是根本就沒有證據；另一方面，一個簡單的假設情況，卻有大量的線索支持。然而，除了我們剛剛發掘到的連串引人入勝的事實外，我也留意到在這塊拼圖中，有一些碎片是失去了，又或是令人生疑地無法取得。

再找不到任何有關 MH370 的緊急定位發報機曾發出求救訊息的新聞剪報，令我開始搜索是否有遺留了的資料，可以證實或否定飛機是在

黑夜中於泰國灣墜落這個假設，而不是在七個小時後，於大白天在南印度洋墜落。

首先，我嘗試查看有甚麼美國部隊在現場或在潛在的墜落範圍附近。由於最近以及將會進行的軍事演習（金色眼鏡蛇及天虎），由於飛機是在到達新加坡的航點（IGARI）後失蹤，由於美國第七艦隊在區內大量部署，也由於美國是耳聞及目睹所有事情，因此似乎有必要知道在3月8日，每一艘美國艦艇的正確位置，以及正在做甚麼。有些美國艦艇曾經在各處零散地提及過：在南海的平克尼號驅逐艦（USS *Pinckney*）、在數日後加入的紀德號驅逐艦（USS *Kidd* DDG-100）、丹佛號驅逐艦（USS *Denver*）及沃德堡號驅逐艦（USS *Fort Worth*）；然而，要清楚知道所有艦艇以及它們駐守在哪裡是十分困難的，甚至其實是不可能的。在美國太平洋司令部的官方網頁，由2014年2月10日至4月7日，即MH370失蹤的之前或之後的一個月，都沒有發表過任何聲明或新聞稿。相較之下，在2015年3月時，美國太平洋司令部就發表了121份新聞稿。事實上，在美國太平洋司令部網頁上的資料庫，自那次之後就再沒有出現這樣的空白了。有甚麼樣的理由，讓第七艦隊在MH370失蹤之前、失蹤期間及失蹤之後的活動，會出現這樣的空白？或許在那段時間，有些美國艦艇不想被追蹤到？如果是的話，又是為甚麼？

在網上數以千計關於MH370的帖子中，一個網上名稱是羅恩布萊克（Ron Black）、我還未曾直接聯絡過的人，在他的部落格內評論平克尼號驅逐艦的「奇特行為」，以及強加於艦艇上所有人的通訊封鎖。其他「馬航狂熱者」告訴我，羅恩布萊克是美國陸軍內的人士。如果他的評論是屬實的話，我們就可以知道為何在那個關鍵時刻，艦艇上的人員被禁止跟家人及朋友通話。

事實上，那四份關於美國海軍參與 MH370 的搜索的原版聲明並不容易找，但它們是確實存在的。其中一份的標題是「美國 P-3 及平克尼號驅逐艦直昇機在馬航搜索位置上空」[11]，當中寫道：「P3 獵戶座海上巡邏機以及從平克尼號驅逐艦（DDG 91）啟程的 MH-60R 直昇機，於 2014 年 3 月 9 日，在馬來西亞航空 MH370 班機最後已知的通訊及雷達位置進行搜索，到目前為止沒有發現碎片的相關報告。P3 獵戶座海上巡邏機從沖繩起飛，並在 3 月 9 日下午到達基地，巡邏機內有大約三小時的燃油讓巡邏機進行搜索。平克尼號驅逐艦由原來正在南海進行的訓練任務，改道前往搜索範圍搜索失蹤的飛機。當中的 MH-60R 海鷹直昇機，其設計是用來進行搜索及救援任務，以及反潛作戰、反地面戰、進行監察、轉播訊息、海軍炮火支援以及後勤支援。而美國海軍艦隊補給艦艾力克森（John Ericsson T-AO-194）正在前往搜索範圍途中，以便提供燃料及作後勤補給，以便確保平克尼號驅逐艦及其直昇機可以充分利用時間進行搜索。」第七艦艇從日本沖繩派出軍機協助進行搜索，無疑是一個很好的報導題材。然而我們從泰國的雷達數據得知，美國空軍其實已經有各種各樣的軍機在現場。當你在區內已部署了數架 DC-10、C-17、至少一架 C-130 運輸機以及 C-146A 加油機，再加上很多架未能辨認的軍機，為何仍然要從日本派出 P3 獵戶座海上巡邏機？是不是美國其實是不願意公開透露他們的艦艇早已大量出現在現場？無論如何，怎樣都無法解釋在 MH370 失蹤之前及之後，在美國太平洋司令部的網頁上，發給傳媒的聲明有整整兩個月的空白。

有數人，其中包括美國公民，曾經向美國中央情報局、國家運輸安全委員會、聯邦調查局、美國國家地理空間情報局以及要遵守《資訊自由法》的美國國家安全局查詢，要求取得與 MH370 有關的資料，但卻

---

11 http://www.navy.mil/submit/display.asp?story_id=79557

沒有人成功。第一個這樣做的是知名律師泰茲（Orly Taitz），她於 2014 年 3 月 24 日，根據《資訊自由法》，向美國國家安全局要求取得所有與失蹤馬航客機 MH370 有關的文件，而她所收到的回應，似在暗示美國國家安全局擁有這些文件，但是它們是機密的，不能公開。[12]

當這本書的法文版於 2016 年 3 月出版後，一位自發性投入這件事的程式員聯絡上我。她想在書中只以她名字的首字母 S.Z. 來代表她。S.Z. 對這個故事十分著迷，她會徹夜不眠進行與 MH370 有關的研究，也保存了豐富的資料文件，並樂於與我分享。她告訴我，她最近重新檢視了 Tomnod 的研究結果，並留意到在南海發現的碎片數目不成比例。「我留意到來自南海的報告，密度及質量都遠較其他地方的報告來得更高、更好。Tomnod 上來自南海的衛星圖像，看起來都相當像有如金屬般高反射性的碎片漂浮在海上，而不是海浪或船舶。」她感到很困惑，決定要取得較高解像度的圖像，這通常可以透過美國售賣衛星圖像的 DigitalGlobe 取得。然而，她很驚訝的發現，DigitalGlobe 的目錄內並沒有提供由 2014 年 3 月 8 日至 15 日之間，來自南海的任何可購買衛星圖像，像這樣於特定時間、特定範圍內沒有任何圖像提供，是極度異常的。再一次，是不是在該段時間內，在那一個區域有著一些別人不應該看到的事情發生？

不管怎樣，她購買了由 DigitalGlobe 的世界視野 -1（WorldView-1）衛星於 3 月 16 日，在南沙群島西北面大約 60 平方公里的範圍所拍攝到的圖像。「當我第一次打開這個購買得來的圖像，我立刻明白到，我正

12　「針對你所要求索取的資料，我們已決定無論其存在與否，依照行政命令13526，並在1.4部分的分段 (c) 中清楚說明，有關資料目前是正式地被列為機密文件，因此根據《資訊自由法》的第一次豁免，你的要求被否決。《資訊自由法》的第一次豁免，是指《資訊自由法》並不適用於經由行政命令特別授權的文件，以符合國家防衛及外交關係的利益，文件已正式地根據這個行政命令被列為機密。」

面對著一些不尋常的東西。圖像內可以看到數以千計高反射性碎片漂浮在海上，有些大至 30 米，而大部分可以清楚分辨出是人造的。其中最引人注目的，是一塊大三角形的碎片，看起來像是飛機的機尾，其上可以看到某種標誌。為了排除任何可能的疑慮，我分析了當天在該處的天氣數據，當天海上只有微風，這程度的風是不會產生會令人誤以為是大漂浮碎片的大浪。很明顯這並不是大浪，而是人造的物件。」她斷言。S.Z. 因此決定購買另一個圖像，這次是由 GeoEye-1 衛星所拍攝，這衛星所拍攝的是更為清晰的彩色圖像。但她詫異地發現，售賣衛星圖像的 DigitalGlobe 回覆她有關的圖像「不供售賣」，但沒有提供任何原因，而這圖像明明是出現在售賣目錄內。這令她對整件事的印象留下強烈的怪異感。

事實上，當馬來西亞當局表示在南海部署了大量船隻協助搜索時，我留意到有些討論區的觀察者表示疑惑，為何追蹤船隻的裝置顯示目標範圍內幾乎空無一船，只有茫茫的大海。在娛樂、社交及新聞網站 Reddit.com，一位觀察者寫道：「為何那些海事交通網站（例如 marinetraffic.com 或 vesselfinder.com），沒有顯示出在那兒的任何船隻？」這是否表示船隻根本沒有一如假設般在海上搜索 MH370，又或是有些監察裝置（例如極高頻率的無線電及雷達等）受到干擾，從而令在現場的船隻顯示不出來？

令記錄變得模糊

其後，那位程式員再次讓我留意到，主要飛行數據網站 Flightrader24.com、Flightaware.com 以及 Planefinder.net 的資料庫，最近出現了奇怪的變化以及無法解釋的錯誤。S.Z. 時常監察著這些網站，

她留意到在 3 月 8 日用作 MH370 航班的波音飛機註冊編號,現在已變為 9M-MRQ,而不是原來的 9M-MRO。直至 2014 年 7 月,即在 MH370 失蹤的數個月後後為止,網頁仍然有提及 MH370,但在那之後再到這些網站搜尋 9M-MRO,便顯示出「沒有結果」,就像這些資料庫曾經被黑客入侵過、資料被嚴重篡改過似的。用來飛 MH370 的波音飛機現在被換上了錯的註冊編號和資料,這會不會很快作出修改?抑或是另一次嘗試刪除或干擾事實真相的痕跡?另一方面,在美國國家運輸安全委員會 (NTSB) 網頁上,搜尋任何與 MH370 有關的檔案也極具挑戰性。S.Z. 作了無數嘗試,才找到 NTSB 網頁的資料庫中的確有一份關於 MH370 的檔案。然而,其後有一天,她收到 NTSB 的通知,建議她聯絡一間名為 General microfilms 的公司,這公司負責 NTSB 網頁的資料庫。他們甚至向她提供了該公司的地址。經過在網上搜索後,S.Z. 發現這公司是位於北維珍尼亞鄉郊地方一間頗為低調的屋子。NTSB 還提供了電話號碼,S.Z. 依照號碼致電,根據接電話的男人所說,與 MH370 有關的檔案只有很少資料,並補充說他不期望檔案內會有甚麼資料;他又提及「不尋常的便條」,並讀出這宗意外的簡短概要。概要將飛機墜落的地點標示為霹靂島,那是一個細小的島嶼,又或可以說是一塊很大的石頭,位於馬來西亞西面,鄰近馬來西亞當局聲稱在泰國雷達上最後看到 MH370 的位置。我之前已說過,這些雷達圖像之後已大多被摒棄。再者,飛機在雷達上出現的時間是 2 時 22 分,不是 2 時 40 分⋯⋯這個男人在電話上也提到了,不會有再多關於 MH370 的資料了,這事件已經完結。對於這宗民航史上最大的謎團,而且涉及波音機隊中一架很重要的飛機,這樣的調查結果似乎十分拙劣⋯⋯

再沒有任何關於 MH370 的緊急定位發報機發出求救訊號的記錄;美國太平洋司令部有兩個月沒有向傳媒發放任何聲明;DigitalGlobe 沒有提供由 3 月 8 日至 15 日,在南海的衛星圖像;無從得知在當時,有甚麼

艦艇或飛機在涉事範圍內；資料庫中關於 MH370 及 MH17 的資料有錯誤……這些奇怪的模式，令我想起了童軍教導青少年的一句說話：「銷毀痕跡因而留下痕跡。」

　　另一個關於這件發生在南海的災難性事件的潛在線索，來自位於安徽省合肥市的中國科學技術大學，而美國似乎極想盡快摒棄這條線索。這所大學參考了兩個不尋常的地震記錄，當中有可能發生地震的位置，很接近 MH370 最後一次對外聯絡的地點[13]，大學因而公佈了 MH370 有可能墜落的位置，以及發生慘劇的時間是 2014 年 3 月 8 日凌晨 2 時 55 分，不過這很快就被國家地震訊息中心[14]的美國地質調查局分析員反駁。他們檢視了有關資料，並得出一個完全相反的結論。美國專家的分析指出，發生地震的位置不是泰國灣，而是蘇門答臘的西面海岸。[15] 這份美國人所寫的報告指出：「位置符合沿著爪哇海溝經常發生地震的地區，地震波形的特徵也顯示出，這次事件跟 2.7 級的地殼地震吻合。」美國科學機構就這次地震所發出的聲明，不禁令人懷疑美國科學機構有多常會表現出在乎，對一次單一地震事件的錯誤位置要急於「澄清事實真相」？

令人們噤聲……

　　令人們噤聲也同樣會留下痕跡。57 歲的新西蘭鑽油工人，曾明確地指出從他所站之處的正西方向，看到一架著火的飛機在天空上，他認為這架飛機是 MH370。他後來被辭退了，之後也再沒有跟傳媒接觸。他從

13　http://seis.ustc.edu.cn/News/201403/t20140314_191123.html

14　國家地震訊息中心隸屬於美國地質調查局，位於美國科羅拉多州城市戈爾登的科羅拉多礦業學院的校園內。

15　http://earthquake.usgs.gov/earthquakes/eventpage/usc000nb9b#general

不回覆我的查詢，但是在一封他發送給同事的簡短電郵中，他說當晚可能是他弄錯了。

　　至於在 2014 年 9 月的一個訪問中，承諾「他不會保持沉默」的阿聯酋航空總裁克拉克爵士 (Sir Tim Clark) 又怎樣了？事實上，他似乎是被沉默了。我曾經三次要求跟他會面，以便跟進他之前曾說過的強硬聲明，我甚至提出前往杜拜或任何他身處的地方跟他見面，但最終他的通訊顧問表示克拉克爵士「就他之前對事件所作的任何評論，再沒有補充。」如果我拒絕相信在 2015 年 12 月，阿聯酋航空與馬航達成的聯營航班協議，是導致他保持沉默的原因之一，我是否太天真？克拉克爵士從沒有說過他滿意於某個解釋，所以我們只可以猜測，他是因為某些理由而不再要求將真相公諸於世。他最初的態度似乎十分誠懇，想必他是被說服為了各方利益著想，真相要永遠埋藏。如果克拉克爵士是得知一些與MH370 真正命運有關的情報資料，而當中很可能牽涉軍事行動，又或是重要的技術錯失，在這情況下，假如克拉克爵士仍然繼續他的「我們一定要知」行動，有意義嗎？或許不。克拉克爵士的突然沉默，跟他最初的態度成鮮明對比，但都必須視為始終如一。

　　我不止一次遇到一開始十分樂意幫助及答應會給予更多資料的消息人士；然而，有數次情況，對方若不是在給予最初的資料後就再沒跟進資料，就是只提供很少。要說出心中所知的畢竟需要勇氣，有些消息人士甚至完全跟我斷絕聯絡，而另外有些人則在電話中說上無數藉口，我即使堅持下去也是沒有用及沒有意義的。

一個圈套的謠言

早於 2014 年秋天，我從多個來源得知有個持續不斷的謠言。由於謠言不絕於耳，我甚至曾經向《世界報》的一些同事提及。這謠言支持了其中一個在網上廣泛流傳、涉及迪亞哥加西亞美軍基地的理論，這理論我們之前已討論過，但是這一次是來自更可靠的消息來源，而不是來自「胡亂說一番」的網上討論區。根據這謠言，MH370 是被美國空軍擊落的，因為其飛行航線被設定為要撞向迪亞哥加西亞基地。對於一個發瘋的恐怖分子為何要飛上一大段航程，將飛機撞向一個偏遠的軍事基地，並要乘客陪葬，我實在想不到任何滿意的答案。假如他將目標指向馬來西亞的雙峰塔，倒是其中一個可行例子，所收到的效果可能會更大。不過，即使將飛機撞向迪亞哥加西亞美軍基地的理論充滿漏洞及不大令人信服，但仍然持續引起人注意，並且在具影響力的權力核心之間不斷流傳。很多拒絕相信官方版本說詞的人，選擇相信這一個另類的版本。事實上，攻擊美軍基地可以解釋為何美軍要將飛機擊落，而將飛機擊落則可以解釋為何要掩飾事實真相。

在 2015 年夏天，我回到巴黎，有一天在塞納河上的阿爾瑪橋（Pont de l'Alma）附近的一家時尚小餐館，與法國後備軍的一名上校共晉午餐。這名上校為法國政府進行了 15 年與戰略有關的工作，任務與收集情報及特工服務息息相關。當侍應送來咖啡時，我問她——這位上校是一位女士——怎麼看這個持續不斷的謠言，這位上校說在她看來，如果這謠言真的一如我所說般廣泛流傳，美國政府一定會知道，而這更可能是他們精心策劃的。「如果他們沒有做任何行動去停止這謠言，很可能是因為這正切合他們的目的，因為可以將對真相的注意轉移過來，而真相可能是更令人難以接受的。」一個根本是圈套的謠言！這實在是合理得多了！

對於 MH370 一事，我們其實是聽了無數個根本是圈套的謠言以及錯誤的線索。在這事情上，傳媒對於渲染一切與 MH370 有關的議題實在是責無旁貸。

「當一個謠言太接近事實真相，而你不想它廣為人知時，你可以將它消滅於萌芽狀態，又或是再散播更多不同謠言，更可以是直接讓這謠言繼續發酵。」一位假資訊的專家向我解釋。而在 MH370 一事上，似乎這些不同方法，都在同一時間用上了。首先，最簡單的假設情況，是飛機在上文提及的地點墜落，但是消息很快被撤走，包括我們剛剛看過、那個有著大量確實證據支持的假設情況。其次是，大量另類的假設被廣泛散播：邪惡的副機長、激進的正機長、年輕伊朗男子被偷去的護照、可疑的山竹果貨物、迪亞哥加西亞美軍基地、飛思卡爾、E/E 區、遙遠控制飛機飛行……而即使在這眾多的假設中有一個是真的，你又如何將它從眾多互相矛盾的資料中分辨出來？

轉移視線是令東西「消失」的成功關鍵

有一晚，由於這場累人、似乎沒完沒了的對真相的探索，我忽然被勞累及莫名的挫折感侵襲，在茫無頭緒下，我在網上搜尋了「怎樣令一架波音 777 消失？」所有有關令物件消失的方法，由《魔術家入門手冊》到《大衛高柏菲的秘密》，都有一個相同的手段：在物件消失的一刻，你必須要利用例如聲音、手勢或射燈等，來分散觀眾的注意力，成功的關鍵就是轉移視線：抓住觀眾的注意力，再使出巧妙的手法，將他們的視線轉移到其他地方。

之後我知道，正當白宮及其餘調查人員斷言飛機是在南印度洋的海

床上時，一名退休的美國將領卻在美國的霍士新聞上引述「可靠的消息來源」，指出飛機是「在巴基斯坦」，而消息是來自聯邦調查局的，據說機長曾在其模擬飛行裝置練習在迪亞哥加西亞美軍基地降落，聯邦調查局據此作出推斷，指機長似乎有意將矛頭指向這基地。然而，假如迪亞哥加西亞美軍基地真的以某一種方式牽涉入 MH370 失蹤一事上，聯邦調查局將全球的注意力都引導去這個在印度洋上的秘密小島，對該局又有甚麼好處？

先後是南面、北面以至西面……我們是不是應該作出最終結論，其實東面──即是在南海──才是我們應重新再次搜索飛機的地點？假如飛機的確是在南海，轉移視線的策略可以說是十分成功，因為全球傳媒的注意力都轉移到南半球，而澳洲當局也依據著 Inmarsat 偵測到的令人半信半疑的訊號，盡一切所能令人保持著微弱的希冀。

在飛機失蹤三年後，官方對 MH370 失蹤的解釋更加是站不住腳，儘管有各種雜亂訊息及新承諾，對密切注視著整件事的人來說，澳洲搜索行動只是掙扎著要令人感到行動有連貫性和可信性。不過，托那位出錢出力的自資獨特美國旅行家的福，偶爾有一些有潛在可能的碎片在非洲東岸被發現時，也令澳洲搜索人員重燃一些希望，而碎片也很快被認定為「幾乎肯定」或「很有可能」是來自 MH370，有時甚至比經過深入分析而得出的結果來得更快。

遺忘所帶來的舒適對比荒謬所帶來的不安

全球的民意會不會有一天醒來，並知道他們其實有權要求當局對 MH370 究竟發生甚麼事給予一個合理的解釋？又或是，被其他謎團分

散了注意力，以及又發生了其他災難性事件，使民意寧願躲在舒適區內並選擇遺忘？遺忘 239 名乘客在 2014 年 3 月 7 日至 8 日的晚上，無辜地登上一架噴射客機，從此一去不返；遺忘乘客的家人和朋友，仍然在等待著答案；遺忘已沒有任何可靠的證據支持、前後不一致的官方版本；遺忘事件所代表的羞辱，不單是對受害者家屬的羞辱，也是對當天晚上愉快地登機，深信會平安抵達的乘客的羞辱；假如我們在沒有任何實質證據支持官方解釋版本的情況下，仍然繼續假裝相信飛機是「神秘地失蹤」，那麼這更是對我們所有人的羞辱。假如民意不醒來，又假如沒有人有勇氣說出 2014 年 3 月 7 日至 8 日的晚上真正發生甚麼事，我預期在將來有關民航歷史的書上，對這事件的描述就會是這樣：

MH370：吉隆坡至北京，2014 年 3 月 8 日

描述：故意劫機並改變航道向著南印度洋飛去

數字：239 名平民、一架波音 777-200ER、十噸貨物宣告失蹤

動機：未明

確切的情況：未明

墜落地點：未明

要對事件負責的人：未明

承認責任的人：無

目擊者：無

迄今為止的證據：無

碎片：首 16 個月沒有發現，2015 年 7 月在留尼旺島發現右邊襟副翼，其後飛機其他部分分別在毛里裘斯的海灘以及奔巴島（坦桑尼亞）上發現

搜索證據：南印度洋海床十萬平方公里

搜索耗費：二億澳元

28 個月後的搜索結果：無

評語：一般被視為是「民航史上最大的謎團」

「到底發生過甚麼事？」

　　根據目前為止已確立的事，似乎可以合理地斷言根本沒有甚麼「蓄意的行為」，MH370 並沒有折返飛過馬來西亞上空，飛機以及機上 239 名乘客，最終也不是落在南印度洋。官方解釋的版本有著種種偽造的跡象，我們因此有很多理由相信，MH370 所發生的事跟官方所說的版本截然不同，也許是在南海發生致命墜機意外，很有可能是在胡志明市空中交通控制中心於大約凌晨 1 時 30 分，在航點 BITOD 最後一次偵測到飛機後的一至兩小時內發生。

　　因此，由澳洲領導、在國際水域進行的海上搜索，主要用途不過是要將大家的注意力集中在「下方」。至於在非洲東岸找到的飛機碎片，官方一再保證其中有些是來自 MH370，然而，這項主張有沒有經過論證或有證據證明？就我所知是沒有。飛機真正發生了甚麼事，必須從我們肯定知道的事來推斷。

　　在我調查 MH370 失蹤一事的過程中，曾研究很多有大量文件紀錄的案例（參見〈幾個（極）具指導意義的空難例子〉），發現在一些墜機意外中，的確會出現掩飾真相的情況。有兩種原因最容易引發掩飾行為，以及在調查過程中盡可能製造混亂、轉移視線的行為，一種是軍事行動（不管是戰爭行為或軍事失誤），另一種是技術故障。因此，出現掩飾行為本身並不是那麼荒誕駭人，之前也曾發生過。而在 MH370 這件事上，到底有甚麼東西被掩飾起來？是最好對全球保密、導致了致命後果的技術故障嗎？又或是往往被認為要保持高度機密的軍事行動？

　　假如出現技術故障的問題，對策一定是盡快及盡可能低調地處理問題，並在情況許可下，避免向大眾承認確有此事（或事情的嚴重程度）。空中交通調查人員的最優先事項，是確定及處理問題，並確保問題不會再出現，這一點是可以肯定的。然而在過程中——為了策略上、經濟上、

商業上，有時甚至是外交上的原因——更加適當的處理方法，似乎是拖延時間，說一個截然不同的故事版本。

藍色閃電的假設幾近完美

　　有某個一直努力不懈地研究 MH370 事件的人，從第一天開始到隨後的兩年半都持續關注著事件，並整理出一個嚴謹而堅實的假設情況。這個假設由重大的技術故障開始，最終以飛機在南海墜機告終。我在一些討論區如 reddit.com 瀏覽相關討論時，留意到這則較一般發言來得有見識及有見地的留言。超過兩年後，我嘗試聯絡這位叫「Alan Tan」[1]的人。這花了我好些時間，部分原因是因為他的名字過於平常，在過程中我遇上了好幾位來自全球不同地方的 Alan Tan，其中包括一個來自新加坡、假裝自己就是我要找的 Alan Tan 的人。終於，某一天我致電給馬來西亞城市亞庇（Kota Kinabalu）一家律師事務所，並向他的個人助理留下口訊，其助理著我之後再次致電。最終，Alan 在電話中猶豫了一會兒後，暗示他想出了關於 MH370 失蹤的來龍去脈，並願意將他所知的一切與我分享，條件是我們要親自見面。

　　經過數次簡短的電話通話，數星期後，我安排了在沙巴洲的首府亞庇待一晚。我告訴在《世界報》的上司，這次旅程不單單是一次「深入的背景調查」，所以我十分感謝他最終同意派我前去。

　　我們在一間酒店的大堂會面，外頭很溫暖，並下著滂沱大雨，眼前的 Alan Tan 有點局促不安，我們在酒店內的咖啡店坐下，並點了果汁。

1　這不是他真正的名字。

「當事情發生時，我真的大吃一驚。跟所有馬來西亞人一樣，我每時每刻都關注著事件的進展，然而有一天我突然聽到政府說『要到南印度洋搜索』，就僅僅因為美國說了算？可能因為我曾經在美國讀書及工作的經驗，我覺得當中有可疑。他們的動作明顯太快了。找到碎片往往需要時間，至少也要數日，才會找到第一塊碎片，尤其我們不太肯定正確的墜機地點。再說，為甚麼我們不在飛機最後在雷達螢幕上出現的位置附近搜索？這引起了我的興趣。」他以這番話作為開場白。

當我拿出記事本時，Alan 要求我不要做筆記，這令我有點懊惱，但是他答應我在會面後，會傳給我一份完整的書面記錄。我在電話上跟他交談時對他所留下的印象，很快就得到確認。他大約五十出頭，有學識、嚴肅、專注、博學，換句話說，他為人似乎可信。不過，他性格肯定是有點多疑。我們進行了長達六小時不間斷的討論，途中他告訴我他應該讓自己的司機回家了，因為他現在已釋除了跟我會面的疑慮，他當初擔心這次會面是某些特務機構要拘捕他而設的陷阱。我不禁大笑。我這邊的情況是，當他開始告訴我在大約凌晨 1 時 20 分，MH370 在 35,000 呎高空飛過航點 IGARI 時遇上了完全電路故障時，我還以為自己浪費了一天、浪費了一張機票以及浪費了數小時的睡眠。在我來說，這個完全電路故障的假設在這個階段早已過時，因為之前已經仔細研究過並在隨後排除了。但坦白說，或許我在這個技術故障的假設上投放的精神並不夠。不知為何，我的腦袋還未能接受這樣一件驚天的事件，事發原因竟然是如此沉悶無趣。

聽他說話時，我發現他所做的研究，最引人入勝之處不是他堅信自己已找出的事發原因，而是在過程中他對取得的數據所作的準確無誤的觀察。經過三十個月沉迷地進行研究後，他告訴我他的律師事務所充斥

著數以千計與 MH370 有關的文件夾，他對事件的著迷程度嚴重到所有職員都認為他已經瘋了、妻子想跟他離婚的地步。

他現在十分肯定 MH370 是被閃電擊中，而飛機的「法拉第籠」(Faraday cage)[2] 效應並沒有發揮作用，飛機因此完全失去電力，就在 35,000 呎的高空上、在馬來西亞海岸與越南海岸之間，兩個引擎都停止運作了。當然，一架剛從組裝線新鮮出爐的波音 777 客機，是完全可以抵禦雷擊的，然而 MH370 在兩年前曾接受維修，令機身的結構出現裂縫，因而令飛機變得脆弱。[3] 雖然當時在區內並沒有任何活躍的雷暴報告，但 Alan 發現當晚另一名在同一個區域飛行的機師，曾報告在附近看到「少量分散的閃電」，因此 MH370 也有可能飛過暴雨雲。「一架電傳操作 (Fly-by-wire)[4] 的飛機，如果被雷擊後不能迅速把電從表面排走，電會滲透到飛機內，引致電路故障或擾亂飛機的主要操作系統。」他說。

除了飛機的訊號在越南空中交通控制中心的雷達螢幕上，怪異地分開兩次消失而不是一次之外，另一個他用來支持其假設的主要證據，是飛機在航點 IGARI 與航點 BITOD 之間的速度。這兩個航點相隔 37 海里（70 公里），而根據胡志明市空中交通控制中心的的記錄，飛機花了大約十分鐘來跨越這段距離。假設當時吹著 15 或 20 海里的逆風，Alan 推算飛機大約是以 220 節的航速飛行著，明顯較正常速度慢得多，但正正符合一架失去引擎動力的波音 777 客機的滑行速度。「單憑凌晨 1 時 20 分至 1 時 30 分這十分鐘的飛行數據，如果你是個認真的調查員，應該能推斷出這架飛機是失去了動力。」他斷言。

2 「法拉弟籠」是由金屬或者良導體形成的「籠子」的統稱，可以有效地屏蔽外電場的干擾，故此無論被加上多高的電壓，「法拉弟籠」內都不存在電場。基於這種靜電屏蔽原理，飛機等交通工具內的人得以避免被雷電擊中的風險。

3 2012 年 8 月在上海浦東機場，該架飛機曾與另一架飛機發生地面碰撞，飛機機翼的末端折斷。

4 電傳操作系統是指將飛行員的人手操作轉化為電訊號，通過電纜傳輸到各個驅動件，以此來控制飛機各個系統及部件運作的傳動系統。

Alan 進一步解釋飛機在飛過航點 BITOD 不久後從雷達螢幕上消失，原因是飛機的滑行角度。據他所言，飛機的高度在航點 BITOD 附近從 35,000 呎高空下降至 20,000 呎，在這高度以及從雷達的距離，不論是越南或馬來西亞的空中交通控制中心，都不可能偵測到飛機。

當一架波音 777 失去所有動力時仍然可以繼續航行，是拜飛機上的三個部分所賜：4 號及 11 號兩塊擾流板（spoilers），以及垂直尾翼。在凌晨 1 時 30 分，MH370 其中一位機師接聽了由 MH88 透過緊急頻率發出的呼叫，用的是唯一靠後備獨立電池運作的超高頻率無線電。飛機上的三個超高頻率無線電，分別位於駕駛艙的左面、中間以及右面，而這一個是位於左面的。根據 Alan 所說，這資料可以解釋當 MH88 的機師嘗試與 MH370 機師通話時，MH370 機師的說話顯得含糊不清的原因。飛機之後在沒有動力的情況下滑行了約二十分鐘，並在數分鐘後墜落到海上。在 1 時 43 分，機組人員利用同一個超高頻率無線電發出遇難訊號，表示他們需要在水上迫降。Alan 相信這個宣佈飛機即將解體及緊急降落的遇難訊號，被美國第七艦隊發現，很可能就是在附近的平克尼號驅逐艦，而此艦將訊息轉發到烏塔堡軍事基地；這軍事基地由於位處遙遠的關係，無法直接接收到訊息。

飛機在水上迫降後部分機身損壞，但衛星通訊低增益天線（Satcom low gain antenna）所位處的後機身上半部成功在水上漂浮數小時，一如 1996 年埃塞俄比亞航空編號 961 的波音 767 客機在非洲國家葛摩的水域上迫降的情況。這讓內置後備電池的衛星通訊盒子，得以在 2 時 25 分回應柏斯地面站通過 Inmarsat 在印度洋區域的衛星發出的「握手訊號」（handshake ping）。

Alan 堅稱只有 Inmarsat 報告發現的第一個訊號才是真的，而其後發現的另一個是偽造的。他告訴我在所有瑕疵中，一些獨立小組成員在發現訊號的一段時間內（1 小時 256 秒），已一早識別到錯誤。「偽造出數據的人不是造得太好。」他評論道。「訊號中斷的時間選擇了跟燃油耗盡的預計時間相符的時點，目的是要『推銷』飛機是飛行至燃油耗盡的論述。不幸的是，訊號過早中斷了。」他如此說道，並再一次質疑因為飛機有發出訊號便認為當時飛機正在飛行的邏輯依據。

航點 BITOD 之後的 60 海里

根據這個假設，由於飛機是與水面撞擊而解體的，所製造的碎片範圍有限。Alan 甚至計算出 MH370 最有可能在海上迫降的位置：就在航點 BITOD 後約 60 海里。假設機師真的在引擎停止運作以及完全沒有電力支援的情況下，盡一切所能去控制飛機，Alan 無法設想當飛機飛過航點 BITOD 後，機師會選擇甚麼應對行動：到底機長札哈里會維持原來的航行路線，以便讓救援人員更容易找到他們？還是會在極具挑戰性的海上迫降後，盡可能令飛機靠近岸邊，以方便救援行動進行？根據 Alan 所言，即使技術精湛及經驗豐富的機師如札哈里，連他的朋友及同事都表示只有一個情況可以將他擊倒，就是完全電路故障。

Alan 也留意到在飛機失蹤之後的一天，美國眾議院特別情報委員會主席、眾議院議員羅傑斯（Mike Rogers）表示，他看不到有任何跡象顯示美國曾發現飛機在空中爆炸的證據。羅傑斯在美國廣播公司的節目《本周》（This Week）上說，缺乏這方面的證據「無疑令事件倍添神秘」。我知道羅傑斯曾經這樣說過，並認為他作為美國眾議院特別情報委員會主

席，居然在向傳媒述說飛機並沒有在空中爆炸時，引用這個極荒謬的「神秘」觀點，實在挺震撼的。不過 Alan 卻抱持不同的觀點，他相信這是個發自真心的評語，並可以作為飛機是在海上迫降而不是爆炸的進一步線索。

早於 2014 年 10 月，Alan 已在網上貼出這則觀察：「美國第七艦隊在 3 月 8 日上午 8 時 13 分發出的第一份聲明表示，平克尼號驅逐艦正在前往越南南面海岸途中。到了 3 月 11 日，美國第七艦隊發言人在接受《紐約時報》電話訪問時證實了美國人的想法，表示他們認為飛機是在越南海岸附近墜毀。……我相信美國已知道了一切，並最遲在美國時間 3 月 12 日決定掩飾真相。在 3 月 13 日，美國記者布利策（Wolf Blitzer）在推特上貼文，表示他在之前一日被告知，美國第七艦隊將會把紀德號驅逐艦以及平克尼號驅逐艦這兩艘美國驅逐艦，調離當時的搜索範圍——泰國灣以及南海。紀德號驅逐艦將會重新部署到馬來西亞半島的另一邊，而平克尼號驅逐艦則會被派到新加坡，美其名是『維修』，但很有可能是匯報情報。」最後，有一點仍然令他感到困惑，就是機身以及 239 具遺體到底是如何處理的？南海其實頗淺的，有沒有可能是被偽裝網覆蓋著，一如占士邦電影《鐵金剛勇戰魔鬼黨》內的劇情一樣？又或是埋藏在沙子及混凝土下，以避過聲納探測？他無法想像以在海底引爆殘骸的手法來湮滅證據。

Alan 研究了很多其他複雜的墜機意外，發現曾在過去進行一些結構上的維修的飛機，發生嚴重事故的頻率較高。經過結構維修的飛機將不再能抵禦雷擊，這件事一旦被發現，將會引發全球恐慌，而一些大型商業航機生產商如波音就會面臨重大問題；全球航機中為數雖少卻相當重要的一部分將會無限期停飛，而整個行業亦會面對重大危機，Alan Tan

認為，這才是要大規模地掩飾事件真相的真正原因。到頭來這個假設原來也沒有那麼沉悶無趣。

　　即使 Alan 就假設的每一部分都提供了事實論據、過往的研究來支持，我仍然覺得有必要交給機師再仔細審視。這一次，Alan 來到香港，我們在香港仔遊艇會與兩位機師會面，這將會是他期待已久揭露真相的一刻。他向兩位機師更為詳盡地敍述了他的假設，而兩位機師也不時同意地點頭，並似乎對 Alan 對事情的理解程度、知識層面以及邏輯理論讚歎不已。然而，當他詳細地解釋完所有事後，情況就有了轉變。兩位機師都不相信完全的電路故障會令到兩個引擎停止運作……其中一位機師湯姆（Tom）說，他會跟其他同事再討論 Alan 的假設，他下次進行模擬飛行訓練時也會嘗試測試這個假設。而另一名機師金（Kim）則堅稱，別說兩個引擎，當其中一個引擎停止運作時，輔助動力系統（APU）[5] 會自動開啟。基本上，兩位機師都不贊同 Alan 的假設。

　　Alan 明顯很失望，他告訴我機師的反應是意料之中，他們如何能接受自己有可能陷入完全無力控制飛機的絕望處境？某方面而言，這在他們的日常工作中事關生存問題，他們會否定也是正常。然而，在 Alan 到訪香港及與兩位機師會面後不久，Alan 向我發送了一個訊息，表示他不會再對事件進行研究了。他對事件已投放了足夠的時間及精力，也堅信自己已摸清來龍去脈，他對 MH370 事件的研究已告一段落。這對我來說是一個重大損失，因為他的專業知識無出其右，也由於其雙重文化背景的關係，他較大部分獨立小組的成員來得更開明。到今天我仍然相信，不管他的整套理論是否正確，他所做的工作都包含了一些重要的線索及關鍵，有助解開 MH370 的謎團。

5　輔助動力系統 (Auxiliary Power Unit，簡稱 APU) 的主要作用，是提供動力來發動主要引擎；而當飛機在引擎失去動力的情況下降落時，這系統亦可以起輔助作用。

軍事行動：混和線索與猜測

當我這本書在2016年3月以法文出版後，我被邀請到一些書店主講。某個晚上，當我在香港一家法文書店 Parenthèses 主講完畢，一名男士評論道：「真有趣，當時我一位在情報機構工作的朋友在北京致電給我，直白地說：『美國人今次麻煩大了，他們擊落了一架民航機，真想知道他們可以如何脫身。』因此我一直等著這則新聞被公佈，然而，我等到的卻是在飛機失蹤數日後，這則飛機墜落在南印度洋的荒唐故事，我簡直大吃一驚……」我半開玩笑地對這名商人說，如果他從可靠的消息來源得知這個令人傷痛的謎團的最終答案，他或許不需要看我的書了。他是在眾人面前說這番評語的，當中包括法國駐港澳總領事。事實上，這並不是我第一次聽到類似的道聽途說。機師及國防人員較為傾向軍事方面的解釋，因為這比官方版符合更多事件中的特徵。不過我自己而言，在接受這個瘋狂設想之前，需要更多線索。我也從數位軍方朋友處得知，擊落一架民航機很少會是首選方案，如果真的發生了擊落民航機事件，只可能是軍事失策，或套用一句生動的美軍縮略語「SNAFU」——一切正常：這次又搞砸了 (Situation Normal: All Fucked Up)……

在收集了大量線索後，我所能夠拼湊出的最詳盡但又最牽強的軍事論述，是以下的事件進程。

眾所周知，中國（可能加上俄國的合謀）一向都想取得美國有關隱形及無人機技術的高度敏感軍事資料。不管方法如何，也不管從何而來又性質為何，有一個屬於該類別的特別貨物來到了吉隆坡。它在中國的資助下運到馬來西亞首都後，要送到北京的最安全方法，就是將它秘密地送上一架民航機，而且要是國營的航空公司。MH370 十分適合這次任務：直航夜班機，而且每天都被用來偷運大量所謂「新鮮山竹果」。

　　根據來自中東情報機構的消息，當美國發現他們珍貴的貨物正在飛往北京途中，而且聰明地利用了一架民航機來作掩飾，他們憤怒了，於是啟動了首選方案：當飛機改變航空區域時，改變其飛行航道，遮蓋飛機的對外通訊，強迫飛機降落到途中的某處，取回任何不應該在機上的人或物，之後讓飛機盡快再次起飛，讓它繼續原來的航程。區域內有數個地方擁有可以讓波音 777 客機降落的跑道，當中包括烏塔堡軍事基地，MH370 在這裡可以不引人注目地降落。飛機最後會在延遲兩小時的情況下抵達北京，而要提供任何技術上的藉口來掩飾中途緊急降落也不是難事。飛機延誤在中國是家常便飯。這個首選方案本該能讓事情變得就像沒發生過一樣。

　　我也被告知以色列情報及特殊使命局（Mossad）也以某種形式參與其中。當區內有著大量軍事人員出現時，首選方案可以是一個完美的軍事演習，讓派到這兒的軍事人員參與名為「天虎」的空中防衛演習。來自情報機構的消息來源特別指出，有兩架空中預警機參與了行動。如果這兩架預警機是被派去跟蹤 MH370，它們可以在行動中輕易干擾及控制 MH370 的對外通訊。中國會在事件中被狠狠教訓，學懂不要盜取別人的東西，而對美國來說則會是一個完美又完善地執行的結局。

　　然而，可能是機師拒絕服從跟他原來的飛行路線及任務不一致的命令，又或是其他一連串可能的原因，首選方案失敗了，隨後更發生了災難性事件。根據同一個中東的情報來源，飛機最後是被「激光武器」毀滅了，因此碎片被減少至最低程度。由於已經明確地知道事發地點，清理行動也可以相對有組織地進行，雖然在飛行中發生爆炸的情況下，仍然會散落大面積的碎片。

　　這個假設雖然看似牽強又極端，但也把很多我們之前已確定了的事情串連在一起。

　　一如「新鮮山竹果」似乎是一些違禁品的代號，吉隆坡國際機場亦是中國與非洲之間的黑市交通樞紐，廣泛來說可能甚至是國際黑市的交通樞紐。再者，根據第六章所提及的私人調查報告指出，有數名中國大使館職員將一些很可能是來自巴基斯坦的貨物運載上MH370，馬航負責貨物的職員向私人調查員表示他們全都有留意到，因為這十分不尋常。當時我否決了這份報告的很多方面，因為調查方式有些明顯的瑕疵，但自封為家屬代言人的美國女士莎拉巴杰並不想讓這份報告發表，甚至不想與其他家屬分享，這事實卻又勾起我的興趣。簡直就像是，即使整體上來說質素差劣，這份私人調報告仍然包含了一些令人尷尬的零碎事實……

　　我也想到兩名突擊隊成員模樣的烏克蘭乘客，他們隨著最後一批乘客來到，在乘客之中顯得鶴立雞群。他們理應是剛在峇里完成一趟潛水之旅回來，但圍繞這兩名乘客有很多值得討論的事。例如，一眾家屬一直無法說服這兩位烏克蘭乘客的妻子參與他們追求真相的行動，甚至無法讓她們對此事產生丁點興趣。有沒有可能這兩名男子是「在行動中失蹤」，而家屬也因此相應地「獲得照顧」？「今時今日如果你想不留痕跡地做一些見不得光的事，就僱一個受過訓練的烏克蘭人吧。」一名國際商品交易商告訴我。他補充說，烏克蘭人在作為私人傭兵或進行各種間諜活動方面享負盛名。當然，這兩名乘客可能是完全清白的，也可能是剛剛完成（或正準備進行）一件與MH370失蹤完全無關的見不得光的任務，這兩名不尋常的乘客只是剛好登上MH370，又剛好符合護送高度機密貨物的護衛特徵而已。

從機長札哈里給我的印象──技術精湛的機師，意志堅定，致力為馬航服務──我認為如果他收到來自外國軍方的訊息，暗示他要改變飛行航線，他會先表示異議也是相當合理。我還記得德國犯罪心理學家對他所作的評語（第225頁）。畢竟，他負責駕駛航機，要對自己的乘客負責，而他的任務是要將乘客安全送到北京。然而在軍方角度而言，在飛機靠近越南前行動的機會十分渺茫，有可能在倉促之下做了些錯誤的決定，從而導致了一件相當慘痛的災難。如果飛機真的是被擊落，不論有沒有使用別人口中的「激光武器」，新西蘭鑽油工人所目睹的在天空出現的火焰，可能就是來自MH370。

黑手黨式以牙還牙

而令這假設變得更惡劣的是，我還想像出美國在這次災難性行動之後，為了令MH370真正「消失」而作的令人心寒的後續行動。當中國國家主席及俄羅斯總統知道他們的大膽賭注賭輸了，俄羅斯總統普京或者會對中國國家主席習近平說：「無論我們（嘗試秘密取得戰略性裝備的行動）鑄成了甚麼大錯，他們所做的事都是不可接受的，這事我來搞定！」中國國家主席應該會因此對這名俄羅斯夥伴肅然起敬。根據一些曾隨同習近平初次到訪莫斯科的人說，當時習近平對普京所作的評語，其中之一就是他「很仰慕他（普京）」。

四個月之後，一架MH370的雙胞胎──相同結構、相同型號、相同引擎、相同航空公司、註冊名稱也幾乎相同 (9M-MRD 對 9M-MRO)──在烏克蘭上空被擊落，機上載著的乘客比MH370多六十名 (298人對239人)，這一次主要是西方乘客，如荷蘭人、澳洲人……以黑手黨方式

來說的話，要向對方家族的老大清楚傳達你的訊息，就拿他兄弟手足開
刀吧。這則從一個特務機構向另一個特務機構發出的訊息，是再清楚不
過了：「你招惹我們，我們就來招惹你。」

假設在進行這個令人震驚的以牙還牙行動前，必須先取得習近平及
普京的同意，時機可說是相當吻合。當 MH17 在 7 月 17 日被擊落的數
小時前，兩位領導人正好在一起。在 7 月 16 日（世界協調時間 -5）於
巴西閉幕的金磚國家 [6] 峰會上，其中一幕是兩國領導人緊緊地握手，而他
們互相向對方展露的微笑，只能以容光煥發來形容。

美國反常地慎重

如果這兩個假設的一部分或全部真的發生了，事件中很多看似奇
怪、前後不一致，甚或是荒謬的情況，忽然間就變得合理了，其中最明
顯的就是牽涉在內的各國政府的態度：馬來西亞、中國、澳洲、美國、
越南，某程度上也包括法國。

在整件事件中，美國都展現出非一般的慎重。就在 MH370 失蹤的
四個月前，在超強颱風海燕 [7] 橫掃菲律賓後，我曾在前線目睹過他們非凡
的人道救援工作。在這個災難性環境中，美國海軍的超凡能力及效率真
的相當驚人。在亞洲，以及全球其他地方，美國從來都不會怯於挺身而
出或怠慢行動。

6　金磚國家 (BRICS)，是指五個主要的新興市場：巴西、俄羅斯、印度、中國以及南非，這五個國家是
　　世界經濟增長的主要動力之一。

7　海燕是有記錄以來其中一個破壞力最強的超強颱風，在 2013 年 11 月 8 日吹襲菲律賓，造成超過六千
　　人受害。

　　然而，在 MH370 失蹤後，我們鮮有聽到美國就事件發言。在一些我們尚待確認的關鍵時刻，他們在不同地方都有出手干預，但是整體上來說他們顯然是待在後方。一如前述，白宮並沒有像其他重大的飛機失事意外般，對 MH370 失蹤一事發表慰問。不過中國的官方廣播媒體中央電視台（CCTV）曾報導，中國國家主席習近平在飛機失蹤後的星期一，曾經與時任美國總統奧巴馬就飛機失蹤一事通電話。

　　在將全球注意力迅速移離南中國海方面，美國倒是相當積極。[8] 飛機在 5,000 公里以外，即所謂「南印度洋選項」的論述，最先就是由白宮發言人提出的，接著由美國媒體廣泛傳播、鞏固這則官方論述。在 2014 年 3 月 12 日，《華爾街日報》是首家聲稱飛機繼續飛行了數小時的傳媒。到了 2014 年 3 月 15 日，《紐約時報》報導說 MH370 曾經爬升到極高，令乘客失去知覺，再飛到極低處以避開雷達偵測。這則在刊出前就應該要被質疑的報導，令讀者更加認定駕駛艙內是發生了某些蓄意的惡行。之後，到了 2014 年 4 月 12 日，美國 CNN 引述一位「美國官員」的話，說當飛機飛過檳城上空時，曾偵測到 MH370 副機師的手提電話。再一次地，這則資訊並沒有得到證實，後來甚至被馬來西亞的警方報告否決了。但無論如何，這方法仍然有效地鞏固了「飛機真的有飛過馬來西亞上空」的觀念。在事件發生後的數個星期，這些資訊都有著重大的影響力，令人迅速忘記飛機是有可能在泰國灣附近墜毀的假設，更何況這些資訊又是來自可信的媒體的，例如《華爾街日報》、《紐約時報》以及美國 CNN。

　　同樣令人感到意外的，事件中牽涉到波音公司及三名美國國民，美國卻從來沒有就這樣重大的事件批評馬來西亞當局。更甚的是，他們還

8　在 2014 年 3 月 9 日，在河內的美國大使館很快就高調地宣佈在南海找到的碎片，「與 MH370 無關」。數日後，美國又指出他們「沒有證據證實中國衛星有看到碎片」。

是最初鼓吹及贊同南印度洋航線說法的一方。美國在監察方面的絕對優越性是毋庸置疑的，來自美方高層的消息來源也形容美國在該區的衛星覆蓋是「完全及透徹的」。然而，美國卻從來沒有提供一張衛星圖像或雷達訊號，以便讓搜索人員在任何一個被考慮過的墜機範圍找出飛機殘骸。美國在事件中予人的整體印象，就是她選擇採取不插手干預的立場。

2015 年 10 月，我在吉隆坡與數個馬來西亞人進行了一場氣氛融洽但又熱烈的討論，話題正是美國在事件中的奇怪態度。其中一個接近馬來西亞權力核心的人說：「但他們每天都打電話來。」這句話大大動搖了所有在場人士，我轉頭望著他問道：「誰是他們？」他眼也不眨一下就答道：「白宮。」我簡直不能相信，正當公眾都以為美國在整個事件中都奇怪地不參與其中時，美國總統的辦公室卻原來在幕後直接緊跟著事件，關注程度甚至去到「每天都打電話來」。究竟是甚麼世界局勢有必要進行這樣密切的監察，而且不是由美國國務卿或國防部來負責監察，而是直接由白宮來負責？一名派駐到華盛頓的前外國通訊記者對我說：「當白宮以這種方式致電，很明顯已不再是為了取得資料，因為他們已經用自己的方式取得一切所需資料了。這更接近是為了提供『建議』，讓情況在他們掌控之中。」

在 MH370 失蹤七個星期後，奧巴馬到訪馬來西亞，首次代表美國向受害者家屬致以慰問，而這就是他在整個訪問行程中，唯一一次提到MH370，彷彿事件已經告一段落似的。由波音公司製造、世上最大最安全的飛機神秘失蹤了，機上還載著 239 名乘客？就這樣囉。

中國的態度也是同樣奇怪。若以在事件中失去的國民數目來說（134人），中國在這場災難中付出的代價最大，北京有著絕佳的理由在事件中爭取主導地位。與美國的反應剛好相反，也有別於中國一貫以來的做

法，中國很快將事件提升到另一個層次（見第二章），派了數艘艦艇參與在南海的搜索行動，也是第一個國家分享有可能是碎片的衛星圖像。她甚至容許受害者的家屬，公開在北京的馬來西亞大使館前聲嘶力竭地抗議。不過，總括來說，中國在事件中顯得低調，也沒有配合由澳洲主導的海底搜索。在 2014 年 7 月，中國理應就有待勘察的部分海底區域製作初步的地圖，卻向澳洲及馬來西亞提供了模糊及不能使用的檔案。是技術上的錯誤還是心懷不軌？或許是兩者皆有。二十個月後，中國終於答應在財政上分擔澳洲主導的搜索行動的支出，但只佔整個預算中的百分之十，連澳洲付出的三分之一都及不上，而明明機上的中國國民數目較澳洲多出二十倍。另外還有其他跡象顯示北京不大熱衷於支援澳洲的行動：在 2015 年 9 月，北京再一次缺席理應與馬來西亞及澳洲一同參與的坎培拉三方會議。到底中國是不是對搜索行動有疑慮？如果中國從一開始就知道飛機的真正命運，就不難理解中國為何不願意為澳洲主導的搜索行動付上數以百萬計的金錢，就只為了轉移視線。回想起在飛機失蹤後數日，中國大使向家屬所說的話（「這是很複雜的問題，你們不會明白的。」），實在很容易令人相信，中國也是知道的比說出口的多。

　　至於馬來西亞，在整件事件中承受了最多批評，其無能至極的形象傳遍全球傳媒，其行政機關的缺點不斷淪為笑柄。然而，假如馬來西亞是這場慘劇中真正有罪的一方，誰又會為了保護她而以如此精細的謎團來掩飾事件？如果馬來西亞是唯一要對這場慘劇負責的一方，其過失應該一早就會曝光，由馬來西亞獨自承擔所有罪責了。因此，倒不如把馬來西亞的角色想像成「可利用的傻瓜」，在一場遠比看起來更複雜的事件中被迫成為共犯，會更加合理。在空前的失態背後，馬來西亞為慘劇肩負起全部責任。曾在 MH370 失蹤的數小時以至數日後跟馬來西亞政府官員會面的人說，馬來西亞總理顯得異常苦惱。納吉布可不是個演員。那麼馬來西亞在事件中究竟是有罪的一方、被迫的共犯，還是受害者？

在整個調查過程中，我見識到人性令人著迷的其中一面。人們沉迷於謎團之中，甚至較權力及天賦本能來得更甚。謎團不但吸引了科學家及渴望真相的人，也吸引了瘋子、神秘主義者以及純粹好奇的人。科學家拒絕接受謎團，因為這跟他們的信念背道而馳。在調查中，我會見了一群「馬航狂熱者」中的佼佼者，他們都是認真、聰穎的善人，跟他們會面是我在研究事件的過程中，其中一次最興奮及激動的經驗。然而，獨立小組成員為了要從 Inmarsat 的數據中找出真相而付出的堅持，並沒有如願獲得回報，當中有些人更是在這場挑戰中陷得太深，無法再接受 Inmarsat 數據可能有錯或有誤導的觀念。

雖然這本書已經告一段落，但我會繼續尋找及接收有趣的資料，不止是關於時間、地點、過程的資料，更是關於這場慘劇起因的資料。以下是一個我從未碰面、但聲稱知道真相的消息人士給我的最後訊息：「不要浪費時間了，所有事情的解釋都在飛機內。」

如果有任何事是馬來西亞教曉我的，就是不要急、慢慢來，不要把時間白白浪費。這令我回想起一排魚被掛在晾衣繩上、讓東岸溫暖的海風把牠們吹乾的景象，這景象闡述了一句老舊的馬來諺語：「魚兒懸掛，貓咪守候。」

幾個（極）具指導意義的空難例子

　　每當發生空難，大家聽到或讀到的，只會是「航空仍屬最安全的旅運方式」這一說法。儘管如此，2014年及2015年仍然是特別黑暗的兩年，在亞洲尤甚。在2014年，先有MH370於3月失蹤，接著7月17日再有MH17班機在烏克蘭被擊落。到了7月23日，台灣復興航空（TransAsia Airways）TNA222班機嘗試在澎湖降落，結果墜毀。7月24日，亞爾及利亞航空（Air Algérie）AH5017班機在馬利墜毀；12月，印尼亞洲航空（AirAsia）QZ8501班機在印尼失事。2015年2月，同樣屬於台灣的TNA235班機墜落於基隆河。3月，德國之翼（Germanwings）的航機猛然撞上法國高山。在印尼，7月和8月各有一宗空難，涉事航機分別是印尼空軍A-1310，以及特里加納航空（Trigana Air Service）IL257班機。到了10月31日，又有美捷公司（Metrojet）9268班機墜於西奈地區。上述種種不過是其中幾宗較為嚴重的航空事故。然而，按年統計，那兩年的數字與平均值其實相差無幾。

　　每一次事故，是歸咎於人為疏忽還是技術故障呢？問題出在機師還是飛機上？意外一般都是源於上述兩者之一，或是由兩者同時導致。外來因素也可能導致空難：MH17事件是由導彈引致；協和式客機AF4590則是因為其他航機掉了一條鈦合金物料在跑道而出事[1]；全美航空（US Airways）編號1549的班機被一群飛鳥闖入引擎，因而要在哈德遜河緊急降落；UPS航空6號機因為貨艙起火，於杜拜墜毀。由此觀之，似乎沒有意外是相同的。

　　本書的研究對象是MH370班機。我揀選了幾宗知名的空難慘劇來討論，一方面是出於好奇，另一方面是要看看這些事件與MH370有否類同或可比之處，盼望能找到甚麼跡象，或得出某些洞見，以便更好地了解或設想這航機出了甚麼事。

1　有好些記錄片及覆核調查 (counter-investigations) 指出，這架協和式飛機或許是因為其他原因而墜毀，包括其中一個引擎起火。

機師自殺：調查員最常採納的解釋

當飛機遇上技術故障，乘客的生命便掌握在機師手中。一旦飛機墜毀，機長和副機長便順理成章地首先身受嫌疑。

如果機師有意自殺，想帶著飛機和乘客同歸於盡，現今並沒有滴水不漏的措施足以防止這種事發生——除非有另一機師、機組人員或乘客以實際行動加以阻止。然而，駕駛艙有裝甲門，如果裡面僅有機師一人，那飛機便只有死路一條。

·德國之翼：精神不健全的機師

最近期又最難忘的機師自殺案例，就是漢莎（Lufthansa）旗下德國之翼公司 9525 的班機。2015 年 3 月 24 日，一架 A320 空中巴士從西班牙巴塞隆納起飛，目的地是德國杜塞爾多夫（Düsseldorf）。到了法國南部阿爾卑斯山區，該航機以全速撞向山邊。機身於撞擊一刻爆炸，機上 150 名乘客即時身亡。除了引擎、機輪和少量機身碎片，尋回的大部分殘骸都小於 30 厘米。副機長在駕駛艙內反鎖艙門，又關掉數碼顯示屏。正機長大力拍打艙門，利用傳話系統要求進入駕駛艙。副機長拒絕其要求。他獨自在駕駛艙內，「刻意把自動導航指示設定為下降，直到飛機撞上山巒。」[2] 結論看來是無容置疑的：副機長有嚴重精神問題，要為撞機事件負上責任。儘管如此，這次空難也帶出一個問題，就是航空公司在監察其受僱機師的健康上有何責任。這空難也凸顯出駕駛艙門戶堅固帶來的兩難局面。艙門有如銅牆鐵壁，乃是九一一事件之後引入的安全措施。可是，在這次空難中，那些安全措施卻阻礙了正機長拯救飛機及機上乘客。

2　法國航空安全調查局於 2015 年針對德國之翼 9525 班機發表的初步調查報告。

各地航空管理局已經就類似事件收過警示。不到一年之前，新西蘭航空（Air New Zealand）一名正機長便曾把副機長鎖在駕駛艙外，令機組人員大感恐慌。事件起因是副機長要接受隨機酒精檢測，導致航機延遲起飛，惹得正機長發怒。[3]這一次雖然沒有導致嚴重後果，但也叫人想到艙門堅固帶來的潛在風險。涉事二人都受到紀律處分，並要接受心理輔導及額外訓練。

• LAM470 班機：機師自殺的另一案例

2013 年 11 月 29 日出現另一宗類似案例。莫桑比克航空（Mozambique Airlines）LAM470 班機，機種屬於巴西航空工業 190 型（Embraer 190），載有 33 名乘客，從莫桑比克的馬普托（Maputo）飛往安哥拉的羅安達（Luanda）。當時，正機長先把副機長鎖在駕駛艙外，再將飛機撞向納米比亞的巴布瓦塔國家公園（Bwabwata National Park）。正如德國之翼一案，機長對他人的喊叫和拍打艙門充耳不聞。

在德國之翼這噩夢之前，航空史上有兩宗較近期的大型客機機師自殺事件最為人熟悉，一宗是 1997 年勝安航空（SilkAir）185 班機於印尼墜毀，導致 104 人罹難；另一次是 1990 年埃及航空（EgyptAir）990 班機墜毀於美國紐約沿岸，奪去 217 條性命。人們按照各方面的說法而作出推測，但兩宗意外實際上如何發生，其實遠沒有眾人所以為的那麼清晰。

• 勝安航空 185 號班機：近乎完美的自殺行動

1997 年 12 月 19 日，星期五下午 3 時 37 分，勝安航空 MI185 班機——一架波音 737 型客機——離開雅加達的蘇加諾－哈達國際機場（Soekarno-Hatta），預計 2 小時 30 分後抵達新加坡。在下午 4 時 10 分 18

3　新西蘭航空 NZ176 班機，2014 年 5 月 21 日從澳洲柏斯飛往新西蘭奧克蘭。

秒，雅加達空管人員指示機師維持巡航高度，以及於抵達航點 PARDI 時通知新加坡空管人員。該架波音飛機的兩位機師確認收到訊息，這也是 MI185 班機最後一次與空管通訊。35 秒之後，飛機便墮進南蘇門答臘省的穆西河（Musi River）。飛機在撞擊前已失去尾部，之後又因撞擊而全機損毀，黑盒未能提供甚麼有用資料。機上 104 名乘客無一生還。根據調查報告，當時飛機在晴朗天氣中飛行，並曾於墜機前發出求救訊號。[4]

因為機種屬波音型號，所以美國獲邀參與調查。出乎意料，NTSB 的結論，與印尼調查人員的結論大有分別。委員會向印尼調查人員發信，函件日期為 2000 年 12 月 11 日，信件中下結論說「該意外可解釋為機師的刻意行動」，因為看不出該架波音 737 客機有「機件故障或失靈」。美方調查員堅持其說法，認為機師朱衛民（Tsu Way Ming）做出自殺行為。該機師曾受紀律處分，且有數目可觀的債務。負責官方調查的印尼國家運輸安全委員會[5]（NTSC）否定美方論調，認為沒有實質證據支持。因此，調查報告最終以缺乏資料及證據為由——鑒於飛機損毀程度甚大——強調無法斷定意外原委。

七年後，洛杉磯高級法院就乘客家屬提控的案件作出裁決，令事件峰迴路轉。法院根據新的專家分析報告，判斷墜機是飛機方向舵上的伺服閥（servo valve）故障所致。當出現這種故障，伺服閥便會導致方向舵卡緊，甚或令方向舵倒過來運作，與機師輸入的指令相反，飛機便會完全失控。類似的缺陷也可能是另外幾宗波音 737 客機墜機的原因：1991 年聯合航空（United Airlines）585 班機、1994 年全美航空編號 427 班機、以及 1996 年東風航空（Eastwind）517 班機。

4　National Transportation Safety Committee, "Investigation of Aircraft Accident SilkAir Flight MI 185 Boeing B737-300, 9V-TRF Musi River, Palembang, Indonesia, 19 December 1997, Final report", Jakarta, 14 December 2000, 259 pp.

5　National Transportation Safety Committee，簡稱 NTSC。

　　飛機方向舵故障，首見於 UA585 班機，時為 1991 年。當時，NTSB 並未發現問題何在。該調查報告下結論，說飛機失事原因不明。同類意外接著出現，三年半後另一架波音 737 客機（全美航空 427 班機）出事，1996 年又有第三次意外。[6] 這時，UA585 班機一案才重新展開調查。

　　勝安航空空難發生於 1997 年，而且是波音 737 在六年內第四次稀奇古怪地突然向下俯衝。美國調查員為何沒能想到，墜機原因可能與早前三次意外相同？這一點實在耐人尋味。

　　儘管這款飛機有不良記錄已是證據確鑿，但美方調查仍聚焦於新加坡籍機師的私人問題，以支持其自殺論調。為這緣故，要經過七年光陰，才能認清勝安空難是技術性問題所致。若然是技術故障，那就不是自殺。有缺陷的伺服閥由派克漢尼汾公司 (Parker Hannifin Corporation) 製造，法院判該公司向原訴方三個家庭賠償 4,360 萬美元。可是，波音公司及勝安航空卻雙雙逃過罪責。

　　這是一昭彰案例，顯示 NTSB 雖然是極有地位的民航安全監管機構，但卻寧願把意外歸咎於人，甚至是死者，而不願考慮意外是否因飛機技術故障所導致。

　　無論如何，在世人的集體記憶中，以及在大部分表單和博客上，勝安航空 185 班機空難仍然普遍被標籤為「機師自殺事件」。

・埃及航空 990 班機：另一宗「近乎完美」的自殺事件

　　另一宗知名的「機師自殺事件」，可追溯到 1999 年 10 月 31 日。該事件在當時曾產生很大影響，尤其是在美國。埃及航空 EA990 班機屬波

6　東風航空 (Eastwind Airlines) 517 班機，1996 年 6 月 6 日。

音767型號，從美國洛杉磯起飛，目的地是埃及開羅。當日，飛機按航程在美國紐約停了一站，並於半夜起飛離開。半小時後，載有217名乘客的航機突然無法保持高度，接著雖然曾恢復高度，但又再次下墜，並於馬薩諸塞州海岸一百公里外的大西洋墜毀。機上有兩隊整全的機組人員，包括兩名正機長和兩名副機長，航程超過十小時，他們會分擔駕駛職責。第一隊的兩位機師負責起飛之後四小時的航程，接著交由第二隊機師駕駛，直至降落開羅前的一小時或兩小時，再交回第一隊手中。正如上一次，這事件也出現幾個不同版本。讓我們先從最廣為人知的版本開始，也是*最佳*的版本。

起飛後20分鐘，換班的副機長埃爾巴圖迪（Gameel Al-Batouti）進入駕駛艙，說要與正在控制飛機的副機長調換位置。埃爾巴圖迪雖然是埃及航空年資最長的副機長之一，卻從未獲擢升為正機長。他的一名兒女正身患重病。駕駛艙通話記錄儀記錄了兩位副機長的對話，期間二人各有堅持。在駕駛座的副機長堅持要留下，因為這是他受指派要做的事，不過較年長的另一位副機長最終還是得逞了。如此一來，駕駛飛機的便成了第一隊的正機長，以及換班隊的副機長埃爾巴圖迪。埃爾巴圖迪將會在慘劇中名揚天下。交換位置之後不久，飛機航行順暢，第一號機長離開駕駛艙前去洗手間，剩下埃爾巴圖迪獨自在駕駛座。按照美國知名媒體的說法[7]，埃爾巴圖迪曾高聲說：「我已經下定決心了。」在這句陳辭之後，似乎出現連串事件導致飛機突然失控下墜。儘管飛機直向下衝，機長仍然成功返回駕駛艙，並接觸到埃爾巴圖迪。機長大力拉動操控桿，希望救回飛機，又命令副機長做同樣的事：「和我一起拉！」可是，飛機已在36秒間下降了4,500米，超過了運作速度上限，機身開始斷裂。從錄音可聽到，埃爾巴圖迪曾多次高呼：「Tawakkaltu Ala-Allah!」（我倚靠神！）雖然有人好幾次嘗試制止飛機下降，飛機也曾短暫回復一定

7　Jean-Paul Mari, "Contre-enquête sur une catastrophe aérienne, EgyptAir : le suicide était presque parfait" (Counter-inquiry into an air catastrophe: the suicide was almost perfect), 9 December 1999. http://www.grands-reporters.com

高度，但最終仍在海面撞得粉碎。尋回的殘骸碎片很少：屍首一副，救
生衣數件，座椅若干，還有充氣逃生滑梯。

種種跡象連在一起——埃爾巴圖迪在未到換班時間堅持操控飛機，
且有嚴重家庭問題，事業進展又令人沮喪，加上曾驚心動魄地宣告意願
（「我已經下定決心了！」）——如此一來，推斷是換班的副機長埃爾巴
圖迪導致墜機，也是令人信服的。這就是傳媒收到的事件始末：這版本
能牽動情緒，又與中東的不穩定處境相吻合，且把罪責推給無力自辯的
已死之人。調查員匆匆把事情了結，甚至未尋回黑盒，NTSB 便已經在
談論「蓄意的行為」。我在法國記者馬里（Jean-Paul Mari）的覆核調查
報告上讀到這句話。[8] 這句子令我心中一懍，因為馬來西亞總理納吉布在
2014 年 3 月 15 日的記者會上，正正用到同一句話。然而，大眾其後知道，
美聯社搶先報導並廣被複述的那句陳辭「我已經下定決心了」，原來是
聯邦調查局發放的假話，內容純屬杜撰！如此，1999 年這場災難的官方
版本開始站不住腳。駕駛艙通話記錄儀從未收錄這句陳辭，那位副機長
也從未說過這句話。美聯社沒刊登正式修正，只是發出簡短電文，意指
該副機長沒有說過這些話。那時，傳媒早已轉向另一話題了。

這位副機長固然說過「Tawakkalt Ala-Allah!」幾次，但這句子最終
獲確認為阿拉伯常用語，意思不過是類似「哎呀！」或「噢，我的天！」
的感嘆。有指這位副機長在事業和私人生活方面都受到挫折，但這一切
都很難證明。馬里在其覆核調查報告中寫到：「埃爾巴圖迪賺取豐厚的
出差津貼……從不想參加升職考試做機長……他喜愛購物，又曾致電叫
兒子來開羅機場，幫他搬走從美國買來的兩個輪胎。」然而，因為那句
杜撰的陳辭震撼人心，所以人們腦海仍牢牢記著機長自殺的印象，即使

8　出處同上。

有相反證據也無助釋疑。到了這一步，大眾已不再曉得訊息從何而來，自己又如何得知。他們只曉得自己知道的就是這些。副機長埃爾巴圖迪自殺已成了*事實*。

　　記者阿科希多（Byron Acohido）是專門報導保安事務的記者，在航空界享負盛名，他評論說：「調查員之所以匆匆下結論，原因是自殺論調符合大眾口味！」[9]NTSB 在 2002 年 3 月發表了一份關於埃及航空 990 班機的報告，[10] 與勝安空難的那份報告不同的是，這份報告指事件涉及「767 型號操控杆有不正常情況」，但仍下結論指墜機是副機長埃爾巴圖迪的自殺行為導致。

　　開羅當局不受這一套，埃及民航局 [11]（ECAA）在自己的報告明言指責美方調查員，說他們用盡一切手段掩藏訊息，隱瞞出現技術問題的可能性。埃及民航局的報告有意挖苦美方：「NTSB 的案卷洋洋 1,665 頁……當中並無證據支持所謂『蓄意的行為』的論調。」然而，該報告也提到，「將各項證據加在一起，可見肇事客機的升降舵系統（elevator system）有不正常情況，足以令人想到機件缺陷有可能是意外原因。」

　　埃及方面的報告引述了其他四宗意外，每宗都是因升降舵故障釀成，包括 2000 年墨西哥國際航空（Aeromexico）的航機，及 2001 年海灣航空（Gulf Air）的航機。該報告也補充了一點：「美國聯邦航空管理局（FAA）和波音公司都同意，升降舵直角杆的鉚釘（bellcrank rivets）出現剪應力（shearing）——ECAA 以這一點為論據，下文將會詳細討論——足以導致飛機在沒有指示之下俯衝。」

9　出處同上。

10　http://www.ntsb.gov/news/press-releases/Pages/NTSB_releases_EgyptAir_Flight_990_Final_Report.aspx

11　Egyptian Civil Aviation Authority，簡稱 ECAA。

FAA 下令，所有波音 767 型都要檢測及更換升降舵鉚釘的緊固件（fasteners）。這舉動清楚表明，FAA 確信這缺陷能令飛機失控。自從事件發生之後，本案一直有詳盡記錄。[12] 現今可以完全肯定，EA990 班機的致命意外與其他幾宗事故一樣，技術故障至少要負上部分責任。儘管如此，正如勝安航空慘劇一樣，EA990 班機在人們的集體記憶中，仍被歸類為「機師自殺事件」。

這些嚴重問題及後已一一解決，問題已經過去，如今揭露出來，也沒多少影響。可是，若然在當年揭露這一切，對波音公司的訂單必然有災難性影響，而當時的訂單已經連生產線的一半都用不上。波音公司是全球最大的航機生產商，如果確認了上述意外與生產方面的缺陷有關，那麼公司與 165,000 名員工又會有甚麼下場呢？

人為錯誤：調查員第二常用的解釋

就如自殺事故確有實例，也有某些事故是真正由人為錯誤造成。然而，在機師口中，這些錯誤幾乎都會被指涉及其他「參數」，例如發生技術故障又被錯誤處理。再者，這些意外一般也不是調查報告想我們相信的那麼黑白分明。

‧TNA235 班機：致命的大錯誤

台灣的復興航空 TNA235 班機給我們提供了一個特別明顯的案例。2015 年 2 月 4 日，起飛後兩分鐘，機師宣佈 ATR72 型飛機的其中一個引擎停止運作。他發出求救訊號，「求救！求救！引擎熄滅。」飛機的高度當時只有 1,500 呎（460 米）。一位熟悉 ATR 型飛機的機師指出：「如

---

12 "Mayday – S03E08 – Death and Denial (Egypt Air 990)", 2 November 2005. Air Crash Investigation. National Geographic.

果 ATR 型飛機有引擎失靈，仍在運作的引擎會自動替補。在正常情況下，駕駛座上的機師只要控制飛機在常軌飛行便足夠。在這樣的事故中，正機長應修正飛行方向，令飛機不致失速，直到爬上安全高度。與此同時，副機長要令熄滅的引擎變得安全，即是要完全關掉那個引擎。」

然而，其中一名機師不但未按慣常步驟行事，更無意中關掉仍在運轉的唯一一個引擎。根據官方調查報告，可聽到他喊著說：「噢，拉錯了另一邊的節流閥。」[13] 要重新啟動引擎是沒可能的。剩下的時間只足夠把飛機飛往附近的基隆河。飛機墜毀前，其中一邊機翼擊中河邊高架橋上一架行駛中的計程車。機上有 58 人，只有 15 人生還。根據初步調查報告[14]，控制飛機的機師一年前參加模擬訓練試不合格，而且是因為未能處理好在起飛後引擎熄滅的問題——儘管他在一個月後重考並且合格了。意外前七個月，復興航空另一架 ATR72 型飛機也發生降落失敗：TNA222 班機撞向一座建築物，機上 58 人有 48 人死亡，包括兩名法國學生。

這兩次意外之後，台灣民航當局命令復興航空所有機師接受額外訓練，並且暫時將其中 29 名機師除牌。一如以往，似乎再沒有甚麼可以置喙的地方。

矛盾的是，好幾位目擊者都得到一個印象，以為該機師舉動英勇。英國《電訊報》(The Telegraph) 當日一篇報導的標題是。《復興航空撞機，機師獲稱英雄》。在那時候，大眾仍未知曉意外原因，只看到機師能夠將飛機駛向城中河道，令傷亡人數大幅降低，財物損毀大幅減少——這的確是事實。到意外細節一一披露，世人的注意力已轉到就近發生的其他事情上了。

---

13 台灣飛航安全調查委員會，《復興航空 GE235 飛航事故事實資料報告》，2015 年 7 月 2 日。

14 出處同上。

·AF447 班機：不同參數加在一起

法國航空安全調查局（BEA）就法國航空 AF447 班機事件發表報告 [15]，突顯出問題出在各種技術故障與人為錯誤的結合——更好的說法是當事人在技術故障時作出錯誤反應。肇事飛機是法航 A330 型號班機，2009 年 5 月 31 日從巴西里約熱內盧起飛，預定通宵前往法國巴黎，6 月 1 日降落戴高樂機場，乘客有 228 人。連串致命事故在凌晨 2 時 10 分開始，即起飛後四小時，也是機長離開駕駛艙去休息之後幾分鐘。飛機駛進積冰區時，顯示飛機速度的空速管（pitot tubes）突然受阻塞。接下來很多跡象都變得彼此矛盾。美國空管當局認為必須即時處理這場「災難」。歐洲當局卻不是這樣看，到今天仍認為該次失速只是一件「重大」問題。

拉米（Laurent Lamy）有一名兄弟在意外中喪生，過去六年來他一直研究這事件。現在，他對事件流程已有一套頗精確的想法，能連貫地重現自動駕駛系統斷連、各種警號相繼出現之後，駕駛艙內發生了甚麼事。他說：「當時飛機正在水平飛行，但顯示屏卻（錯誤地）令機師以為飛機下降了大約 400 呎，即多於 100 米。為了恢復巡航高度，機師使飛機進入爬升狀態。如果飛行指示器仍表示必須繼續爬升，那就更見順理成章。墜機意外後，我們發現失速警號曾響起又再停止。這正是令到情況雪上加霜的最後一筆：當機師發出爬升指令，失速警號便會停止，當他發出下降指令，失速警號便會觸動。這可謂刁難之至。」

事件記錄只說駕駛座上兩位機師（機長去了休息）「沒有下降，反而爬升」。換言之，他們沒有針對失速作出反應。然而，只要仔細研究

---

15 法航 AF447 空難，機種為空中巴士 A330-203，註冊編號為 F-GZCP，於 2009 年 6 月 1 日從里約熱內盧飛往巴黎的最後調查報告，2012 年 7 月。網址：https://www.bea.aero/docspa/2009/f-cp090601.en/pdf/f-cp090601.en.pdf。

意外細節，就可看出二人應該是別無他法才這樣做。到了最後，飛機撞落海面時幾乎是水平飛行：從來沒有真正出現故障。在 2011 年，也就是意外發生不久，法國交通部長馬里亞尼（Thierry Mariani）便指兩位機師的責任佔百分之九十五，而飛機則佔百分之五。一如以往，在集體記憶中，這意外仍是人為錯誤釀成。

　　儘管如此，法國報章《費加羅報》（Le Figaro）在 2009 年 7 月 2 日，刊登法航與空中巴士公司的往來信函，法航在信中指：「2009 年 3 月底錄得兩宗新事故（都涉及空速管），包括一架 A330 首次出現同樣的問題。事故數目因此增至九宗，其中有八宗涉及 A340 型號，一宗涉及 A330 型號。」在 2009 年 7 月 13 日，泰利斯公司（Thales）的空速管又造成另一起事故，涉及從巴黎飛往羅馬的 AF1905 號班機。換言之，僅數算法航飛機，令 AF447 滅頂的問題之前已經出現了至少九次，而在一個半月後又再發生。在這十宗事故中，機師都成功控制情況，把問題處理好，惟肇事處境很可能不及 AF447 兩位機師遇上的那麼複雜。可以合理地設想，如果沒有這方面的問題，AF447 班機及其 228 名乘客應該能安全抵達目的地。歐洲航空安全局[16]（EASA）可沒有等事故再發生，他們自 2009 年 8 月開始，便要求航空公司拆卸所有泰利斯出品的 AA 型探測器（空速管）。這或許是把真正責任張冠李戴的又一例子：根據拉米的說法，出事的可能不是探測器本身，而是控制自動除積冰系統的探測熱度電腦（Probe Heat Computer，簡稱 PHC）。拉米又說，空中巴士公司在 2008 年夏季改造其探測熱度電腦，包括 AF447 班機所用的型號，之後便接連出現空速管「結冰」事件。2001 年至 2008 年間，同樣的探測器並無積冰問題。

---

16 European Aviation Safety Agency，簡稱 EASA。

AF447 遇難者的家屬認為,空中巴士公司應為事件負責,大眾也應明白自動化已採用得過了頭。他們要求公平審訊。拉米說:「法院已委任了新法官,將會有第三輪專家調查。我們知道,司法當局要花大量時間才能真正明白這宗頗為複雜又極不尋常的意外。我們都有耐性等待。」他又說:「然而,既然現在知曉這一切資料,我們就無法接受當局不作刑事起訴。」

大家可以一眼看出,判斷誰應為墜機負責的時候,機師的聲譽實在算不得甚麼——兩位機師已死,但若歸咎於飛機,則要考慮生產商及原產國家的聲譽,又要考慮數以千計的工作職位,以及價值數十億元的合約。

如果機師被認定為撞機肇禍者,卻又沒有死於空難,那麼事情就會變得更加複雜。

・AF296 班機,又稱「阿布塞姆墜機事件」

1988 年 6 月 26 日,空中巴士公司準備試飛 A320-111 型號,先從巴塞爾-米盧斯機場(Basle-Mulhouse Airport)起飛,再在附近的米盧斯-阿布塞姆機場(Mulhouse-Habsheim Airfield)上空巡航。主機師奧塞利(Michel Asseline)當年 44 歲,在法航任職已 20 年,累積了超過一萬小時的飛行時數,聲譽良好。A320 早前的試飛也是由他監督的,而測試結果也超越了官方最高標準。奧塞利對這次試飛很有信心。他的副機師名叫馬茲耶(Pierre Mazières),飛行經驗可媲美奧塞利,而且最近已升為機長。這次試飛是 A320 面世的開端,空中巴士公司已為這款新型號訂下

發展大計。早三個月前，這型號的第一款客機已經付運。當日的試飛是一次很重要的示範。可是，在飛越試演場地的時候，飛機下降得太低，較預期中更貼近地面，且無法回升，並鏟過鄰近樹林的樹頂。觀眾都瞠目結舌。引擎被林木的枝椏堵塞，這架全新的 A320 客機不但未能回升，數秒後還墜落叢林。林中升起大量黑煙，並有火焰冒出。觀眾為之震驚，大感恐慌。機上 136 名乘客大都成功疏散，但有一名婦人和兩名兒童葬身火海。

在走出機艙的時候，兩名機師都說不明白發生甚麼事——他們已用盡力氣拉操控杆，並加到最大動力，實在不明白為何飛機不能上升。

然而，在最終調查報告中 [17]，BEA 卻以強調機師所犯的四項錯誤來解釋這次墜機事件。到了 1997 年 3 月，即事發接近九年之後，科爾馬（Colmar）刑事法院認為主機師「嚴重魯莽」和做出「多種不當行為」，判處監禁 18 個月，其中 12 個月緩刑。他被吊銷飛機駕駛執照八年。副機師馬茲耶則屬「個人行為失當」，判監禁 12 個月，獲緩刑。另有三名人士獲緩刑處分。這樣一來，被證明要為意外負責的便是兩位機師、航空公司和航空展覽組織者。BEA 的專家認為飛機生產商空中巴士公司可免除責任，無視兩位機師從離開機艙的一刻開始就一直堅持的說法。

有關當局「在沒有證據證明機組人員疏忽的情況下，仍然懲罰他們，以圖保存生產商的聲譽」，這樣的處理手法深受多方面人士詬病，包括法國的全國機師工會 [18]（SNPL）。[19] 該機師工會又批評調查報告在幾點上語焉不詳，又不夠嚴謹，且有缺漏和不尋常的地方：具體而言，就是法

---

17 "Commission d'enquête sur l'accident survenu le 26 juin 1988 à Mulhouse-Habsheim (68) à l'Airbus A320, immatriculé F-GFKC, 24 April 1990", p. 20.

18 Syndicat National des Pilotes de Ligne，簡稱 SNPL。

19 SNPL document, "Habsheim ou la Raison d'État", P. Gille and H. Gendre, http://www.crashdehabsheim.net/Dossier%20SNPL%20presentation.htm

國民航當局 [20] (DGAC) 在事發傍晚取得兩個黑盒，並保管了十天之久。有人懷疑黑盒資料曾遭篡改。米盧斯法官森格林（Germain Sengelin）受指派進行司法調查，他對法國電視第三台（France 3）說，自己受到「來自最高層」的壓力。[21] 同屬法航的機師雅凱（Norbert Jacquet）站出來為 AF296 班機的同事執言，公開反駁阿布塞姆撞機事件的官方報告。雅凱相信，機師輸入的指令是被機上的電腦系統凌駕了。當飛行高度降至某一點，該電腦系統便會強制飛機下降，即使兩名機師盡了一切努力，也不能令飛機回升。在雅凱眼中，那架 A320 肯定提供了「過多的航行輔助」，因此是有缺陷的機款。他寫了一本書，名叫《空中巴士，愛麗舍宮的殺人兇手》(Airbus, L' assassin habite à l' Élysée)，書中說「奧塞利已拉動控制杆要令飛機爬升。他動作快，又拉到了盡頭。升降舵有何反應呢？其運作與應該做的相反！（即升降舵進入了「下降」模式。）如此，結果自然是飛機無法爬升。在那一刻，引擎速度已達上限的百分之九十一，比起飛行時的百分之八十八還要高！飛機不但沒有爬升，還加速衝向樹林。那情況簡直是災難。」[22] 雅凱又在書中譴責「政府的謊言」。雅凱帶頭做這仗義行動，因而被無償解僱，飛機駕駛執照也被吊銷。法航所持的理由是雅凱精神有問題，但法航諮詢的三位精神科醫生，都不曾發現雅凱有半點問題。他只是一名熱心關注飛行安全的機師。雅凱相信，機款過分自動化更可以用來解釋另外兩宗空中巴士 A320 撞機事故：印度航空（Indian Airlines）IC605 班機在 1990 年 2 月 14 日的事故，以及因特航空（Air Inter）148 班機（即所謂「聖奧黛爾山」航班）在 1992 年 1 月 20 日的事故。兩架機都是降落時墜機。雅凱又大力批評空中巴士幾款型號，在失速時表現不穩定，難於控制。不用說，不僅在空中巴士公司，雅凱在整個航空界也沒剩下多少朋友。

---

20 Direction Générale de l' Aviation Civile，簡稱 DGAC。

21 Ina, "Suite crash Airbus Mulhouse", 2 June 1989, http://www.ina.fr/video/CAC90001481

22 Norbert Jacquet, *Airbus, L'assassin habite à l'Élysée*, Éditions Premières Lignes, September 1994, p. 75.

　　2015 秋天，我在香港蘇豪區某意大利餐館用餐，坐在身邊的碰巧是法航一名前機師。他仍清楚記得阿布塞姆撞機事件，又告訴我一個故事，是肇事副機師的女朋友親口對他說的。墜機事件發生不久之後某天，那位女士獨自在家中時遇到襲擊。四個蒙面男子闖入她的家，脫去她所有衣服，剃掉她部分毛髮，包括私處上的。四人離開前這樣命令她：「叫你的男朋友閉嘴，否則我們回來把事情幹到底。」那女士和副機師大感戰慄，並報警備案。說故事的先生記不起事發地點是桑利斯（Senlis）還是貢比涅（Compiègne）了。數星期後，兩人到警署查詢調查進度，警方只是簡單地勸他們「不要太堅持」，又叫他們「過馬路時要當心」。這故事令人不寒而慄。以往這種事情我只會聯想到其他地區、其他政治建制，從未想過與法國的價值觀有何關係。儘管如此，我也沒理由懷疑那機師的話。既然有能力阻止警方依法調查，自然是來自極高層的勢力。出現這樣的事，法國枉為法治之區，何況還添上一則對待前機師雅凱不公一事？到了今天，雅凱說自己無家可歸，終日要東躲西藏，又曾被關起來 20 個月，其中一個月更是緊急精神病羈留。他究竟犯了甚麼罪呢？

　　從阿布塞姆墜機一案可見，政府自該意外發生開始，便執意要保護空中巴士公司的商業利益。從該事件可見，政府為了保護本國工業，可以做到甚麼地步。阿布塞姆事件中兩位機師會否終有一日全面復職？雅凱最大的過錯，就是想提醒僱主和大眾，要他們知道空中巴士機款的新電腦程式可能有危險。法國會否向他道歉？

　　雖然 A320 型號的訂單最初曾受到這項爭議的影響，然而，今天 A320 型號已經成為空中巴士公司最成功的產品。

正如前文所指，足以歸咎機師的證據相對較少，但飛機生產商——姑勿論是波音公司還是空中巴士公司——更像是從來都清白無辜。而即使生產商真的有錯，這錯也一向無關大局。生產商與機師不同，生產商可指望本國政府給予他們全面保護。

軍方失誤

談到錯誤，擊落民航機可算極為嚴重的錯誤。儘管如此，這種錯誤也曾出現過好幾次。就 MH370 事件在內的幾宗空難而言，被擊落只屬一種假設。

・MH17 班機：被山毛櫸導彈擊落，298 人罹難

MH370 班機失蹤四個月後，馬航另一架波音飛機（相同型號，交付日期也一樣）接著出事。該航班編號是 MH17，從荷蘭阿姆斯特丹飛往馬來西亞吉隆坡，機上乘客共 298 人。事件於下午 4 時 20 分發生，地點是烏克蘭。飛機殘骸和屍體四散，範圍達好幾千米。荷蘭安全委員會（Dutch Safety Board）發表最終報告[23]，把肇事原因定為「被 9N314M 型彈頭擊中並爆炸，導彈屬於山毛櫸導彈（Buk missile）系統，從烏克蘭東部發射。」[24] 報告沒有明言導彈是由誰發射，但指烏克蘭有責任，因為該國未做好防範措施：封鎖那片空域，禁止空中交通。[25]

・伊朗航空 655 班機：美國海軍把 A300 空中巴士「誤作」F-14 戰機

1988 年 7 月 3 日，伊朗航空（Iran Air）一架 A300 型空中巴士，從

23 Dutch Safety Board, "MH17, Final Report Crash of Malaysia Airlines", The Hague, October 2015.

24 新聞稿，海牙，2015 年 10 月 13 日。

25 Dutch Safety Board, "MH17, Final Report Crash of Malaysia Airlines", op. cit., p. 263.

伊朗的阿巴斯鎮（Bandar Abbas）起飛，飛往波斯灣另一邊的阿拉伯聯合酋長國城市杜拜。航程本應是 28 分鐘，飛機上有 290 名乘客，大部分是伊朗人。當時是兩伊戰爭（1980-1988）尾聲，也是美軍護衛艦斯塔克號（USS Stark）遭伊拉克幻影戰機（Iraqi Mirage）攻擊之後一年。[26] 氣氛一片緊張。早上 10 時 24 分，即起飛之後七分鐘，該伊航客機被兩枚導彈擊中，機翼及尾部全毀。飛機失控，墜落波斯灣。那兩枚導彈是美軍導彈巡洋艦文森尼斯號（USS Vincennes）發射的，據報是因為美軍曾嘗試與該飛機聯絡（使用軍用及民用電波頻道），但好幾次都聯絡不上，於是把空中巴士「誤以為」是敵方的 F-14 戰機。[27] 列根時代的副總統布殊（George H. W. Bush）在聯合國發言，說文森尼斯號做法「妥當」。1996 年，美國按照在國際法院（International Court of Justice）達成的和解協議，向遇難者家屬支付了 6,180 萬美元。

在這次空難中，我們至少明確知道誰要為飛機損毀及機上 290 名死者負責。可是，意大利曾發生另一次空難，距今雖已 35 年，但在受害者家屬心中仍是一場夢魘。

· **意大利國內航空 870 班機事故，又稱「烏斯蒂卡慘劇」：長達 35 年的調查**

每逢與意大利朋友談到 MH370 班機失蹤，他們都彷彿胸有成竹，斷言事件怎樣發生：MH370 班機是被導彈擊落的，就如意大利國內航空（Itavia）870 班機一樣。該航機於 1980 年 6 月 27 日在西西里北部被擊落。那是一架 DC9 型客機，從博洛尼亞（Bologna）飛往巴勒莫（Palermo），機上有 81 人。

---

26 在 1987 年 5 月 17 日對美國護衛艦斯塔克號的襲擊造成 37 名美國人死亡。

27 國際法院，《1988 年 7 月 3 日的空難事故》（伊朗伊斯蘭共和國對美利堅合眾國），第二冊，海牙，2000 年，第 22 頁：「該飛機被視為懷有惡意的敵方戰機，並且被兩枚地對空導彈摧毀。」

該班機展開航程 50 分鐘後便發生爆炸，這架 DC9 型客機裂成幾大片，在雷達螢幕上消失。這宗意外迅速在國際間造成衝擊：「這航機既先進又安全，怎可能會忽然消失呢？」到了 35 年後的今天，大家就著 MH370 班機仍在問同一問題。

意大利國內航空 870 班機出事之後兩日，意大利調查記者普爾加托里 (Andrea Purgatori) 在《晚郵報》(Il Corriere della Sera) 發表文章，指這架 DC9 型機是被導彈擊落，而且很可能是法國戰機做的，其原意是射擊利比亞領袖卡達菲 (Muammar Gaddafi) 的座機。普爾加托里的資料來自一位羅馬空管人員。卡達菲是所謂「革命導師」(Guide of the Revolution)，在西方被視為頭號公敵。行刺卡達菲不遂，反而殺死了 81 名平民，那可謂重大軍事失誤。

寥寥幾片殘骸散落在 200 平方公里的範圍內，這現象與飛機在空中解體後才墜落海面的說法吻合。該航機以西有三道不明的雷達回波，意味著有一軍機背向太陽飛至。這是戰機常用的飛行偽裝技術。納爾若萊當時是法國海軍一員，他說：「事故發生後，有在該區搜索 DC9 殘骸的人員直接對我說，碎片中包括了美國製造的導彈的碎塊，特別是尾翼。」他又指出：「僅僅因為那是美國導彈，並不代表是由美國戰機發射。」

然而，官方調查提到碎屑之中有炸藥 (TNT) 痕跡──這項發現後來曾引起爭議。鑑於當時的大形勢（五星期後，博洛尼亞中央火車站有炸彈爆炸，造成 85 人死亡），說飛機內有炸彈爆炸也屬合理之論。首次調查沒有定論：究竟是機內爆炸（炸彈）還是機外爆炸（導彈攻擊）呢？

在遇難者家屬的施壓下，有關方面展開第二次調查。報告於 1989 年 3 月 17 日發表，結論指該航機被不明飛機發射的導彈炸毀。艙門已從水中打撈出來，門上有兩個洞，其邊緣指向機內——這跡象與機內爆炸的說法矛盾。一年後，事件峰迴路轉，意大利調查組有二人撤回陳辭，改說始終沒充分證據支持導彈之說。莫非導彈之說令到某些人不自在？

空難發生 14 年後，第三份調查報告發表。該報告諮詢了一批國際專家，他們堅持要先把失落的飛機殘骸碎片找出來，才能有真正的調查，否則無法下結論。

納爾若萊參加了那幾次水下搜索。1987 年，在法國海洋研究所 (Ifremer) 指導下，飛機碎片從 3,600 米的深水撈上來。這時，納爾若萊想起了 1980 年聽到的那番說話。納爾若萊說：「在打撈出來的一片機身殘骸上，我發現有『外來』的金屬物料痕跡。我拍下這些東西，又拿了樣本，全都交給調查委員會的主席。幾天後，調查委員會主席對我說，我交給他的東西『極為重要』，所指的就是那些照片和金屬樣本。幾個月後，同一位主席又說——好像是對意大利參議院委員會說的——我從未給他任何東西。」納爾若萊敏銳地意識到，高層人士正在嚴守緘默法則 (Omertà)。[28]

這第三次技術調查推翻了第二次調查的結果 [29]，並得出結論，指空難是由炸彈在飛機內部爆炸造成的，從沒有人向飛機發射導彈。

意大利法院無視這次技術調查的結論，並繼續自己調查。1997 年 6

---

28 「緘默法則」(Omertà) 是黑手黨之間的法則，即黑手黨成員發生意外時，必須對警方及政府保持沉默。

29 A. Frank Taylor, *A Case History Involving Wreckage Analysis, Lessons from the Ustica Investigations*, Cranfield University, October 1998.

月，《晚郵報》發表了一篇文章，題為《多宗自殺和離奇事件：自（烏斯蒂卡）慘劇發生以來已死了15人》。[30]該文列出烏斯蒂卡案15名證人，他們全都神秘死亡，有些更是死得離奇。到了最後一次數算，看似因「調查的餘波」而死的共有20人。顯而易見，有人無論如何都不容許真相得見天日。意大利公眾仍然相信，是「友好的」美國或法國戰機誤發導彈，把該民航機擊落。2007年6月25日，前意大利總理科西加（Cossiga）[31]指責法國造成這場空難。在一本2010年出版的書中，一名意大利法官批評法國阻撓調查。[32]2013年，最高上訴法院的裁決支持了導彈理論──但沒有判斷誰發射導彈──並命令意大利政府向受害者家屬支付一億歐元。2014年7月，意大利總理倫齊（Matteo Renzi）決定公開案件檔案。《世界外交論衡月刊》（*Le Monde Diplomatique*）隨後發表了一篇引人入勝的文章，作者就是普爾加托里。他認為各方對事件應負的責任如下：意大利先允許別國侵犯其領空，及後又掩飾這事件；美國至少是事件的見證人，也可能是共犯，而DC9很可能是被法國擊落的。

這宗悲劇有甚麼教訓？三次官方調查得出三種不同結論，20名證人直接或間接喪命，遇難者家屬35年來的怒氣和憤慨，加上意大利民意響應；經歷了這一切，我們仍未知曉事件真相。我們還看到，每次有證據展現真相，不論是來自導彈尾翼、扭曲的機身碎片或熔化的金屬痕跡，都會被貶低或忽視，參與事件的國家已經決定了何謂官方真相。

30　Giuliano Gallo, "Strani suicide o incidenti: 15 morti misteriose dopo la tragedia", *Corriere della Sera*, 18 June 1997.

31　他在公共電台及天空電視台 (Sky TV) 宣告：「法國知道卡達菲的座機將會經過（這航線）……正是他們從海軍戰機發射導彈……」，引述自2014年7月《世界外交論衡月刊》一篇由普爾加托里所寫的文章。

32　Giovanni Fasanella and Rosario Priore, *Intrigo internazionale*, Milan, Chiare Lettere, 2010.

技術故障和緊急情況

另有一點值得一提，很多案例都是航程中出現緊急情況所致——這些情況或涉及飛機技術故障、維修問題，也可能與乘客或運載的貨物有關。在絕大多數情況下，靠著機師、機艙服務員或來自地面的協助，已足以識別及解決這些問題，乘客不會察覺情況有異。正如機師所說的：「這正是我們的存在理由！」

1990年6月10日便發生了這樣的事故，情節洋洋大觀。BA5390班機從英國伯明翰起飛，前往西班牙的馬拉加（Malaga）。起飛後13分鐘，駕駛艙左邊擋風玻璃飛脫，機長剛剛鬆開大腿上的安全帶，因而半身被吸出飛機之外。他用腳緊緊扣着控制杆，堅持到乘務長來到。乘務長雙手抓緊機長的腰帶，成功把機長按著達20分鐘之久（因而弄得肩膀脫臼）。副機長設法在英國南安普頓（Southampton）緊急降落，機組人員則盡力安撫乘客，因為有風橫掃機艙，令乘客驚惶失措。飛機成功降落，乘客都安然無恙。機組人員以為機長已死，機長卻幾乎絲毫無損地走出來，只是受了驚，有凍傷和寥寥幾處骨折。

原來維修人員早前用了尺寸不對的固定螺栓來固定新擋風玻璃，因而引起這緊急事故，但航機上的機組人員處理事件表現出色。不幸的是，事情並非總是這樣收尾。MH370事故，或許與另外兩次空難也有相同之處。

· 太陽神航空 522 班機：機師缺氧

太陽神航空（Helios）522 班機屬波音 737 型，2005 年 8 月 14 日從塞浦路斯的拉納卡（Larnaca）起飛，前往捷克的布拉格，預定在雅典停一站。起飛後五分鐘，低壓警報器響起，但機師作出了錯誤解讀。在上次飛行時，機上一道門出現氣壓洩漏跡象，這次起飛前曾作有關檢查。[33] 為了做測試，加壓系統被設置為手動模式，及後卻未重設為自動模式。機長與地面工程師聯絡，以求澄清這情況。與此同時，客艙的氧氣面罩放了下來，但因駕駛艙沒有這自動程序，所以駕駛艙沒有放下氧氣面罩。機師繼續讓飛機爬升，沒意識到飛機未曾加壓。缺氧（hypoxia）造成的影響，與血液酒精濃度極高（動作不協調，口齒不清，定向障礙）的反應很類似。機師給空管的訊息很快變得不能理解，之後便沒了聲息。

飛機那時正在希臘上空。地面當局懷疑發生劫機或別的恐怖主義行為。他們派出兩架 F-16 攔截航班 522。可是，戰鬥機飛到這波音客機旁邊，卻看到客機控制台了無人影：機長癱瘓於地板，副機長則在座位上昏迷軟倒。飛機啟動了自動駕駛系統，繼續按航程飛行。及後，一名英勇的機艙服務員走進駕駛艙，試圖與空管人員接觸。飛機最終「自行」撞向山巒，機上 121 人全部喪生。有人用這次撞機事故來比照 MH370 空難，因為 MH370 駕駛艙曾按胡志明市空管人員要求，與另一飛機上某名機師有短暫且混亂的交流。該名機師報告指對話質素很差，暗示那位馬來西亞機師也有可能是受缺氧影響。

· 從杜拜起飛的 UPS 航空 6 號班機：鋰電池導致貨艙起火

UPS（聯合包裹公司）6 號班機屬波音 747 型，於 2010 年 9 月 3 日從阿拉伯聯合酋長國的杜拜起飛，前往德國科隆。飛行了 22 分鐘後，機

---

33 之前曾有同類事件出現，包括不到一年前發生的另一宗意外，同一飛機因為尾門有缺陷，導致氣壓急降。機師成功將飛機駛至氧氣充足的高度，事件中沒有傷亡。

師發出警報：貨艙起火，而且迅速蔓延。他們遇上無線電故障，試圖返回杜拜但錯過著陸點，並於機場幾公里外墜毀。根據最後報告[34]，出事原因是鋰電池起火，引起不受控制的火災。正如上文所指，MH370 班機也載有鋰電池——根據貨物清單，至少有 221 公斤。

這些事故和傷亡能帶出好些教訓，足以幫助我們解釋 MH370 的疑團

上述大部分事故都能令航空當局汲取教訓，自從 UPS 航空公司 6 號班機墜毀以來，運輸鋰電池便受到更嚴格的監管。這宗事故令法律條文大幅修訂，特別是在 2015 年 7 月國際民航組織（ICAO）[35] 會議之後。這情況令觀察家相信，當局可能比別人想像的更為了解 MH370 何故失蹤。正如我們在其他案件中看到的，即使監管機構假裝不明白事故原因，也可以採取措施防止意外再次發生。

自從本文只簡略提到的因特航空客機於聖奧黛爾山墜毀一事後，所有飛機都必須配備緊急定位發報機（ELT）。這裝置會在飛機撞擊水面或與水接觸時自行啟動。一如以往，規例正在不斷改善。從 2005 年開始，ELT 裝置必須能以兩個頻率發射訊號：一個頻率（406 MHz）可以經衛星檢測，另一個緊急事故頻率（121.5 MHz）能讓肇事地點附近所有飛機和船舶收到。MH370 班機有四個 ELT 裝置。正如 AF447 班機一樣，MH370 上的 ELT 裝置也沒有運作。事實上，根據 ICAO 的報告，在 173 宗裝備 ELT 的飛機的撞擊事故中，ELT 有開動的僅 39 宗。[36] AF447 的調查報告作出呼籲，說這方面應要有所改善。

---

34 General Civil Aviation Authority of the United Arab Emirates, "Air Accident Investigation Report on Uncontained Cargo Fire Leading to Loss of Control Inflight and Uncontrolled Descent Into Terrain Boeing 747-44AF N571UP", Dubai, 3 September 2010.

35 全稱 International Civil Aviation Organization。

36 "Factual Information Report Safety Investigation for MH370", *op. cit.*, p. 33.

然而，正如在許多其他領域一樣，這領域的措施也似乎往往來得「太少、太遲」。看到監管機構推行新措施時這樣拖沓，不少機師都感到震驚。AF447 班機在海上墜毀，令人看出許多可以改進之處，再出現類似情況時，能使搜索更為見效——但當 MH370 在五年後重蹈覆轍，建議的措施竟然全未推行，拉米抗議說：「這是不可接受的！」又說：「AF447 航班上 228 條性命換來的東西，事隔五年還未得應用，這情況只令人重拾愁緒。」2018 年 1 月 1 日開始，黑盒上的聲波發射器必須能夠連響 90 天（不再是 30 天），並要在更大的距離上傳輸。2020 年 1 月 1 日開始，黑盒必須能夠彈出並浮起。如果馬航早已落實這些措施，為 MH370 航機定位無疑會更輕易——除非黑盒根本不在搜索區。

本文零散地分析了幾宗空難，雖然這些意外極為多樣化，但也可以總結出兩個共同的特點。

不論受害人數多少，也不論是怎樣的人間悲劇，若調查缺乏透明度，受害者親屬原初的傷痛便往往會加劇、倍增。可是，缺乏透明度卻是這類調查的常態。這類調查從來都冗長、費力和複雜，也會受到政治、外交和經濟各方面的巨大壓力。

每當調查進入另一階段，或冒出新的疑點，或有真真假假的訊息，親屬的哀思便會被干擾、受激盪、遭喚醒。在 MH370 這事件中，各個家庭都被剝奪哀悼先人的機會。完全沒有可信的證據——甚至無法證明曾經墜機——這使他們根本無從悼念。

調查明顯偏向歸咎於機師過失，而不是機件故障。論到這些調查，當我決定以幾宗著名墜機事件來做比較研究的一刻，絕不曾想到會打開這樣一個潘朵拉盒子。我沒預期會揭示出飛機生產商和政府的種種虛偽。

在某些案例中，我無法想像有人會那樣無所不為，以求隱瞞那真實但不能宣之於口的墜機真相。

　　因為明顯的原因絕少會是實際原因。

　　因為官方的原因絕少會是實際原因。

　　因為開始時說的絕少能吻合最終結果。

　　再者，因為絕少意外由單一原因做成，通常都是多種因素綜合導致。

　　總之，首先在空難中犧牲的往往就是真相。

　　就 MH370 一事而言，飛機「失蹤」的原因不論是人為錯誤、技術故障還是軍事行動，我們都看到各種煙幕和轉移視線的手段，目的乃是掩飾來龍去脈，撒播混亂種子，這一切就如馬來西亞的叢林那樣錯綜複雜。

被 消 失 的
MH370

書名：被消失的 MH370——一份追尋 MH370 的詳細調查報告

作者：陳翡（Florence de Changy）

編輯：黃斯淳

譯者：趙步詩

設計：4res

出版：紅出版（青森文化）

地址：香港灣仔道 133 號卓凌中心 11 樓

出版計劃查詢電話：(852) 2540 7517

電郵：editor@red-publish.com

網址：http://www.red-publish.com

香港總經銷：香港聯合書刊物流有限公司

台灣總經銷：貿騰發賣股份有限公司

　　　　　　新北市中和區中正路 880 號 14 樓

　　　　　　(886) 2-8227-5988

　　　　　　http://www.namode.com

出版日期：2017 年 4 月（初版）

　　　　　　2017 年 9 月（第二版）

　　　　　　2018 年 2 月（第三版）

　　　　　　2018 年 8 月（第四版）

圖書分類：社會科學／報導文學

ISBN：978-988-8437-54-2

定價：港幣 108 元正／新台幣 430 圓正